上海政法学院
SHANGHAI UNIVERSITY OF POLITICAL SCIENCE AND LAW

法官为何难以应对涉诉舆论

一个以若干典型案例为素材的修辞学的进路

张西恒 著

中国政法大学出版社

2019·北京

校庆筹备工作领导小组

组　长：夏小和　　刘晓红

副组长：潘牧天　　刘　刚　　关保英　　胡继灵　　姚建龙

成　员：高志刚　　韩同兰　　石其宝　　张　军　　郭玉生
　　　　欧阳美和　王晓宇　　周　毅　　赵运锋　　王明华
　　　　赵　俊　　叶　玮　　祝耀明　　蒋存耀

三十五年的峥嵘岁月，三十五载的春华秋实，转眼间，上海政法学院已经走过三十五个年头。三十五载年华，寒来暑往，风雨阳光。三十五年征程，不忘初心，砥砺前行。三十五年中，上海政法学院坚持"立足政法、服务上海、面向全国、放眼世界"，秉承"刻苦求实、开拓创新"的校训精神，走"以需育特、以特促强"的创新发展之路，努力培养德法兼修、全面发展，具有宽厚基础、实践能力、创新思维和全球视野的高素质复合型应用型人才，在中国特色社会主义法治建设征程中留下了浓墨重彩的一笔。

学校主动对接国家和社会发展重大需求，积极服务国家战略。2013 年 9 月 13 日，习近平主席在上海合作组织比什凯克峰会上宣布，中方将在上海政法学院设立"中国-上海合作组织国际司法交流合作培训基地"，愿意利用这一平台为其他成员国培养司法人才。此后，2014 年、2015 年和 2018 年，习主席又分别在上合组织杜尚别峰会、乌法峰会、青岛峰会上强调了中方要依托中国-上合基地，为成员国培训司法人才。2017 年，中国-上合基地被上海市人民政府列入《上海服务国家"一带一路"建设、发挥桥头堡作用行动方案》。五年来，学校充分发挥中国-上合基地的培训、智库和论坛三大功能，取得了一系列成果。

入选校庆系列丛书的三十五部作品印证了上海政法学院三十五周年的发展历程，也是中国-上海合作组织国际司法交流合作培训基地五周年的内涵提升。儒家经典《大学》开篇即倡导："大学之道，在明明德，在亲民，在止于至善。"三十五年的刻苦，在有良田美池桑竹之属的野马浜，学校历经上海法律高等专科学校、上海政法管理干部学院、上海大学法学院和上海政法学院等办学阶段。三十五年的求实，上政人孜孜不倦地奋斗在中国法治建设的道路上，为推动中国的法治文明、政治进步、经济发展、文化繁荣与社会和谐而不懈努力。三十五年的开拓，上海政法学院学科门类经历了从单一性向多元性发展的过程，形成了以法学为主干，多学科协调发展的学科体系，学科布局日臻合理，学科交叉日趋完善。三十五年的创新，在我国社会主义法治建设进程中，上海政法学院学科建设与时俱进，为国家发展、社会进步、人民福祉献上累累硕果和片片赤诚之心！

所谓大学者，非谓有大楼之谓也，有大师之谓也。三十五部作品，是上海政法学院学术实力的一次整体亮相，是对上海政法学院学术成就的一次重要盘点，是上政方家指点江山、激扬文字的历史见证，也是上海政法学院学科发展的厚重回声和历史积淀。上海政法学院教师展示学术风采、呈现学术思想，如一川清流、一缕阳光，为我国法治事业发展注入新时代的理想与精神。三十五部校庆系列丛书，藏诸名山，传之其人，体现了上海政法学院教师学术思想的精粹、气魄和境界。

红日初升，其道大光。迎着佘山日出的朝阳，莘莘学子承载着上政的学术灵魂和创新精神，走向社会、扎根司法、面向政法、服务社会国家。在佘山脚下这座美丽的花园学府，他们一起看情人坡上夕阳抹上夜色，一起欣赏天鹅一家漫步在上合基地河畔，一起奋斗在落日余晖下的图书馆。这里记录着他们拼搏的青春，放飞着他们心中的梦想。

《礼记·大学》曰："古之欲明明德于天下者，先治其国。"怀着修身、齐家、治国、平天下理想的上政师生，对国家和社会始终怀着强烈的责任心和使命感。他们积极践行，敢为人先，坚持奔走在法治实践第一线；他们秉持正义，传播法义，为社会进步摇旗呐喊。上政人有着同一份情怀，那就是校国情怀。无论岁月流逝，无论天南海北，他们情系母校，矢志不渝、和衷共济、奋力拼搏。"刻苦、求实、开拓、创新"的校训，既是办学理念的集中体现，也是学术精神的象征。

路漫漫其修远兮，吾将上下而求索。回顾三十五年的建校历程，我们有过成功，也经历过挫折；我们积累了宝贵的办学经验，也总结了深刻的教训。展望未来，学校在新的发展阶段，如何把握机会，实现新的跨越，将上海政法学院建设成一流的法学强校，是我们应当思考的问题，也是我们努力的方向。不断推进中国的法治建设，为国家的繁荣富强做出贡献，是上政人的光荣使命。我们有经世济民、福泽万邦的志向与情怀，未来我们依旧任重而道远。

天行健，君子以自强不息。著书立说，为往圣继绝学，推动学术传统的发展，是上政群英在学术发展上谱写的华丽篇章。

上海政法学院党委书记 夏小和 教授

上海政法学院校长 刘晓红 教授

2019 年 7 月 23 日

摘 要 ABSTRACT

　　司法审判与涉诉舆论的关系日益受到关注。本书试图以修辞学的视角与方法对此进行系统的观察、分析。摆脱一般法律修辞研究通常仅关注佩雷尔曼、图尔敏等学者思想的局限，古典修辞学、布斯修辞学、伯克修辞学、传播修辞学、修辞心理学、重复修辞学等将为我们探究问题成因与出路提供新的重要智识支持。

　　无疑，涉诉舆论有着强大的穿透力，对司法审判形成了难以招架之势。首先，在布局谋篇、觅材取材、文体风格以及记忆和呈现方面，涉诉舆论都展现了非同一般的修辞技巧。其次，涉诉舆论的背后并非真实作者本身，而是必须承认隐含作者的存在，进而是文本活动的主观性和创造性。这使得涉诉舆论通常具有一定的迷惑性，它能够很好地促进（隐含）作者和（隐含）读者的身份认同。另外，众所周知，涉诉舆论往往遵循着道德逻辑，但不可否认的是，道德逻辑确实有着独特的优势，而且从根本上讲，规范逻辑或社科话语同道德逻辑之间也有很多共通之处。最后，涉诉舆论在争取听众、实现同一方面的技巧同样值得关注。从本质上讲，法庭是无法真正说服涉诉舆论的，因为人是修辞的动物，一切都不过是修辞的产物，没有绝对的对错之分，但我们却需要认真思考和分析不同的修辞动机。

　　此外，还不能忽略媒介的影响。总体来说，判决书依靠的是汉字媒介和印刷媒介，而涉诉舆论更多是电子媒介。汉字媒介的表意性导致理性说服能力的减弱。另外，文字印刷媒介基本还是属于高清晰度的热媒介，而电子媒介则是需要受众深度参与的冷媒介，二者在本质上是对立的。同时，这点还反映在"舆论和世论"的区分上。

　　涉诉舆论背后的社会心理也是非常复杂的，社会公众表达着对社会不公的不满，背后暗含的却是对此的恐惧。而基于恐惧所生发出来的报复心理又相悖于法治所要求的理性精神。同时，恐惧的"愚昧"还会导致过度重复的问题，使得涉诉舆论干预司法审判已超越个案的限制，而呈现出一定的时空延续性；而实际上，这种现象也存在于单个舆论场之内，从舆论的产生到逐步发酵，过度重复的身影无时不在。

　　上述这些便是修辞学进路带给我们的法官难以应对涉诉舆论的原因启示。而对此的对策主要有：(1) 在司法审判过程的不同阶段合理而充分地运用古典修辞技艺；(2) 司法判决中判决理由和判决原因的分离是合理且必要的；(3) 我们需要充分展示司法判决的道德性，无需刻意回避道德说理；(4) 法律解释可以转换视角，法律并非形式逻辑的产物，而是修辞论辩的结果；(5) "人是万物的尺度"，切身体验对于司法审判也非常重要；(6) 警惕恐惧"愚昧"，倡导希望；(7) 构建一种新的开放、畅通的熔炉式利益表达和实现机制，削弱公众对法官的过度依赖等。

　　当然，对涉诉舆论的修辞学分析也为（法律）修辞学研究提供了某些启示。首先，我们需要认真思考法律修辞学的基础理论问题，比如法治时代法律修辞应该如何定位，又应该具有哪些独特性质。其次，从体验哲学的视角出发，法律修辞要解决的问题实际上是公众日常生活经验（或体验）与法律意欲施加的经验的对接磨合问题。最后，重复修辞学是否能够进一步深化，并独立成支。

目 录 / CONTENTS

绪 论

一、课题意义

涉诉舆论研究历来是学者们关注的重点。近年来,舆论介入司法,干预司法审判的现象越来越普遍。尤其是在新媒体时代背景下,舆论和司法关系变得更为复杂。不可否认,舆论监督可以在一定程度上保证审判机构的公正性,特别是当前有利于司法活动的廉洁。但是,"舆论监督在一定意义上是要让外行来审查通过专业化的决定,这必然会使司法活动和法律机构的权威性受到损害,不利于建立和完善我国社会主义的法制和实施'依法治国'的战略"〔1〕。而且我们还面临着可能的舆论审判陷阱:

> 权力裹胁司法导致舆论容易沸腾,权力绑架舆论导致司法难以独立;在社会正义与司法正义的激烈碰撞中,司法不断丧失权威,舆论逐步成为规范。而舆论又是最容易被猜疑、偏执、欺瞒、恐惧以及仇恨所支配、毒化的,非但不能促成和谐,反倒可能加剧冲突,增强社会的不确定性。〔2〕

因而,法官如何应对涉诉舆论成为当前一个具有重大理论和实践意义的问题。另一方面,随着非形式逻辑研究的兴盛和法学方法论研究的深入,许多学者开始将目光投射到法律修辞学领域。近年来,不同的视角和方法、各种的努力和尝试,使得国内法律修辞学研究日益多样化。对司法中的法律修

---

〔1〕 赵震江主编:《法律社会学》,北京大学出版社 1998 年版,第 384 页。
〔2〕 季卫东:"'舆论审判'的陷阱",载《浙江人大》2011 年第 12 期。

辞研究，总体上看，涉及"不管是在法官审判、调解中，还是在律师执业中，不管是古代还是当今，不管是国内还是国外，不管是书面形式，还是口头形式"[1]的修辞手段应用。"这不仅是因为修辞学与民主、法治有着深刻的历史渊源，更是因为修辞学与民主、法治的理念深度契合，能够为民主与法治的实现提供重要的智识支持。"[2]

因此，以修辞学的方法和视角来看待涉诉舆论问题，将会为涉诉舆论的分析和引导、法律修辞的研究和运用，以及司法审判的改革和完善，进而对法治建设的进一步深入，提供新的思路和方向。本书就将以法官为何难以应对涉诉舆论的原因及出路的问题为例，初步展示这种修辞学进路的可能意义。

二、问题的界定

（一）涉诉舆论之"舆论"

1. "舆论"之定义

一直以来，关于"舆论"的定义众说纷纭，莫衷一是。刘春波"舆论引导论"通过对舆论概念的历史考察和现代学者们的诠释比较，详细分析了舆论的内涵。[3]接下来，我们对其予以简要介绍。

我国古代先秦典籍关于舆论有"庶人之议""国人之议""舆人之议"等提法。比如《左传·襄公·襄公三十年》记载"（子产）执政一年，舆人诵之"、《左传·昭公·昭公四年》有言"舆人纳之，隶人藏之"。褚亚玲和王高贺等认为"舆"意为轿或车厢，"舆论"即为驾/造车或轿之人的意见，后演化或引申为众人（相当于老百姓）的意见。[4]刘建明等则通过细致分析"庶人""国人""舆人"等语词的指涉范围[5]，认为"当时的舆论主要应

---

　〔1〕　焦宝乾："司法中的法律修辞：国内研究述评"，载《法治研究》2012年第1期。

　〔2〕　杨贝："民主与法治的修辞学诉求"，载《文史哲》2012年第5期。

　〔3〕　参见刘春波："舆论引导论"，武汉大学2013年博士学位论文。

　〔4〕　参见王高贺："民意的厘清与界定"，载《天府新论》2013年第2期；参见褚亚玲："对舆论定义及舆论引导理论的述评"，载《党史博采（理论）》2011年第2期。

　〔5〕　参见徐向红：《现代舆论学》，中国国际广播出版社1991年版，第1~5页；参见刘建明：《基础舆论学》，中国人民大学出版社1988年版，第2~4页；参见程世寿：《公共舆论学》，华中科技大学出版社2003年版，第2~4页。

该是居于帝王之下、广大奴隶或农奴之上,有一定地位身份且能参与国事的人的意见,并不能泛指一般老百姓的意见"。"舆论"一词则最早见于《三国志·王朗传》"设其傲狠,殊无入志,惧彼舆论之未畅者,并怀伊邑"。对此王高贺依然认为"舆论"泛指众人之意,如同民意。而刘春波指出,此处记载的是曹魏谏臣王朗给文帝曹丕的奏疏之词。因而文帝"惧彼舆论之未畅者"所指的舆论是东吴士大夫知识分子群体的意见,而并非一般百姓之言论。这类似于从汉魏延续至明清反映士大夫知识分子言论的"清议""党议"等术语。至近代,舆论含义发生变化,与"民意"相似,即广大公众之意见。如康有为在阐述报纸意义时提到"报开两月,舆论渐明,初则骇之,继亦渐知新法之益"[1]。

在西方,舆论(public opinion)一词源于拉丁语"opinion"。最早见于霍布斯《利维坦》(1651)"他们在说话时更注意人们的公众情绪与舆论,并运用直喻、隐喻、例证和其他讲演术的武器,说服听众"[2]。随后洛克还提到"舆论法":"人们判断行为的邪正时所依据的那些法律,可以分为三种:一为神法(divine law)、二为民法(civil law)、三为舆论法(the law of opinion reputation)。"[3]哈贝马斯认为,霍布斯之舆论指的是个人判断和意见,并非在社会层面上;洛克所言之词虽为"opinion",而非"public opinion",但已不同于霍布斯,它产生于各种各样的社会风俗,并发挥着评价和衡量一切个人或国家行为优劣的社会作用[4]——"这些称、讥、毁、誉,借着人类底秘密的同意,在各种人类社会中、种族中、团体中便建立起一种尺度来,使人们按照当地的判断、格言和风尚,来毁誉各种行动……"[5]。随后至1730年,博林布鲁克的文章才首次完成了由"opinion"到"public opinion"的语词转变。

卢梭对"舆论"的认识相对乐观。他以"公众意见"(法语词 opinion publique)来指代和解读舆论——"既不是铭刻在大理石上,也不是铭刻在铜

---

〔1〕《康南海自编年谱》。转引自徐向红:《现代舆论学》,中国国际广播出版社1991年版,第6页。

〔2〕[英]霍布斯:《利维坦》,黎思复、黎廷弼译,商务印书馆1985年版,第199页。

〔3〕[英]洛克:《人类理解论》(上册),关文运译,商务印书馆1983年版,第329页。

〔4〕参见[德]哈贝马斯:《公共领域的结构转型》,曹卫东等译,学林出版社1999年版,第108~109页。

〔5〕[英]洛克:《人类理解论》(上册),关文运译,商务印书馆1983年版,第329页。

表上，而是铭刻在公民的内心里。它形成了国家的真正宪法；它每天都在获得新的力量；当其他的法律衰老或消亡的时候，它可以复活那些法律或代替那些法律，它可以保持一个民族的创制精神，而且可以不知不觉地以习惯的力量取代权威的力量。我说的就是风尚、习俗，而尤其是舆论"。这种代表"公意"之舆论不同于众意，"众意与公意之间经常总是有很大的差别；公意只着眼于公共的利益，而众意则着眼于私人的利益，众意只是个别意志的总和。但是，除掉这些个别意志间正负相抵消的部分而外，则剩下的总和仍然是公意"[1]。

卢梭的乐观在黑格尔那里遭到了怀疑。"个人所享有的形式的主观自由在于，对普遍事务具有他特有的判断、意见和建议，并予以表达。这种自由，集合地表现为我们称的公共舆论"，而"公共舆论中真理和无穷错误直接混杂在一起，所以决不能把它们任何一个看做的确认真的东西"[2]。

这种怀疑也延续到了20世纪美国著名的作家和新闻评论家沃尔特·李普曼《公共舆论》之上——"他人脑海中的图像——关于自身、关于别人、关于他们的需求、意图和人际关系的图像，就是他们的舆论。这些对人类群体或以群体名义行事的个人产生着影响的图像，就是大写的舆论"。并因此，舆论容易受到各种因素的影响，并往往被一些领导人和利益集团运用"象征"加以引导利用，"谁抓住了这些能够将目前的公共感情包容起来的象征，谁就控制了制定公共政策的大多数机会。只要某一特定的象征具有联合的力量，那些踌躇满志的派别就会为占有这个象征而争斗"[3]。

因此，对舆论的认知随着时空变化而无法统一，"精确地界定公共舆论与追随圣灵不无相像之处"[4]。刘春波总结了现代西方学者对舆论的定义分歧，以及取得的某些共识。

第一类分歧：舆论是"无数个人意见的相加或汇聚"还是"多数人一致性的意见"。前者如《不列颠百科全书》定义"舆论是社会中相对数量的人对

---

〔1〕［法］卢梭：《社会契约论》，何兆武译，商务印书馆2003年版，第70、35页。

〔2〕［德］黑格尔：《法哲学原理》，范扬、张企泰译，商务印书馆1961年版，第291、333页。

〔3〕［美］沃尔特·李普曼：《公众舆论》，阎克文、江红译，上海人民出版社2006年版，第21、154页。

〔4〕Key, V. O., Jr., *Public Opinion and American Democracy*, New York: Knopf, 1961, p. 8.

于一个特定话题表达的个人观点、态度和信念的集合体"[1]；后者如诺依曼《沉默的螺旋：舆论——我们的社会皮肤》"在有争议的领域中人们能够公开表达而不至于使自己陷于孤立的意见"[2]。因此，前者推崇多数法则，民意测验；后者则强调舆论并非相互割裂的个人意见的简单汇聚或叠加，而是经由个体之间相互传播、相互影响、相互连接、相互协调的产物，是一个独立的系统。

第二类分歧：舆论是"多数民众的意见"还是"少数社会精英的意见"，或者本身即为"虚构"。前者如"舆论是在面对一些重要的公众问题时，很大一部分群众的态度、感觉，或者观点"[3]；中者如"公众舆论不是多数人的意见，而是在公共领域里活跃的意见"[4]；后者则如赫伯特·布鲁默《舆论与民意测验》"尽管进行了大量关于舆论的测验研究，但是具有普遍性的舆论如果不是完全缺乏，也是极其少量的""给我留下印象的，是研究投票选举的学生转向确认他们想象的目标，明显地缺乏努力或者真诚的兴趣……"[5]。这类分歧的实质在于，许多学者"把舆论主体看作是'有判断能力的公众'，但现实情况却表明公众往往存在'缺乏能力''缺乏资源''多数暴虐''易被劝服''精英统治'五个方面的问题"[6]。

取得的共识主要体现在对舆论内涵要素的认识。如英国《大不列颠百科全书》（1977）所指出的"无论舆论的定义有多少种，但几乎所有的学者和宣传者都同意舆论的涵义至少包括四个要素：（1）必须有一个问题；（2）必须有多数个人对这个问题发表意见；（3）在这些意见中至少要有某种一致性；（4）这种一致的意见会直接或间接地产生影响"[7]。

不同于西方学者主要基于舆论主体的分歧，中国学者对舆论定义的分歧

---

〔1〕 ［美］美国不列颠百科全书编著：《不列颠百科全书（国际中文版）》（第14卷），中国大百科全书出版社不列颠百科全书国际中文版编辑部编译，中国大百科全书出版社2002年版，第2页。

〔2〕 ［德］伊丽莎白·诺尔-诺依曼：《沉默的螺旋：舆论——我们的社会皮肤》，董璐译，北京大学出版社2013年版，第63页。

〔3〕 D. W. Minar, "Public Opinion in the Perspective of Political Theory", *Political Research Quarterly*, Vol. 13, No. 1., 1960, p. 33.

〔4〕 See Roger Scruton, *A Dictionary of Political Thought*, Macmillan Press, 1982.

〔5〕 Blumer. H., "Public Opinion and Public Opinion Polling", *American Sociological Review*, Vol. 13, No. 5., 1948, pp. 542~549.

〔6〕 参见［美］普赖斯：《传播概念·Public Opinion》，邵志择译，复旦大学出版社2009年版，第20~28页。

〔7〕 转引自时蓉华：《社会心理学》，浙江教育出版社1998年版，第556页。

主要集中于舆论本体上。刘建明等认为"舆论的概念有狭义和广义之分。狭义概念是指某种舆论而言，即在一定社会范围内，消除个人意见差异、反映社会知觉的多数人对社会问题形成的共同意见。广义上的概念是指社会上同时存在的多种意见，各种意见的总和或纷争称作舆论。人们多在狭义上使用舆论的概念，因为人们谈论舆论的存在常常是指社会中某种具体意见，剖析某种意见是如何形成的、它的指向或量化怎么样，以及有何影响，并不过多地分析多种意见的纷争状态"[1]。简言之，舆论是一种意见。而陈力丹认为"舆论是公众关于现实社会以及社会中的各种现象、问题所表达的信念、态度、意见和情绪表现的总和，具有相对的一致性、强烈程度和持续性，对社会发展及有关事态的进程产生影响。其中混杂着理智和非理智的成份"[2]。简言之，舆论是意见、态度、情绪与信念的总和。这种认识更关注表面呈现出来的意见背后的态度、信念等更为真实的元素。曾庆香则认为"舆论是一定范围内的多数人针对现实社会以及社会中的各种现象、问题，以言语、情感、行为等方式表达出来的大体一致的信念和态度"[3]。她指出，"舆论是一种意见"的定义具有同义反复的缺陷，这种缺陷也多少体现在第二种定义中。而当代中国学者有关舆论定义的共识除了上述西方学者的要素共识之外，还有基于动态过程视角的共同认知，即问题产生→社会讨论→形成强大舆论→问题解决。

2. "涉诉舆论"之定义

上述对舆论的定义虽各有侧重，但都有一定的合理性。而具体到涉诉舆论，学者们认识也存在一定的差异。

首先，国内学者大多是在同一的意义上认识民意和涉诉舆论的。少有的例外，如童兵"'民意中国'的破题——兼议民意及其特征"指出民意是整个社会普遍意志和意识的集中展现。从广义上说，民意有时也称作舆论。然而倘若深究，区别仍很明显，民意具有非表层性与相对稳定性，"是较大规模民众一般的内心活动和对某些事件、事态、机构、人物以及这些机构人物政策言行的相似或相同的评价"[4]，因而有可能引发一定规模的群体示向性活

---

[1] 刘建明、纪忠慧、王莉丽：《舆论学概论》，中国传媒大学出版社2009年版，第23页。

[2] 陈力丹：《舆论学——舆论导向研究》，中国广播电视出版社1999年版，第11页。

[3] 曾庆香："对'舆论'定义的商榷"，载《新闻与传播研究》2007年第4期。

[4] 童兵："'民意中国'的破题——兼议民意及其特征"，载《南京社会科学》2014年第3期。

动；舆论则具有表层性，只是民意的初期形态，因而相对感性，往往以言相传，以情相染等。尽管如此，但我们认为这种认识只不过是重新定义了舆论和民意，是基于定义的不同而产生的意义区分。

其次，涉诉舆论只是一种意见，还是也包括态度、愿望或意愿等。对此，学者们认识大都比较模糊，比如顾培东将涉诉舆论定义为"公众判意"，即"社会公众对于司法个案处置的主流性、主导性意见和意向"[1]，涉诉舆论即为意见与意向，但意向是指什么？意见与意向又有何不同？对此他没有作明确说明。还有，孙笑侠认为如果不把民意作狭义理解，民意就是舆论，但民意为何呢？尽管他区分了民意与公意、民意与当事人诉愿，但对民意的根本定位却语焉不详。[2]

最后，涉诉舆论是"无数个人意见的相加或汇聚"还是"多数人一致性的意见"。周永坤区别了"公众意见（public opinion）"（民众意见或舆论）和"人民意志（the will of the people）"，认为公众意见是一种人们针对某个特定论题的主导性意见，也就因此获得了某一团体中大多数人的认可与支持，而"涉案民意是大众民意的一种，它是不特定的大众对待决案件所持有的理想判决的意愿，是对当事人的情感，等等"[3]，因而显然，他坚持的是一种"多数人一致性的意见"的涉诉舆论观。这种涉诉舆论观不同于陈林林的认识，他认为"'公众意见'（public opinion）是指民众对有关社会问题或事件所持的见解、态度或愿望，属于社会意识中的表层意识，缺少系统性和完整性，但代表了特定社会、群体、阶层中的人们意见、要求、愿望的分布状况或综合"[4]，这显然更倾向于"无数个人意见的相加或汇聚"的涉诉舆论观。

---

〔1〕　顾培东："公众判意的法理解析——对许霆案的延伸思考"，载《中国法学》2008 年第 4 期。顾培东还进一步明确了公众是指"包含了司法机构以外、与案件事实无直接关联、而以多种形式和渠道表达意见与意向的各种主体"。

〔2〕　参见孙笑侠："公案的民意、主题与信息对称"，载《中国法学》2010 年第 3 期。在他看来，"公意是通过相应的正当程序（如立法程序）表达、竞争、筛选、折衷、平衡和集中了的，而民意至少不具有这样的过程特点"。

〔3〕　周永坤："民意审判与审判元规则"，载《法学》2009 年第 8 期。他所说的大众民意就是公众意见。另外，尽管他提到舆论的外延要宽于公众意见，也可以是少数人组成的重要群体的意见，而且在很多议题上可能存在多种相互矛盾的公众舆论，但实际上他只是在不同层面上使用舆论、公众意见等概念，究其实质，正是"多数人一致性的意见"的涉诉舆论观。

〔4〕　陈林林："公众意见在裁判结构中的地位"，载《法学研究》2012 年第 1 期。

对于这些差异或模糊之处，有研究者指出，"学者使用公共意见、大众民意、民意、舆论、舆情或公众判意等概念，尽管这些概念之间存在差异，但指涉的对象和处理的问题基本是相同的"〔1〕"尽管社会中关于公众意见有许多不同的替代词汇，但是这些词汇仅仅是概念上的轻微差异，不管是民意、舆论还是群众意见他们所要表示的基本性内容以及所针对的对象都是一致的"〔2〕，因此我们也没有过于较真。但仍然可以提出一点想法。首先，如上所述，曾庆香"对'舆论'定义的商榷"从形式逻辑的角度，结合心理学的研究成果，具体分析舆论概念的内涵（即信念和态度）和外延（即言语、情感和行为），指出"舆论是一定范围内的多数人针对现实社会以及社会中的各种现象、问题，以言语、情感、行为等方式表达出来的大体一致的信念和态度"，这对我们重新理解和细致界定涉诉舆论概念不无启示。还有，从问题视角出发，涉诉舆论还需要达到一定的质量和功能，否则也难以成为问题，甚至是难题。"舆论的质量，主要通过针对现实社会或社会问题所发表意见的人数、意见的强烈程度和意见的持续时间这三个维度反映出来。这三者虽是舆论构成的外部要素，但它们却是我们判断一种舆论究竟是否存在的重要标志，也是舆论能否'对相关事态进程产生影响'的前提"；而且"从舆论的功能来看，舆论是能够对相关事件的解决和社会发展进程产生影响的'群体意识'。如果公众针对相关事件所形成的一致性意见，达到了一定的数量级，具有了一定的存在时间和强度，最后却没有对相关事件产生任何影响，那么，这种一致性意见只能算作是一种'无足轻重的议论'，谈不上是一种'群体意识'"〔3〕。何海波对此进行了实证的分析，初步回答了哪些案件容易受到公众意见的影响的问题：

---

〔1〕 陈林林："公众意见在裁判结构中的地位"，载《法学研究》2012 年第 1 期。

〔2〕 卫佳佳："公众意见与司法判决的关系"，辽宁师范大学 2013 年硕士学位论文。

〔3〕 刘春波："舆论引导论"，武汉大学 2013 年博士学位论文。

公众意见对司法判决的影响因素[1]

因素	类型		影响力	案例
问题的性质	涉及重大的政策性问题		弱	乔占祥诉铁道部案
	涉及个别性质的问题	企业之间的经济纠纷/政治上敏感的案件/只涉及单纯的事实问题	弱	薄熙来案
		涉及明显的伦理问题	强	崔英杰案、邓玉娇案
意见的强烈程度	媒体报道的密集程度高/网络上的跟帖数量多/全国性意见		强	崔英杰案、邓玉娇案
	一两家媒体的孤单报道/特定地方和领域公众的意见		弱	山西樊建青案
不同群体意见的一致性	专家意见与公众意见相同		强	孙志刚案、崔英杰案、杜宝良"万元罚单"案
	专家意见与公众意见冲突		弱	王斌余案、杨佳案、北京二环奥拓撞人案

另外，从传播路径上看，"传统媒体和网络媒体之间互为信息源，最终呈现为网络舆论"，即"在诉讼案件进展的过程中，网络媒体和传统媒体之间进行议程设置互动，形成'网谈报议网再谈'或者'报谈网议'格局"[2]。这基本表明了媒体在涉诉舆论形成过程当中的决定作用。

（二）涉诉舆论之"诉"

研究者们对此的认识也不尽相同。孙笑侠以公案为其研究对象。公案最初在其看来是高关注度、带有公共性质、高度激发民意的案件。[3]随后，孙笑侠进一步完善了自己的观点，认为公案"是指民众和媒体利用个案内容所

---

[1]　该表格为我们根据何海波的论述制作。参见何海波："公众意见与司法判决——对过去十余年若干轰动性案件的考察"，载何海波：《实质法治：寻求行政判决的合法性》，法律出版社2009年版。

[2]　孔洪刚："涉诉舆论传播机制探析——基于发生学意义上的考察"，载《当代传播》2013年第5期。

[3]　参见孙笑侠："公案及其背景——透视转型期司法中的民意"，载《浙江社会科学》2010年第3期。

涉及的主题元素根据民众需求特点通过议论、诉说、传播和加工而形塑出来的公共事件"[1]，类似美国的"highly publicized cases"（过度曝光的案件）或"sensational cases"（轰动性案件）。苏力则集中关注的是难办案件（hard case），即事实清楚，但适用法律困难，要么无法可依，要么适用结果有悖常理，并因此法官"难办"，不仅通常需要越权"造法"，而且还要承担有可能引出坏法律（hard cases make bad law）的危险。"许霆案"在其看来就是一个典型的难办案件。[2]顾培东则着重于公众判意所涉案件的特异性，即有悖公众的惯常生活经验与经历、普遍性思维和观念以及一般性认知与理解，并且具有这些特异因素的刑事案件因其较大的冲击力、震撼力往往容易引发公众关注。[3]周安平则以举例的方式概括指出涉诉舆论的经典案例通常都具有对立性，"如果案件没有对立性，根本就激活不起舆论的兴趣。一个缺乏对立性的案件不会进入舆论市场，而成为公共舆论关注的中心"[4]。

相比之下，何海波给出了更为具体、合理的说明，他对公众意见与司法判决关系的研究以"最近10多年各地法院审理过的公众强烈关注的案件"为材料。这些案件需要具备三个特征，即法院受理和判决、公众强烈关注、案件时间相对新近。而且，"公众强烈关注的，刑事案件最多，民事案件和行政案件较少，单纯的经济案件最少。公众当时强烈关注、事后仍然印象深刻的，大多是刑事案件……公众强烈关注的很多案件往往涉及事实问题，而不是法律问题，更少直接涉及重大的政策论。……与公众对某些案件的强烈关注相比，他们对一些法律界热心推进的问题似乎不太关心"[5]。我们在本书中也基本延续这一认识。

（三）法官难以应对涉诉舆论之"立论基础"

司法审判与涉诉舆论的关系受到研究者和实践的关注由来已久。总体来

---

〔1〕 孙笑侠："公案的民意、主题与信息对称"，载《中国法学》2010年第3期。

〔2〕 参见苏力："法条主义、民意与难办案件"，载《中外法学》2009年第1期。苏力认为，难办案件不同于疑难案件与重大案件，疑难案件案情复杂、事实不清，重大案件影响巨大。

〔3〕 参见顾培东："公众判意的法理解析——对许霆案的延伸思考"，载《中国法学》2008年第4期。

〔4〕 周安平："涉诉舆论的面相与本相：十大经典案例分析"，载《中国法学》2013年第1期。

〔5〕 何海波："公众意见与司法判决——对过去十余年若干轰动性案件的考察"，载何海波：《实质法治：寻求行政判决的合法性》，法律出版社2009年版。

看，大致可分为实证分析和规范分析两种。规范分析的论证思路大致如下：首先概括指出涉诉舆论的非理性等弱点和缺陷；然后分析当下涉诉舆论不断兴起的背景和原因；随后具体分析不同于司法审判的民意逻辑，即展示司法和舆论的冲突；紧接着探求二者紧张的原因；在此基础上提出如何回应民意的若干建议。具体论题内容大致如下：

1. 涉诉舆论的特征

如上所述，周永坤总结为多元性、易变性、非理性、易受操纵性、案后性等；顾培东认为有所涉案件的特异性、主体参与的自发性、表达方式的多样性、与己间离的有限性、意见意向的简洁性、过程之中的易变性等；孙笑侠概括为"司法领域的民意，在内容上往往产生于朴素的义愤，这种义愤具有情绪化的特点""不独立性，易受外界诸因素诱导而发生变化""民意有'群体极化（Group Polarization）'现象"、民意的碎片化（"因此它不具有系统、全面、深入、细致的特点，加上现代传媒载体和方式的演变，新闻进入'秒时代'，思维也趋向碎片化，'即时网络'也导致'即时表达'和'即时信息'"）、"民意从过去统一的正统价值观之下，出现了世界观、人生观和是非观的分裂化""民意的'娱乐化'，通过网络发帖子的方式，呐喊泄压、嘲讽挖苦、游戏娱乐，甚至从众起哄的心理"[1]等。

2. 涉诉舆论的原因

研究者们对此的分析大致可总结为以下四点：公民权利意识和公众参与观念的日益强化；转型时期的利益分化与社会不公、司法腐败（这是学者们关注的重点，孙笑侠和周安平等都有过细致总结）；司法为民理念的确立以及司法公开化的不断提高提供了制度可能；传媒与网络的渗透与便捷提供了技术支持等。[2]

3. 民意的逻辑

顾培东认为民意的逻辑有：以既往案例为参照的法律评价；以主观善恶为标准的是非判断；以生活经验为依据的事实认知；以自身境况为基点的情感偏向；以司法个案为藉托的案外诉求等。孙笑侠认为民意无法从道德情感

〔1〕 孙笑侠："公案的民意、主题与信息对称"，载《中国法学》2010 年第 3 期。
〔2〕 参见罗薇："涉诉民意与当前司法应对"，载《湘潭大学学报（哲学社会科学版）》2014 年第 1 期；参见罗智敏："从邓玉娇案看民众'干预'司法的若干问题"，载《比较法研究》2009 年第 6 期。

上接受法律的逻辑而干扰司法；民意迫使司法判决体现民众的道德情感；民意不理解专业问题而仍然干预了司法的专业准确性等。

4. 司法与民意的紧张

苏力指出了民意与法律紧张或脱节的现实原因：社会的快速发展及价值多样化、政治经济发展不平衡又必须要考虑保持国家法治统一或兼顾各地具体情况。周安平以许霆案为例，认为强烈的对抗情绪缘于判决破坏了公众心中的大数法则，以及对法律能够维护秩序的信任。[1]孙笑侠强调了为政者批示的重要影响，指出为政者的批示打破了可能的平衡：言论自由与公平审判相互角力带来的彼此平衡，并进而促使的民意与司法的相互平衡。为政者的批示使得民意退化为命令，司法无法保障当事人公正受审的权益。[2]这点也在何海波和季卫东那里引起了共鸣。除此之外，他还认为不能忽视司法的体制和机制不能适应民众对司法公正的要求；社会变迁导致司法难以适应民众的要求；分工与职业化导致司法难以满足民众的要求；司法人员素质不适应民众的要求等多方面因素的影响。周国兴着眼于思维方式和法律认知，认为民意与司法的冲突缘于社会大众话语与法律职业思维的隔阂，其实质在于不同法律确定性观念的冲突。[3]季卫东还指出了传统法律文化的影响，即情理法审判产生的规范多元性及法官调查者身份等引发的事实中心主义。[4]桑本谦则指出了法学研究和法学意识形态的教条化无力为司法应对民意提供学术支持。[5]

5. 如何回应民意

苏力大胆指出，法官对于难办案件，政治性判断和政策考量是无法避免的；法官要善于吸纳民意中包含的、与妥善决定相关的信息，有效回应民意，而且要善于总结中国经验，比如许霆案所展现出来的模式创新：

---

〔1〕 参见周安平："许霆案的民意：按照大数法则的分析"，载《中外法学》2009年第1期。

〔2〕 参见孙笑侠："司法的政治力学——民众、媒体、为政者、当事人与司法官的关系分析"，载《中国法学》2011年第2期。

〔3〕 参见周国兴："审判如何回应民意——基于卢埃林情景感理论的考察"，载《法商研究》2013年第3期。

〔4〕 参见季卫东："新媒体时代的司法与公共舆论"，载《新媒体与社会》2013年第4期。

〔5〕 参见桑本谦："'标杆'？还是'警示牌'？——解读云南省高院改判李昌奎案引发的舆论风暴"，载陈兴良主编：《刑事法判解》，北京大学出版社2012年版，第179~190页；参见桑本谦："草率的言论和粗暴的批评：从'7·16微博事件'看法学研究的教条化"，载《法学评论》2014年第1期等。

一审判决严格依法，判决发布后，引发社会关注，也激发了上级法院的关注，在社会和法律共同体的争论中逐渐形成了关于此案的法律和道德共识，浮现了处理此案的较好法律方案；二审法院将案件发回重审，迫使重审法官更有效且平衡地考虑法律规定和社会共识，并依照制度和程序的要求获得最高司法权对重审判决的认可。而当法律没有紧急出口之际，这种难办案件则可能促使或推动相关立法机关立法或修法的行动。这样一个过程不仅保证法院首先严格执法，恪守一审法官循法办事的法律美德，而且在法官必须有所创新之际，他们也可以我为主地主动吸纳、运用在社会和法学界讨论中形成的共识、相关思路和必要信息，使重审判决建立在一个凝聚了足够社会共识和学术共识的基础上，最后通过必要的司法程序加以确认。这种制度进路强调各级法院恪守自己的制度角色，充分运用各级法院法官的智慧，充分利用法定程序来发挥整体司法制度的作用，以法院和法官为中心通过过程来吸纳民意。[1]

孙笑侠则从政治力学的视角指出，尽管司法的政治力学不可避免，但应加以规制和克俭，比如某些方面可以运用法律角力来代替政治角力，可选择的措施比如隔离陪审团、移送管辖、延期诉讼、不公开审理等；当然还必须认真面对我国缺乏被告公平受审权的制度缺陷。顾培东认为应直面公众判意，秉持一种敢于说服的立场，无论是在裁判文书中详尽阐释裁决理由，还是进一步采用诸如新闻发布等其他方式，正面认真回应公众判意都往往要优于对此的简单采纳或否定，司法裁决也因此更有可能成为社会共识。陈林林认为，就当前的局势和体制而言，"唯有从加强判决理由和落实程序公正入手，才能约束法院的裁量判断，有效化解公众意见对审判的猜疑和干预，并逐步改观司法不受信任的局面"。[2]于晓青认为，为使司法真正发挥调节社会的功能，疏导与说服、鉴别和吸纳民意，并借助发现、解释抑或创制等法律方法形成彰显民意的裁判规范，是法官依据法理做出的重要选择。但仅仅如此尚显不

---

〔1〕 这种制度进路还体现在苏力对药家鑫案件的分析上，他提出可以针对中国目前独生子女政策实践和刑事和解实践做一些必要的刑事政策调整。参见朱苏力："从药家鑫案看刑罚的殃及效果和罪责自负"，载《法学》2011年第6期。

〔2〕 陈林林："公众意见在裁判结构中的地位"，载《法学研究》2012年第1期。

足，法官还需通过修辞方法来应对法理自身存在的专业性、主观性与争议性等问题。[1]比较例外的是，周永坤对民意持完全否定的态度，认为民意审判不但违反法治原则，而且具有直接违法性，这已经涉及了审判元规则的问题。当然，我们认为他的观点也有待商榷。

但规范分析也基本都是以某些实证分析为基础。这些分析无疑都证明了法官难以应对涉诉舆论问题的存在和真正指向。当然，更为直接的立论基础来自周安平和何海波所作的实证分析，尤其是前者。

周安平"涉诉舆论的面相与本相：十大经典案例分析"（以下简称周文）通过对近年来发生的十起涉及舆论的轰动案例的分析总结，得出如下结论，即"目前法院各种主动与被动应对舆论的努力，非但不能消减舆论的攻势，相反却可能助长舆论介入司法的热情"。而本书的分析也基本是建立在这一结论的基础之上。在展开新的分析之前，我们需要重述一下周文的论证过程。首先，周文归纳了涉诉舆论对判决的影响[2]：

序号	案名	判决	类型
1	杨佳案	判处杨佳死刑，立即执行	判决未顺从舆论
2	张学英继承案	驳回张学英诉讼请求	顺从舆论而判决
3	邓玉娇案	免予刑事处罚	
4	药家鑫案	死刑，立即执行	
5	南京彭宇案	一审判决彭宇承担责任，二审调解结案	
6	许霆案	由无期徒刑改判为有期徒刑5年	
7	天价过路费案	一审无期，处罚金200万元，再审改为有期徒刑两年6个月，并处罚金人民币1万元	
8	李昌奎案	原终审判处死缓，再审改判死刑，立即执行	

---

〔1〕 参见于晓青："司法裁判中的法理与民意"，载《法商研究》2012年第5期。
〔2〕 以下三个表格均引自周安平："涉诉舆论的面相与本相：十大经典案例分析"，载《中国法学》2013年第1期。

　　而杭州飙车案和"我爸是李刚"案虽因其判决本身受到的舆论较小而未列入表格，但是其司法过程却实际上受到了舆论的影响，即审前消化舆论等；杨佳案判决虽未顺从舆论，但是并不能认为是司法对于舆论的胜利，而或许只是因为这是司法面对舆论的底线——维护政权合法性。

　　而且，面对涉诉舆论，法官承受着巨大压力，其命运也因此而受到影响。这体现在一审未顺从舆论被二审改判时。主要有以下四个案例，法官命运受影响率高达 50%：

	案名	法官命运
1	南京彭宇案	一审主审法官被调离法院系统
2	许霆案	法官未受处理
3	天价过路费案	一审主审法官被免职，刑庭庭长被停职
4	李昌奎案	法官未受处理

　　尽管许霆案和李昌奎案法官未受处理，但多少也只是"幸运"而已。前者法官未受处理是因为从轻处罚缺乏法律上的直接依据，二审改判走的是非常规路径；后者法官裁判在实体上和程序上都较为妥当，而且省高院副院长田成友的公开背书一定程度上分摊了法官责任。

　　面对汹涌舆论，法官并非简单被动应对，也作了一些积极主动的努力：

	主动应对舆论方式	运用案例
1	新闻说明	许霆案
2	网络直播	天价过路费案、李昌奎案
3	征求审判意见	药家鑫案
4	设立人民陪审团	其他案例
5	组织听审团	其他案例

　　尽管如此，但除网络直播外，其他方式都有许多值得质疑之处，不仅合法性有待考虑，甚至可能会引发出更大的舆论尴尬和应对困局。实践证明，

效果也并不理想。

何海波则"通过对三十年来（尤其是近十年来）公众强烈关注的几十个案件的考察，多方面地描述当前中国司法判决与公众意见关系的现实图景。在司法实践中，强烈的公众意见确实容易影响司法判决，但公众意见对司法判决的影响是有条件的"〔1〕。

（四）本书的选择：研究方法与材料

本书的研究主要还是定性分析。这是因为我们也必须面对何海波所描述的数据难题，即缺乏有效的民意调查手段和传统，无法精确了解公众意见，也无法了解法官的实证判断和推理过程。因此，我们也必须分享何海波的分析方法与假设——"我将根据媒体曝光的强度来推测公众关注的程度，根据媒体所表达的立场来推测多数公众的态度。除了特意搜寻相关报道，我对公众意见及其强烈程度主要依靠一个'当代人'的感觉。当代人意味着一种特殊身份，包括对情境的亲身感受和难以言传的知识。"

因而在分析中，媒体报道将成为我们主要的考察对象。这还因为，如上所述，"公众对案件的感知基本上依赖媒体。在很大程度上，他们是被动接受媒体提供的信息。见诸媒体的，有一些可能是当事人刻意制造的，或者当事人在诉讼过程中刻意寻求媒体的支援。特别是一些以公益为追求的'影响性诉讼'，起诉者更是预期乃至寻求媒体的呼应。还有一些案件，似乎是媒体选择和塑造的。即使在互联网时代，公众对信息有了相对主动的选择，但是他们仍然在很大程度上依赖最初的信息来源"。

当然，我们不仅仅关注涉诉舆论的表层意见，还会深入分析舆论背后的公众态度和信念等。而且，如上所述，我们所关注的案件也都是近年来典型的、有影响力的、公认的轰动案例，而且主要采用在不同阶段针对不同个案进行深度解读的方式。当然，也会不同程度地引用其他案例，以显示涉诉舆论之间的大致相似性。

---

〔1〕 何海波："公众意见与司法判决——对过去十余年若干轰动性案件的考察"，载何海波：《实质法治：寻求行政判决的合法性》，法律出版社2009年版。

三、修辞（学）的矛盾与选择

何为修辞（学），众说纷纭，演变多端。亚里士多德将修辞界定为"无法进行逻辑或科学证明的辩论领域或探索领域中的所有说服性手段，而不单单是体裁上的手法"[1]；西塞罗和昆提利安等古罗马的雄辩家基本上将修辞艺术视为一个使我们有能力用文雅的、有说服力的风格来说话和写作的问题；自公元 2 世纪至整个西方中世纪，修辞学的发展几乎微不足道，诡辩"横行"，目的不是劝说听众而是使他们吃惊，因而提倡使用所有华而不实的风格文体和演讲的技巧；文艺复兴时期主流的修辞学著作把修辞学看成是对文体风格和讲演技巧的研究；17、18 世纪西方修辞学出现了第一次复兴，西塞罗派涵盖"五艺"[2]的修辞观又一次成了修辞学研究的基础；而到 19 世纪，西方修辞学呈衰落之势，修辞学研究以文体风格为主，而其理论实质却被分散到心理学、哲学和文艺批评理论等有关领域之中；进入 20 世纪，修辞学则又一次出现复兴之势，成为一门重要的跨学科理论，成了一种理解和改善人际关系的工具。[3]

从 20 世纪 30 年代初以来，在西方先后出现了十多种重要的修辞学说：I. A. Richards 的修辞哲学（1936），Kenneth Burke 的动机修辞学（1950），W. C. Booth 的小说修辞学（1961），E. P. J. Corbett 的古典修辞学今用（1965），Edwim Black 的修辞批评方法论（1965），D. K. Smith 的认知修辞学（1967），G. Burgess 的黑人权力修辞学（1968），R. E. Young 和 A. L. Becker 的法位修辞学（1970），Richard M. Weaver 的价值修辞学（1970），E. P. J. Corbett 的身势修辞学（1972），F. Christensen 的生成修辞学（1975）和 A. Ortony 的隐喻论（1979）。[4]

由此可见，修辞学一直没有一个固定的研究范围，而关于作为其研究对

---

[1] [美] 理查德·A. 波斯纳：《法律与文学》（增订版），李国庆译，中国政法大学出版社 2002 年版，第 338 页。

[2] "五艺"指：1. 觅材取材；2. 布局谋篇；3. 文体风格；4. 记忆；5. 讲演技巧。

[3] 参见胡曙中：《西方新修辞学概论》，湘潭大学出版社 2009 年版，第 430~475 页。

[4] 胡曙中：《西方新修辞学概论》，湘潭大学出版社 2009 年版，第 1 页。

象的修辞的定义也莫衷一是。实际上，谱系论早已对这种现象作了揭示和说明，一定程度上告诉我们修辞（学）背后的社会因素的影响。[1]所以，其实也无所谓衰落和复兴。

并且，对于研究而言，更重要的是概念所指，而非概念本身。所以，波斯纳将其自身使用的修辞界定为"主要是指一种体裁上的手法，用它来说服读者或听者去相信某事或去做某事"，而将亚里士多德所说的修辞界定为实践理性的领地——"它包括诉诸常识、习惯、先例和其他权威、传统、经验、直觉、制度的考虑、历史、后果、社会科学、我们公正的或好的感情以及本书一直强调的'时间检验'"[2]，并无不妥，对修辞是一种感情说服的方法的判断也就可以理解了，而并非像焦宝乾批判的那样"波斯纳这里对修辞的界定显得有些含混……无法兼顾修辞作为理性说服这一方面"[3]，因为波斯纳所指的是严格意义上的修辞。

而且，波斯纳之所以这样界定是有一定原因的。除了《法理学问题》中对相关主要实践理性推理方式的系统而专门的研究论述[4]（这可以充分说明逻辑和科学实证在法律推理中作用的有限性）的原因之外，修辞被置于一个更加广阔的研究对象——风格——"把风格定义为自由决定（即不受内容和含义的限制），以及把风格定义为写得好……风格的第三个方面——作为'文学'的风格"之中，文学风格具有更为广泛的功能——说服目的和服务于法律描述，前者主要是修辞的功能，而后者则是指文学中的"公正无私（超然、平衡、意识到除了作者自己的视角之外还可能存在其他视角）、严谨以及具体"等技术价值可以使司法意见的写作得到美学的完善。这和美国法律与文学运动的影响密切相关。并且波斯纳在此基础上的进一步分析一定程度上有效地回应了法律与文学运动中反对把经济学适用于法律中的批评。

因而不得不提的是，批评者中的一位代表人物詹姆斯·博伊德·怀特的

---

〔1〕 相关研究还可参见苏力："修辞学的政法家门"，载《开放时代》2011年第2期；李晟："社会变迁中的法律修辞变化"，载《法学家》2013年第1期。

〔2〕 ［美］理查德·A. 波斯纳：《法律与文学》（增订版），李国庆译，中国政法大学出版社2002年版，第338、361页。

〔3〕 焦宝乾："修辞方法及其在法律论证中的作用探讨"，载陈金钊、谢晖主编：《法律方法》（第7卷），山东人民出版社2008年版，第76页。

〔4〕 参见［美］理查德·A. 波斯纳：《法理学问题》，苏力译，中国政法大学出版社2002年版，第90~193页。

修辞观——"建构性修辞"——"只要开口说话，我们就是将自己作为不同个体、不同社群以及不同文化加以建构"[1]，他从三个方面即"一个人的言语文化提供给他/她的话语；对该话语的论证性重构；一个人的言语或写作对一种修辞共同体的论证性建构"[2]论证了法律可被理解为一种修辞事实的判断。[3]而这种修辞观和 Kenneth Burke 的"同一"修辞观有异曲同工之处。更重要的是这种建构性修辞观是他们批评法律经济分析冷酷无情，从而倡导法律人道主义价值观的理论基础。而波斯纳对修辞的界定也和这种建构性修辞不无关系。在他看来，"按照这种解释，修辞不仅变成了理性和表达的同义词，而且还是善的同义词，因此成了统率其他学科的学科，从数学到伦理学的所有东西都属于它的麾下。这就会使这个术语失去了效用，最好还是把它限定于非逻辑的、非科学的、非经验的说服方法。这样至少修辞还是一个问题，而不只是一个泛指任何东西的空名"[4]。

所以，回答"修辞究竟（或应该）是什么？"的问题比较困难，并且，在一定意义上来说也没有必要，研究者需要的是根据社会现实和研究目标的需要，在古今修辞（学）所涉范围内找寻自己的研究指向并明确定义，或者甚至可以拓宽已有的指涉范围，只是在研读已有研究成果时要多加辨别。

但总体来说，本书主要借鉴西方修辞学的研究成果和批评方法。这是因为，国内汉语修辞学研究自陈望道《修辞学发凡》问世以来，基本遵循着围绕辞格研究的传统路径。尽管近年来，新派修辞学的出现使得汉语修辞学研

---

〔1〕 ［美］詹姆斯·博伊德·怀特："作为修辞之法律，作为法律之修辞：文化和社群生活之艺术"，程朝阳译，载陈金钊、谢晖主编：《法律方法》（第 11 卷），山东人民出版社 2011 年版，第 6 页。

〔2〕 ［美］詹姆斯·博伊德·怀特："作为修辞之法律，作为法律之修辞：文化和社群生活之艺术"，程朝阳译，载陈金钊、谢晖主编：《法律方法》（第 11 卷），山东人民出版社 2011 年版，第 6 页。

〔3〕 与此相关，国内推动这一研究进路的，以陈金钊教授提出的"把法律作为修辞"为典型代表。他指出，"把法律作为修辞"是把法律看作语词系统，"强调把法律概念、语词、专业术语在思维中具体运用，修饰事实的法律意义、组合构建与案件事实相适应的法律意义""把法律置于修辞的角色来发挥法律的作用"。参见陈金钊："把法律作为修辞——认真对待法律话语"，载《山东大学学报（哲学社会科学版）》2012 年第 1 期。相关研究还有，陈金钊："把法律作为修辞——法治时代的思维特征"，载《求是学刊》2012 年第 3 期；陈金钊："用法治思维抑制权力的傲慢"，载《河南财经政法大学学报》2013 年第 2 期；陈金钊："把法律作为修辞——讲法说理的意义及其艺术"，载《扬州大学学报（人文社会科学版）》2012 年第 2 期等。

〔4〕 ［美］理查德·A. 波斯纳：《超越法律》，苏力译，中国政法大学出版社 2001 年版，第 603~604 页。

究重新焕发生机，较为典型的进路有修辞文化研究及修辞心理研究[1]；但基本研究对象仍以修辞格为主，因而相对较窄。另外，就对"修辞目的"的认知而言，西方修辞学不同于国内主要以"表情达意"为目的的修辞观研究，而坚持以"劝说"为根本目的。[2]这也符合本书的问题指向。

四、国内外研究现状综述

(一) 关于涉诉舆论研究

1. 国内 (涉诉) 舆论研究现状

A. 主要论题分布

近年来，对舆论的研究越来越受到学界的关注，研究成果不断增多。国内对舆论研究的论题分布广泛，主要有[3]：

(1) 舆论观研究，如焦桂春"浅析梁启超的舆论观"、石钰"社会主义市场经济背景下马克思主义舆论观的继承与发展研究"、何建红"孟子民本舆论观的传播学分析"。(2) 舆论引导研究，如刘春波"舆论引导论"、王瑛莹"论网络舆论的政府引导"、李轶南"我国网络舆论监控与引导"。(3) 舆论

---

〔1〕 如王苹《汉语修辞与文化》从多个视角对汉语修辞学作出探讨，深入分析汉语语言运用的修辞艺术。不仅涉及语言内部各要素：语音、词语、句子和修辞的关系，也讲到了语言外部各要素：民族思维方式与修辞特征、语境和修辞的关系，同时还讨论了修辞学的核心本体问题：修辞格以及作家作品应用修辞学等诸多问题。尤其本书第二部分"汉语之文化关照"紧紧抓住词语，"从民族文化、地域文化、社会文化等各个不同的角度，深入挖掘潜藏于语言背后的丰富的文化内涵，努力寻找词语发展、演变的规律，揭示词语的社会文化心理"。参见王苹：《汉语修辞与文化》，浙江大学出版社2007年版。修辞心理研究，如吴礼权《修辞心理学》以心理学的视角和方法来系统阐释和研究修辞学，不仅在宏观上进行了全新的学科理论模式和框架的建构，而且在微观上进行了细密的个案实证分析，所涉内容主要有修辞的主体、修辞文本的基本模式及其建构的基本原则、修辞文本建构的心理机制以及以语言借贷中的修辞心理现象为个案的实验分析等。理论和实践相结合，颇有启示。参见吴礼权：《修辞心理学》，暨南大学出版社2013年版。本书也将在某些地方适当借鉴其研究成果。
〔2〕 参见蓝纯：《修辞学：理论与实践》，外语教学与研究出版社2010年版。本书尝试运用西方修辞学理论对体现在不同文体中的英语和汉语的修辞现象进行分析，展现了西方修辞学相对"广阔"的适用价值；并力图有机地融合西方修辞学发展中的人文传统和文体风格传统，而不是将二者人为地割裂开来，一定程度上实现了西方修辞学的统一。
〔3〕 以下文献以近年来国内高校的硕博士学位论文为主。我们以为，从常理而言，学位论文（尤其是博士学位论文）通常都具有较高的学术投入和学术要求，因而更具代表性。而且，为行文简洁起见，我们不再一一列出具体单位和年份，所有文献都来源于中国知网。

监督研究，包含：①与司法独立的冲突与平衡，如孙晓娟"浅析社会舆论对刑事案件司法公正的影响"、胡义鸣"社会舆论对法院审判影响问题研究"、李莉"论社会舆论对司法审判的影响"、吴秋燕"社会舆论对刑事审判活动的影响"、黄晓伟"论司法独立与舆论监督"；②具体舆论监督研究，如李自恩"行政权的舆论监督研究"、焦晶玮"微博的社会舆论监督功能研究"、卜丽媛"食品安全事件中的网络舆论监督"。（4）某一时空或特殊事件下的舆情研究，如王计威"20世纪二三十年代社会舆论关于青年自杀的探讨"、蔡明"《中美通商航海条约》签订后的社会舆论和反应"、黄媛"关于转基因水稻安全证书的网络舆论风波的研究"、蓝经纬"1919年南北议和中的社会舆论研究——以《益世报》为中心"。（5）新媒体对舆论的影响，如陈铁夫"微博传播对社会舆论格局的影响"。（6）舆论（场）内部具体要素研究，如郑亚琴"当代社会舆论场中的政府角色研究"。（7）舆论安全研究，如赵强"中国国家舆论安全研究"、张洁"从媒介发展角度论国家舆论安全"。（8）舆论危机研究，如邹庆国"政府对网络舆论危机管理的对策研究"、蒋腾飞"政府应对网络舆论危机的对策研究"、毛闻彦"中国地方政府网络舆论危机案例研究"。（9）舆论领袖研究，如唐玮"网络服饰购买中舆论领袖的影响研究"、周国阳"网络论坛舆论领袖的特征与影响力"、陈琳"网络舆论领袖培育关键技术研究"、余红"网络时政论坛舆论领袖研究——以强国社区中日论坛为例"。（10）舆论自由研究，如张欢"网络舆论的自由与边界"、董兆卫"'自由'的危机——网络舆论传播研究"、李晓明"BBS舆论空间的言论自由与管理"。（11）舆论场研究，如贺淼"互联网舆论场的细分研究"、姜艺萍"简析当下社会的两个舆论场"、顾颖"场域理论视阈下解读两个舆论场之间的博弈"、平亦凡"公共事件中微博舆论场的形成和传播模式分析：以PM2.5事件为例"。（12）舆论过程研究，如赵文霞"微博舆论的形成、演变及控制研究"、安静"微博舆论的传播机制研究"、田晓丽"网络舆论热点的生成与调控研究"、常启云"群体性事件中网络舆情与舆论的形成与转化"、罗宁"2000~2009：网络舆论的十年嬗变研究"。（13）舆论影响研究，如张瑜"网络舆论对公共政策议程的影响初探"、吴乐勇"网络舆论对我国政府决策的影响分析"、徐超"跨国并购和舆论对于民族品牌态度的影响"、柳璐"论网络舆论对我国民主政治的影响"。（14）舆论传播与宣传研究，如马绍惠"毛泽东的战时舆论宣传活动研究"、张妍"《大公报》与蒋介石（1927~1936）——

抗战爆发前《大公报》舆论导向的变化和对中国政治影响作用的考察"、袁媛"基于传染病传播模型的网络舆论传播研究"、陈其彬"网络舆论传播中的相关因素影响研究"。(15) 公私之辨，如周艳"网络媒体中的个人表达与公共舆论"、解赞"论公共领域构建与舆论监督：对大众媒介发挥舆论监督作用的思考"、祝彬彬"从哈贝马斯公共领域思想看网络对舆论监督的影响"、胡泳《众声喧哗：网络时代的个人表达与公共讨论》。(16) 舆论与立法，如陈奕妍"公共舆论何以促进立法：以两个中国案例为例"。

具体到涉诉舆论，上述论题实际都有结合，但主要体现在舆论监督、舆论自由、新媒体对舆论的影响、舆论影响、舆论引导等方面。另外，我们在第二部分"问题的界定"中也已给予了较为详细的说明，此处不再赘述。

B. 研究方法和视角

自德国学者诺依曼《沉默的螺旋：舆论——我们的社会皮肤》运用多学科角度与方法研究舆论时起（其中涉及心理学、社会学、人类学、社会心理学、政治学、法学、哲学、新闻学、宗教学、社会哲学、传播学、行为学和文学等角度），学者们对舆论的研究方法和视角便呈现日益多样化的趋势，国内研究方法和视角主要有：

(1) 哲学分析法，如闫义"社会舆论的哲学阐释及其意义"、毛剑平"公共舆论的哲学思考：舆论与制度互动的维度"。(2) 个案分析法，如刘方"网络信息污染环境下的新闻舆论建构研究：以郭美美事件为例"、卜巧莹"微博舆论的传播研究——以李刚事件为例证"、唐世洪"政府在突发事件中的舆论引导研究：以'翁安事件'为例"。(3) 话语分析法，如陆静雨"网络舆论中的民粹主义话语分析"、张楠"舆论压力下中医话语权研究"、王欢"批评性语篇分析视域下的舆论领袖的权利：以谈话节目为例"。(4) 统计学方法，如闫阳"基于跟踪统计量探究网络舆论倾向"。(5) 模型分析法，如姚远"基于小世界网络的网络舆论模型研究"、石矛"网络舆论中意见领袖发现模型研究"、李岳璘"基于价值影响度和动态信任度的网络舆论模型研究"。(6) 管理学方法（视角），如杨晓薇"当前网络舆论的影响分析与管理策略：从公共管理视角的问题分析与对策研究"。(7) 动力学方法（视角），如程洁"复杂网络框架下的舆论动力学"、曾显葵"基于多数规则和协同规则的元胞自动机舆论传播模型研究"。(8) 传播学方法（视角），如陈曦"传播学视野下的网络舆论事件解析及危机应对研究：以云南'躲猫猫'事件为例"。（9）系统论方法（视角），如陈新勇"试析网络舆论的监控——系统论视角的控制研究"。（10）政治沟通理论视角，如尹浩然"政治沟通理论下的我国网络舆论监督形成模式研究"。（11）控制论方法（视角），如杜宇晓"控制论视野下的网络舆论研究"。（12）场理论方法（视角），如王大明"略论网络舆论形成的心理机制：一种基于场理论的研究"。（13）反腐倡廉视角，如于红"新时期反腐倡廉视角下的舆论监督研究"。（14）文化与伦理视角，如杨盛楠"网络舆论暴力成因研究：基于文化与伦理视角的阐释"。（15）历史分析法，如兰斌"公众舆论与对外政策：历史和理论的研究"、陈文玲"集体记忆·村庄舆论·社区秩序：对河北 P 县郜家庄农民日常生活的一个历史性考察"。（16）经济学方法，如徐寅杰"舆论监督与腐败控制：基于新政治经济学视角"、胡俊楠"基于网络舆论的企业危机预警研究"、陈江鹏"基于网络舆论的我国股票市场有效性检验研究"。（17）心理学方法，如卢毅刚《认识、互动与趋同——公众舆论心理解读》。

C. 简要评析

综上所述，国内舆论研究虽然论题广泛，角度和方法多样，但我们以为，仍有以下四点不足：（1）专门的涉诉舆论研究仍显单薄；（2）以修辞学的方法和视角展开论述，鲜有论及；（3）因条件所限，数据搜集、跟踪研究和实验研究尚且不足，比如和相关民调中心展开的合作研究不够深入而无法实验等；（4）大多遵循关于公众舆论对司法审判的影响的传统研究视角，而关于司法审判对公众舆论的影响研究较少等。本书将重点着墨于前两点；而第三点，如上所述，也是本书的"软肋"之一，但我们试图结合具体案例和可能的数据来尽量弥补这种不足；第四点虽不是本书的重点，但基于法官应对涉诉舆论的出路考虑，我们也会在研究中适当涉及。

2. 国外涉诉舆论研究现状

A. 主要论题分布

（1）传媒对司法的影响研究

刘李明"社会舆论的司法意蕴分析"（吉林大学 2012 年博士学位论文）较为系统地梳理了国外有关传媒对司法的影响研究。具体主要包括 K. Robbennolt

和 C. A. Studebaker 有关新闻报道对民事审判的影响研究（研究指出新闻报道对审判结果的预期和最终出现以及民事审判自身结构都有多种影响）[1]；L. Wilkins 和 Patterson 有关新闻报道对社会舆论的影响（研究指出新闻报道的事件中心主义特性使得社会舆论情感因素明显）[2]；D. S. Bailis 和 R. J. Maccoun 有关媒体对案件的选择性关注（研究指出诉讼原告有明显优势且索要高额赔偿的案件深受青睐）[3]，以及与之类似的 Garber 的实证研究（研究根据为十余年间报道的 351 起交通事故损害赔偿案件中的仅仅 3% 被告胜诉率）[4]；Hans 有关媒体报道对司法审判的作用因素研究（研究指出因素主要有媒体报道的内容、法官对媒体观点的判断、媒体报道对司法影响本身的理解、司法系统不同派别在审判时的类型特点等）[5]；Combs 和 Slovic 有关新闻报道对公众审判看法和期待的影响研究（研究证明了这一影响之大）[6]；Robinson 和 Darley 有关法官特别情况下对公众舆论的迎合研究（研究指出当法律规定模糊时法官往往迎合公众评论和期待）[7]等。

（2）（涉诉）舆论内部差异的具体研究

更为重要的是，Hans Toch 和 Kathleen Maguire 的"关于犯罪、刑事审判及相关主题的公众舆论研究回顾"（"Public Opinion Regarding Crime, Criminal Justice, and Related Topics: A Retrospect"）（2014），是对国外（涉诉）舆论状况和研究现状的系统性、权威性介绍，展示了美国（涉诉）舆论研究的进展和方向。该文以 Hindelang 的"关于犯罪、刑事审判及相关主题的公众舆论研究"（"Public Opinion Regarding Crime, Criminal Justice, and Related Topics"）

---

〔1〕 See J. K. Robbennolt, C. A. Studebaker, "News Media Reporting on Civil Litigation and Its Influence on Civil Justice Decision Making", *Law and Haman Behavior*, 2（2003）, pp. 7~13.

〔2〕 See L. Wilkins, Patterson, "Risk Analysis and The Construction of News", *Journal of Communication*, 37（1987）, pp. 80~92.

〔3〕 See D. S. Bailis, R. J. MacCoun, "Estimating Liability Risks with The Media as Your Guide: A Content Analysis of Media Coverage of Tort Litigation", *Law and Human Behavior*, 20（1996）, pp. 419~429.

〔4〕 See Garber, "Product Liability, Punitive Damages, Business Decisions and Economic Outcomes", *Wisconsin Law Review*, 11（1998）, pp. 237~295.

〔5〕 See Valerie P. Hans, Juliet L. Dee, "Media Coverage of Law: Its Impact on Juries and The Public", *American Behavioral Scientist*, 35（1991）, pp. 136~149.

〔6〕 See Barbara Combs, Palul Slovic, "Newspaper Coverage of Causes of Death", *Journalism Quarterly*, 56（1979）, pp. 837~843.

〔7〕 See P. H. Robinson, Darley. J. M, "The Utility of Desert", *Northwestern University Law Review*, 91（1997）, pp. 453~499.

（1974）为参见对象，结合 40 年来发表在 *Sourcebook of Criminal Justice Statistics* 上的公众舆论数据、主要的民意测验机构、民意测验活动与研究以及相关学者的研究成果，对 Hindelang 所述相关论题进行了跟踪研究。对我们当下及以后的涉诉舆论研究，尤其是在民意数据的搜集与分析方面，颇有启示。接下来我们予以详细介绍。

首先是关于民意测验数据的意义。Hindelang 依据多年的民意测验数据，研究指出很长一段时期内的民意测验活动已经提供给我们很多信息，这些信息将有助于我们理解美国人有关犯罪主题的行为，以及美国社会不同组成部分（诸如不同年龄、性别、种族、教育等团体）对刑事司法系统众多方面的不同反应。而且，关于公众对与刑事司法审判密切相关的事情的态度变化，这些数据信息也提供了一个持续变动着的历史记录。[1]

其次，Hans Toch 和 Kathleen Maguire 文所呈现出的近年来美国公众舆论研究所涉及的主要论题及观点有：①关于公众舆论与公共政策。这是本书关注的重点，我们予以完全呈现：

> Hindelang 曾宣称涉及与犯罪有关问题的公众舆论的信息能够预示即将到来的对刑事审判中立法变化的公众压力。这种预示发生的程度，以及关于公众压力与立法回应之间的关系，当然都需要证实。

> 理论上政府官员会积极迎合公众舆论，然而实践中他们却是有选择性地介入合适的相关记录中。Flanagan 指出政府官员对待公众舆论就像醉汉和灯柱的关系——从中得到支持而非深入阐明。[2]民意测验研究最初就是被当成政策制定者的一个工具，他们渴望了解民意，并且认为自己的角色就是要忠实地代表民意。因此，Cantril 作为公众舆论民意测验的杰出探索者，就指出某些政策制定者将民意测验推崇为 Abraham Lincoln 困境的解决途径，"我要做的就是完成人民渴望做的事情，对我而言唯一的问题就是如何准确地找出它们"[3]。这些观点反映了民主社会民众代

〔1〕 See Hindelang, M. J, "Public Opinion Regarding Crime, Criminal Justice, and Related Topics", *Journal of Research in Crime and Delinquency*, 11 (1974), pp. 101~116.

〔2〕 See Flanagan, T. J, "Guest Editor's Comments", *Journal of Research in Crime and Delinquency*, 25 (1988), pp. 116~119.

〔3〕 See Cantril, H., *Gauging Public Opinion*, Princeton New Jersey: Princeton University Press, 1944.

表者的观念，以及将信息理解为促使民主社会当权者发挥他们作用的功能定位。

这些观念中的偏差有时候向我们提出了关于公众究竟想要什么的信息的有用性问题。Zimmerman、Van Alstyne 和 Dunn 曾研究了直接将公众偏好作为对犯罪惩罚的总的社会需求的不适当性。他们指出为了达成合理解决方案，需要适当调整或缓和公众的非理性。例如当涉及到犯罪与惩罚时，他们认为立法机构、执法机关和司法机关就扮演着制约公众对更高制裁的不受约束的渴望的角色。[1]曾供职于白宫的杰出社会学家 John DiIulio，将此描述为"从某种程度上说，它们全是美国人民感觉令人反感的事情。应该是两党共同的事情变成了党派性的了，应该将人民团结起来的事情反而分裂了他们……幸运的是，领导人能够最终战胜它们"[2]。

如果政策制定者将他们的判断建立在人民中发声群体鼓吹的观点基础之上，极端分子观点的盛行之势将会被进一步加强。针对这种现象，以及自我代表的发言人坚持狭隘性的和不代表民众的立场而言，民意测验可以作为一个引导公众政策的有效的纠正手段。另一方面，正如 Flanagan 指出的那样，对某一问题感兴趣的一些政党或团体的观点可能会比普遍大众的更加专业成熟。他指出，公众并非都了解情况，而一些团体或人群（比如受害者们，监狱犯人们，或其他了解情况的市民们）将能够比其他人更好的评价，比如与犯罪相关的某些问题。[3]

将这些区别先搁置一边。非常显然，民意测验在公共政策制定中发挥着十分重要的功能，因为它能够促进政策的有效实施。如果能够很好地预测到对变化的抵制和支持情况，我们就能比较容易地制定出改革政策来。民意测验还有助于我们安排介入干预的时间，因为公众舆论通常容易受随着时间推移发生的变化的影响。例如，如果 20 世纪 80 年代的满怀惩罚激情的学生们打开今天的报纸，当他们读到"过去 20 年里不断

---

〔1〕 See Zimmerman, S. E., D. J. Van Alstyne, C. S. Dunn, "The National Punishment Survey and Public Policy Consequences", *Journal of Research in Crime and Delinquency*, 25（1988），pp. 120~149.

〔2〕 See Associated Press: "Director of President's Faith - based Office Resigns"，载 http://www. freedomforum. org/templates/document. asp? documentID1/4 14645，最后访问日期：2013 年 8 月 5 日。

〔3〕 See Flanagan, T. J., "Guest Editor's Comments", *Journal of Research in Crime and Delinquency*, 25（1988），pp. 116~119.

下降的犯罪率已经削弱了政治家开展严厉惩治犯罪运动的兴趣。而且，民意调查持续地显示了美国人民更愿意投资教育和健康医疗事业，而不是建造更多的监狱"时，他们会感到非常奇怪。[1]当然，今后20年（或6个月），这些放宽限制的趋势有可能被颠倒，因为影响公众对犯罪与惩罚的态度的环境将会发生改变。

因此，我们可以看到，美国社会对公众舆论的非理性、狭隘性以及易受环境影响的特点也是保持较高的警惕的，并因此认为民意测验尤为重要。

②死刑观。调查显示对"你是否支持对犯谋杀罪的人处以死刑"的回应比例60年来显著相似。

③持续的种族鸿沟。除了白人和黑人对死刑支持率持续的明显的差异外，种族鸿沟可直接窥见于2013年二者针对"美国刑事司法系统对黑种人是否有偏见"问题的回应——约2/3的黑种人（68%）受过偏见，而白人仅有25%。

④可感知的警察歧视。在1970年的调查中不同于白种人给出的好评，约有一半的黑人受调查者表达了对当地执法官员的不满。而2005年针对"你认为在你们当地是否存在警察暴行？"这一问题，67%的黑种人给出了肯定回答（非白种人的为54%），而白种人仅为25%。实际上，关于警察歧视的记录较早可见于20世纪60年代Kerner Commission所发起的一项研究中：1/3的黑人受调查者声称"当警察在逮捕犯人之时或以后，他们本没有必要动粗"[2]；"特别是年轻黑种男性（尤其是成群的）必定会招致愤怒的抵制，这也导致了对警察敌意的长期存在"[3]。

⑤毒品法的实施。首先，毒品法实施过程中的警察歧视清晰可见，而且针对毒品法实施的公众态度依然体现着较大的种族鸿沟。[4]另外，公众对大

〔1〕 See Goode, E., "U. S. Prison Populations Continue a Decline, Reflecting New Approach to Crime", *New York Times*, July 26, 2013, pp. A1、A16.

〔2〕 See Campbell A., H. Schuman, *Racial Attitudes in Fifteen American Cities*, in Supplemental Studies for the National Advisory Commission on Civil Disorders, edited by National Advisory Commission on Civil Disorders. Washington, D. C: U. S. Government Printing Office, 1968, pp. 1~67.

〔3〕 Toch H., *Cop Watch*: *Spectators*, *Social Media and Police Reform*, Washington D. C: American Psychological Association Press, 2012.

〔4〕 See Urbina I., "Blacks are Singled Out for Marijuana Arrests, Federal Data Suggests", *New York Times*, June 4, 2013, pp. A~11. 以及ACLU（American Civil Liberties Union）, "New ACLU Report Finds Overwhelming Racial Bias in Marijuana Arrests", Retrieved November 6, 2013.

麻的立法支持率在经历了 80 年代短暂的下降之后，便开始了持续有规律的升高，直到 2013 年支持者数量超过反对者。

⑥关于大麻立法的观念差异。关于大麻立法问题的观念差异随着立法支持率的升高也不断升高。这种差异主要体现在男性受调查者一直比女性更倾向于立法，而且南部州的居民支持率最低；而最实质的差别出现在最年轻和最年长者，以及政治保守主义者和自由主义者，共和党人和民主党人的观点上。

⑦年长者和年轻人的观点对比。除了在大麻立法观念上的差异外，二者的不同还体现在许多其他问题上，比如一项研究指出了年长者往往显得更自由慷慨，但唯一在养老金方面例外。[1]

⑧性别与恐慌的联系。调查显示暴力犯罪率剧烈的下降并没有带来太多害怕晚上夜间单独行走的比例的变化。对于这一问题的全球性的性别鸿沟（20%或更多）始终持续存在。[2]

⑨与枪支管制有关的趋势（动态）和模式。针对"你是支持还是反对规定购买枪支需要事先得到警察批准的法律?"的回应没有太多变化。[3]但在其他的枪支管制问题上公众舆论却呈现出较大的变化。[4]另外，公众舆论还存在着较大的内部差异，比如"女性比男性，以及黑人和美籍西班牙人比白人与非西班牙人，都更倾向于支持枪支管制。相比于共和党人，枪支管制措施也将会得到民主党人的大幅支持。而且更重要的是，枪支管制改革在城市地区比在乡村地区更受欢迎，并且更可能在东部沿海地区获得实施"[5]。

因此，总结 Hans Toch 和 Kathleen Maguire 及其他学者的相关研究，我们可以发现国外涉诉舆论研究的另一方面是系统地实证研究涉诉舆论的具体情

---

〔1〕 See Toch H., "Attitudes of the 'Fifty Plus' Age Group: Preliminary Considerations toward a Longitudinal Survey", *Public Opinion Quarterly*, (17) 1953, pp. 391~394.

〔2〕 See English C., J. Ray, "Latin Americans Least Likely to Feel Safe Walking Alone at Night", Washington D. C: Gallup, 2010, Accessed July 31, 2012.

〔3〕 See Maguire K., A. L. Pastore. eds, "Sourcebook of Criminal Justice Statistics", *U. S. Washington D. C: Bureau of Justice Statistics*, USGPO, 1995.

〔4〕 See Maguire K. ed, "Sourcebook of Criminal Justice Statistics Online", *Albany, New York: Hindelang Criminal Justice Research Center, University at Albany*, 2013, 载 http://www.albany.edu/sourcebookl, 最后访问日期: 2013 年 11 月 30 日。

〔5〕 Hans Toch, Kathleen Maguire, "Public Opinion Regarding Crime, Criminal Justice, and Related Topics", *Journal of Research in Crime and Delinquency*, 4 (2014), pp. 424~444.

况——主要基于年龄、性别、种族、地域、政党、意识形态等因素而产生的观点差异，以及变动情况和趋势（即历时性考察）。当然他们也试图对相关差异做原因分析。[1] 另外，涉诉舆论之"诉"是广义的，不仅仅是司法审判，也包括相关主题和活动。

（三）司法审判对公众舆论的影响研究

Michael F. Salamone 的《司法共识与公众舆论：大多数对最高院的条件性回应》（Judicial Consensus and Public Opinion：Conditional Response to Supreme Court Majority Size）则展示了国外涉诉舆论研究的一个新动向，即不同于研究公众舆论对司法审判影响的传统视角，开始关注司法审判对公众舆论的影响。他指出，传统研究认为全体一致的裁决能够促进对最高院判决的支持，而分歧则会导致公众的反对。然而关于公众对一致与分歧的反应的实证经验研究却很少，不完整，也缺乏持续性。通过一系列的测验实验，Salamone 发现对司法共识的反应依赖于涉及有关问题的意识形态，而通过表明程序公正，分歧也能够增进法院反对者对判决的接受。[2] 相关研究还有 Zink，James R.、James F. Spriggs 和 John T. Scott. 的 "Courting the Public：The Influence of Decision Attributes on Individuals Views of Court Opinions"[3]。

还需提及，日本学者佐藤卓已的《舆论与世论》。该书在区分了舆论和世论两种概念和现象的基础上，系统地考察二战前以及战争中期产生的"舆论的世论化"问题，并进一步通过"舆论和世论的区分"来思考并实践如何解读战后史。尽管这是一本研究日本舆论问题的专门著作，探讨了日本式的舆论与世论的来龙去脉，但其中也反映出了很多普遍性的问题和原则，对我们

---

〔1〕 考虑到原因分析并非 Hans Toch 和 Kathleen Maguire 的关注重点，我们在上述介绍时便没有具体呈现，但他们还是试图对某些问题作了初步的原因分析，比如针对第 7 个论题年长者和年轻人呈现的代际差异问题，他们论述到："对公众变得更加开放或宽容的一种常见的解释路径集中在文化落后上：那些在不太开明的时代培养出来的人们往往被认为会持有一种不开明的观点。但是另一种解释集中在这样一种事实上：正在经历加速变化的世界会对正在老化的人们，以及有顽固习惯和坚定预期的其他人造成一种令人恼怒的挑战。" See Hans Toch, Kathleen Maguire, "Public Opinion Regarding Crime, Criminal Justice, and Related Topics", *Journal of Research in Crime and Delinquency*, 4（2014），pp. 424~444.

〔2〕 See Michael F. Salamone, "Judicial Consensus and Public Opinion：Conditional Response to Supreme Court Majority Size", *Political Research Quarterly*, 2（2014），pp. 320~334.

〔3〕 See Zink, James R. , James F. Spriggs, and John T. Scott, "Courting the Public：The Influence of Decision Attributes on Individuals Views of Court Opinions", *Journal of Politics*, 3（2009），pp. 909~925.

研究当前中国语境下的涉诉舆论问题也颇有指导意义。

B. 研究方法

研究方法也具有多元化特点，但相比于国内研究，最大的特色在于实证分析方法和实验方法的运用。当然这和国外日益完善和多样的民意调查活动有密切联系，无论官方，还是民间机构，都非常重视民意测验，这无疑为研究者提供了大量数据资料和实验机会[1]。

C. 简要评析

相比于国内涉诉舆论研究，国外研究无论在论题选择，还是研究方法方面，都较为领先。但我们认为，仍有以下几点不足：（1）修辞学分析的尝试的缺乏；（2）立足本国国情，如美国的两党制政体，但也因此呈现出局限性，尤其面对中国问题；（3）缺乏对法律方法（论）的回归与回应，尤其在法律修辞学方面等。而这些方面都将是本书试图努力的方向。

（二）关于修辞学研究[2]

如上所述，西方修辞学研究，进入 20 世纪，再度复兴，先后出现了十多种重要的修辞学说，如 I. A. Richards 的修辞哲学（1936）[3]，Kenneth Burke 的动机修辞学（1950）[4]，W. C. Booth 的小说修辞学（1961）[5]，E. P. J. Corbett 的古典修辞学今用（1965）[6]，Edwin Black 的修辞批评方法论（1965）[7]，D. K. Smith 的认知修辞学（1967），G. Burgess 的黑人权力修辞学（1968），

---

[1] 美国的民意测验制度有许多非常值得我们学习的地方。美国现在已经没有政府建立的政策研究机构，所有机构都已经私有化了，当前美国三大民调公司是皮尤（Pew）、佐格比（Zogby）和益普索（Ipsos）（皮尤公司不接受任何人的资助和委托，独立进行民调；佐格比创建人佐格比博士来自黎巴嫩；益普索则是一家法国公司，但在美国有很多业务），不再是传统的 Gallup、Harris 和 Roper；政策研究一般要公开招标，强制生成一个市场，尽量减少政府干预。因而相对客观、中立、全面。参见袁岳："说说那些不靠谱的'民意'"，载《知道日报》2014 年 3 月 31 日。

[2] 国内汉语修辞学研究现状我们已经在前面做了交待，此处不再赘述。

[3] See I. A. Richards, *The Philosophy of Rhetoric*, New York：Oxford University Press, 1936.

[4] See Kenneth Burke, *A Rhetoric of Motives*, New York：Prentice-Hall, 1950, 1st ed.

[5] See Wayne C. Booth, *The Rhetoric of Fiction*, Chicago：University Press, 1961, 2nd ed.

[6] See E. P. J. Corbett, *Classical Rhetoric for the Modern Student*, New York：Oxford University Press, 1965.

[7] See Edwin Black, *Rhetoric Criticism：A Study in Method*, New York：The Macmillan Company, 1965.

R. E. Young 和 A. L. Becker 的法位修辞学（1970）[1]，Richard M. Weaver 的价值修辞学（1970），E. P. J. Corbett 的身势修辞学（1972）[2]，F. Christensen 的生成修辞学（1975）[3]和 A. Ortony 的隐喻论（1979）[4]。而国内对此的相关研究，大多以译介和比较为主，部分兼及实践运用分析。如胡曙中《西方新修辞学概论》选取 I. A. Richards 的修辞哲学、Kenneth Burke 的动机修辞学、Richard M. Weaver 的价值修辞学、Alfred Korzybski 的普通语义学修辞学、Chaim Perelman 的论辩修辞学、Stephen Toulmin 的论辩模式修辞学、Marshall Mcluhan 的传播修辞学，试图对西方新修辞学进行系统的评介，主要内容包括：揭示西方新修辞学的西方古典修辞学传统，分析西方新修辞学的理论构建，剖析西方新修辞学的主要学说，论述西方新修辞学主要学说的汇合点和分叉点，比较西方新修辞学和西方古典修辞学的异同之处，概述西方新修辞学的多学科交叉发展。而其《英汉传媒话语修辞对比研究》则采用后现代主义的广义修辞视角，对作为不同文化形式的两种传媒话语修辞进行对比研究，试图揭示：在不同的文化语境下，人们是如何使用不同的传媒话语进行交流的。对比的方面主要有：传媒特点、传媒话语创作、新闻话语、报纸版面设计、新闻文本解读、传媒图片解读、传媒风格、新闻体裁、传媒受众意识、新闻网站、娱乐传媒信息性和趣味性、电视娱乐文化、广告、传媒道德准则等。总体说来，这是对修辞学的一种实践应用。余友辉《修辞学、哲学与古典政治——古典政治话语的修辞学研究》从修辞学角度来阐释古典政治哲学，阐明修辞学对于古典政治哲学的建构所具有的内在价值。该书的最大特色在于对西塞罗的政治哲学的系统研究。通过对柏拉图、亚里士多德政治哲学的修辞学视角的回顾和对比，作者揭示了西塞罗政治哲学的独特之处，以及对当前政治生活理论与实践的指导价值——重构政治的德性蕴涵。这一视角的选取和运用对本书写作颇有指导意义。邓志勇《修辞理论与修辞哲学：关于

〔1〕 See R. E. Young, A. L. Becker & K. L. Pike, *Rhetoric: Discovery and Change*, New York: Harcourt College Pub Press, 1970.

〔2〕 See E. P. J. Corbett, "The Rhetoric of the Open Hand and the Rhetoric of the Closed Fist", *College Composition and Communication*, 1969/1971.

〔3〕 See Francis Christensen, "Generative Rhetoric of the Paragraph", *College Conposition and Communication*, 1965.

〔4〕 See A. Ortony, *Metaphor and Thought*, Cambridge: Cambridge University Press, 1979.

修辞学泰斗肯尼思·伯克的研究》对 20 世纪美国最伟大的修辞学家肯尼思·伯克进行了深入的研究。不仅介绍了伯克的生平、学术贡献，并对国内关于伯克思想的研究进行了述评，还对伯克的修辞理论与修辞哲学进行了探讨。伯克的思想体系主要包括动机语法、动机修辞学和词语理论，其哲学基础是戏剧主义。更为重要的是，作者还对伯克进行了纵向和横向比较，涉及古典修辞学奠基人亚里士多德和存在主义创始人、哲学大师海德格尔。

　　而国外修辞学研究新进展，则主要以"体验哲学"的提出和研究为典型代表。西方哲学传统，始终以经验主义和理性主义为主导，而美国认知语言学家雷可夫（Lakoff）和哲学家约翰逊（Johnson）的《体验哲学——基于体验的心智及对西方思想的挑战》提出了"体验哲学"这一理论，对西方哲学传统进行了严厉批评，在西方哲学界、认识科学界和语言学界引起了很大的轰动，并产生了深远的影响。[1]"体验哲学"最为重要的原则是心智的体验性。雷可夫二人指出："概念是通过身体、大脑和对世界的体验而形成的，并只有通过它们才能被理解。概念是通过体验，特别是通过感知和肌肉运动能力而得到的。"[2]换言之，"我们的概念、范畴、推理和心智并不是外部现实客观的、镜像的反映，而是由我们的身体经验形成的，特别是由我们感觉运动系统形成的。我们大部分推理的最基本形式依赖于空间关系、身体部位，它们为我们日常推理提供了认知基础"，并且更进一步，"概念和意义是通过

---

〔1〕　雷可夫二人将经验主义和理性主义称之为客观主义，并概括了客观主义的特征：（1）世界范畴的客观性与独立性；（2）人类思维的分离性和镜像性；（3）心智结构的非隐喻性和原子性；（4）概念结构的符号性与对应性；（5）意义系统的固定性和组合性。与之对应，体验哲学的认识基础则为：（1）世界范畴的主客观性和依存性；（2）人类思维的体验性和互动性；（3）心智结构的隐喻性和完形性；（4）概念结构的非符号性和建构性；（5）意义系统的模糊性和整合性。参见王寅："体验哲学：一种新的哲学理论"，载《哲学动态》2003 年第 7 期。关于对体验哲学的论述和研究，See Lakoff, G & Johnson, M, *Philosophy in the Fresh -The Embodied Mind and Its Challenge to Western Thought*, New York：Basic Books，1999. 参见刘正光："《体验哲学—体验心智及其对西方思想的挑战》述介"，载《外语教学与研究》2001 年第 6 期。参见王寅："Lakoff & Johnson 笔下的认知语言学"，载《外国语（上海外国语大学学报）》2001 年第 4 期。参见王寅："中西学者对体验哲学的论述对比初探"，载《外语与外语教学》2004 年第 10 期。参见王寅："体验哲学探源"，载《外国语文》2010 年第 6 期。参见马玉君："真理和体验哲学"，载《人文杂志》2007 年第 5 期。参见马瑞香："哲学研究的新维度——西方体验哲学"，载《国外理论动态》2011 年第 8 期。参见孙毅："两代认知科学的分水岭——体验哲学寻绎"，载《宁夏社会科学》2012 年第 3 期。

〔2〕　Lakoff, G & Johnson, M, *Philosophy in the Fresh -The Embodied Mind and Its Challenge to Western Thought*, New York：Basic Books，1999, p. 497.

体验固定下来的，根本不是基于什么符号；思维和推理也基于体验，根本不是基于符号运算"[1]。在此基础上，雷可夫二人还总结了另外两条基本原则，即认知的无意识性和思维的隐喻性。这些发现都会对修辞学的研究产生重要的启示。

（三）关于法律修辞学研究

第一，国内法律修辞（学）研究现状

A. 日益多样化的法律修辞（学）研究：论题与方法

尽管法律修辞学是一个新兴的前沿研究领域，国内研究近年来才刚刚起步，但还是取得了一些不错的成果。焦宝乾教授"司法中的法律修辞：国内研究述评"（《法治研究》2012 年第 1 期）对学界关于司法中法律修辞取得的研究成果进行了汇总整理。随后，其又在《法律修辞学导论——司法视角的探讨》第一章"我国法律修辞学研究状况述评"中对国内法律修辞学研究状况进行了系统描述。[2]在包含但不限于这些研究的基础上[3]，我们拟对自2012 年以来国内法律修辞学研究成果进行梳理，以期展现出国内研究的新动向。

近三年来，不同的视角和方法、各种的努力和尝试，使得国内法律修辞学研究日益多样化。以下特点概括有些在前几年已经出现，有些则是近三年新呈现的特点，但不管怎样，所有这些都在深化并丰富着国内法律修辞学的研究视野和研究空间。

1. 从点面突破到体系建构

对法律修辞学的理论研究，研究者一般从点面入手。有人论述了法律修

---

[1] 马玉君："真理和体验哲学"，载《人文杂志》2007 年第 5 期。

[2] 尽管本书的出版日期为 2012 年 12 月，但作者述评中所涉及的文献基本都为 2012 年之前的。

[3] 对国内法律修辞学研究情况进行梳理描述的，还有李晟"法律修辞学研究的新进展"（《中国社会科学院研究生院学报》2012 年第 2 期），以及从 2002 年到 2012 年的中国法律方法论研究报告，2002 年到 2010 年的可参照陈金钊、焦宝乾等《中国法律方法论研究报告》（北京大学出版社 2012 年版），2011 年到 2012 年的分别为，孙光宁、焦宝乾"法律体系形成后的研究转向——2011 年中国法律方法论研究学术报告"（《山东大学学报（哲学社会科学版）》2012 年第 2 期），孙光宁、焦宝乾"法律方法论实践特征的提升——2012 年中国法律方法论研究学术报告"（《山东大学学报（哲学社会科学版）》2013 年第 3 期）等。

辞的功能和隐患。[1] 有人研究了法律修辞在司法中的作用定位，指出司法中的法律修辞运用不仅要注重纠纷解决，也要注重培养社会公众的规则意识。[2] 有人论述了法律修辞在中国兴起的背景及其在司法审判中的作用。[3] 有人结合中国法律修辞学面对的现实，论述了中国法律修辞学研究的悖论、难题及应该采取的立场问题，以避免其对法治形成消解。[4] 有人综观西方修辞学发展的历史，对限制修辞滥用的三种进路即诉求真理、诉求伦理和诉求论辩进行了梳理研究。[5] 有人研究了法律修辞学的历史源流、理论前提、思维方式、知识属性等问题。[6] 有人以修辞学的规范——描述进路，对法律的修辞性质和方法进行了研究。[7] 有人分析了法律修辞与法律论证的密切联系，认为古代修辞学的理论资源对当前法律方法论的研究有着重要的历史渊源和借鉴意义。[8] 有人试图构造法律修辞规则，为法律修辞学提供统一的科学范式。[9] 有人指出法治思维和法律修辞之间关系密切，法律修辞可以成为法治思维基本状况的展览板，并从形式上促进法治思维的完善。[10] 有人在批判法律理性主义与批判法学运动的修辞观点的基础上，试图发展出一种实践论意义下的法律修辞学。[11] 有人分析了司法调解中的法官修辞，强调要注意法官运用修

---

〔1〕 参见戴津伟："法律修辞的功能及隐患"，载《求是学刊》2012 年第 3 期。

〔2〕 参见侯学勇："解决纠纷还是培养规则意识——法律修辞在司法中的作用定位"，载《法商研究》2013 年第 2 期。

〔3〕 参见侯学勇、杨颖："法律修辞在中国兴起的背景及其在司法审判中的作用"，载《政法论丛》2012 年第 4 期。

〔4〕 参见沈寨："中国法律修辞（学）研究之反思"，载《北方法学》2012 年第 1 期。与此相关的是，侯学勇："法律修辞如何在司法中发挥作用？"，载《浙江社会科学》2012 年第 8 期，指出在中国提倡法律修辞在司法过程中的作用，必须以遵守程序性论证规则为前提条件。

〔5〕 参见沈寨："法律中修辞滥用的防范与限制研究——对几种进路的述评"，载陈金钊、谢晖主编：《法律方法》（第 12 卷），山东人民出版社 2012 年版。

〔6〕 参见王彬："法律修辞学的源流与旨趣"，载《北方法学》2013 年第 1 期。

〔7〕 参见刘兵："作为修辞的法律——法律的修辞性质与方法研究"，中国政法大学 2011 年博士学位论文。

〔8〕 参见舒国滢："追问古代修辞学与法学论证技术之关系"，载《法学》2012 年第 9 期。

〔9〕 参见吕玉赞："论法律修辞规则的构造"，载陈金钊、谢晖主编：《法律方法》（第 16 卷），山东人民出版社 2014 年版。

〔10〕 参见魏胜强："法律修辞：展示法治思维的晴雨表"，载《郑州大学学报（哲学社会科学版）》2014 年第 4 期。

〔11〕 参见陈曦："法律修辞的理性建构"，载《社会科学家》2014 年第 8 期。

辞调解纠纷的主观姿态，以真正提高司法公信力。[1]有人面对法律职业化与司法民主之间的矛盾，指出法律修辞可以作为一条司法民主的职业化进路。[2]有人尝试对汉语法学命题成立与否的语境、修辞和逻辑进行三维的处理和论析。[3]

随着对研究对象点面突破的不断积累，研究者往往试图将其作为一个专门领域，并进行学科构建的尝试，而其中重要的一环就是构建理论体系。法律修辞学的研究也逐步呈现这一趋势。有人从修辞学的基本概念和基本理论入手，结合法律修辞的特征，对法律修辞学的理论体系构建进行了初步的尝试。[4]焦宝乾等《法律修辞学导论——司法视角的探讨》是对法律修辞学研究成果的汇总展示，尽管系统性不是很强，但还是可以看出其在建构法律修辞学体系，并促使学科化方面的尝试和努力。[5]

2. 从宏大叙事到微观论证

超越具体个案或时空语境下的理论层面上的宏大叙事，往往会成为某一问题研究最初开始时的路径选择。法理学研究选择宏大叙事，除了法制建设（可能）处于起步阶段外，"其基本作用就是以法律的价值设定为基础，衡量实在法的'合理性'问题，裨使以实在法为前提和主导的法制建设能够更加完善。"[6]对此，法律修辞的研究，也概莫能外。前面所述的从点面突破到体系建构的转变，主要呈现的就是理论层面的宏大叙事。

而目前法律修辞学研究开始慢慢出现微观论证的转向，研究者结合具体的法律文本，甚至具体到某一法律规范或法律原则，或者结合具体的司法实践——传统的或当下的，而且往往具体到某一方面——进行法律修辞学视角的考察。

有人从修辞学角度研究了《中华人民共和国合同法》英译本的遣词，试图将

〔1〕 参见侯学勇："司法调解中的法官修辞及其对司法公信力的影响"，载《法律科学（西北政法大学学报）》2014年第1期。

〔2〕 参见武飞："法律修辞：司法民主的职业化进路"，载《深圳大学学报（人文社会科学版）》2014年第1期。

〔3〕 参见谢晖："汉语法学：语境、修辞与逻辑———一个方法论视角的论述"，载《哈尔滨工业大学学报（社会科学版）》2014年第2期。

〔4〕 参见李秀芬："构建法律修辞学理论体系刍议"，载《山东社会科学》2013年第1期。

〔5〕 参见焦宝乾等：《法律修辞学导论——司法视角的探讨》，山东人民出版社2012年版。

〔6〕 参见谢晖："法理学：从宏大叙事到微观论证"，载《文史哲》2003年第4期。

英语修辞理论与法律翻译结合起来，以促进当前法律英语翻译实践的进步。[1]有人对西方人关于法律的比喻进行了专门研究，并指出这种研究除了能更好地认识法律的价值及其实现，还可以发现探讨法律的新角度。[2]有人以《中华人民共和国刑法》为考察对象，探讨了立法语言模糊修辞的功能，指出它对于人们接受制定法有一定的说服作用，也有利于协调规范与事实，法律权威与社会共识之间的矛盾与冲突。[3]有人对"司法强拆"从立法和司法两个层面进行了法律修辞学解读。[4]有人以媒体为听众的视角，对我国法院与媒体关系交恶进行了修辞学的分析——尤其在原因和应对策略方面。[5]有人以听众的接受与认可为中心，论述了法官话语的修辞学意义，并指出了提升司法权威和正当性的修辞学策略。[6]有人对著作权法中的一项特色裁判规则"思想/表达二分法"进行了法律修辞学视角的考察，揭示了其扮演的真正角色及所发挥的修辞功能。[7]有人利用框架理论，从静态和动态两个角度分析了法庭审判话语。[8]有人对法庭互动中的回声问进行了研究。[9]有人采用社会语言学中的变异研究视角，对民事审判话语中人称指示语的变异进行分析，并进一步指出其身份建构功能。[10]

我国传统司法实践和法律思想依然是法律修辞学的研究对象。有人对孔子的法律思想进行了法律修辞学研究，概括了孔子在修辞意识、修辞特色、

---

[1] 参见夏飞飞："从修辞学角度看《中华人民共和国合同法》英译本的遣词"，载《科技信息》2013 年第 18 期。

[2] 参见史彤彪："法律的比喻赏析和研究"，载《政治与法律》2011 年第 8 期。

[3] 参见吴春雷、孙丽华："论立法语言模糊修辞的功能——以《中华人民共和国刑法》为考察对象"，载《甘肃理论学刊》2013 年第 1 期。

[4] 参见孙英哲："司法强拆的法律修辞学解读"，载《山西师大学报（社会科学版）》2012 年第 6 期。

[5] 参见侯学勇、郑宏雁："我国法院与媒体关系交恶的修辞学分析——以媒体为听众的视角"，载《东方法学》2012 年第 5 期。

[6] 参见武飞、门潇洪："法官话语的修辞学意义"，载《法律方法》2013 年第 1 期。

[7] 参见熊文聪："被误读的'思想/表达二分法'——以法律修辞学为视角的考察"，载《现代法学》2012 年第 6 期。

[8] 参见廖美珍："法庭审判话语框架分析"，载《当代修辞学》2012 年第 6 期。

[9] 参见罗桂花、廖美珍："法庭互动中的回声问研究"，载《现代外语》2012 年第 4 期。

[10] 参见夏丹、廖美珍："民事审判话语中人称指示语的变异与身份建构"，载《华中师范大学学报（人文社会科学版）》2012 年第 2 期。

修辞见解、修辞方法等方面具有的法律修辞学特色。[1]有人对清末民初判决修辞的变化进行了研究，指出了判决修辞由传统情理型向现代规范型的理性转型。[2]有人以《名公书判清明集》为例，研究了说服判词受众的说理性修辞，并指出了它在保障判词权威、实现教化和伦理规范、维系社会和谐统一等方面的功能追求。[3]有人从修辞论证的视角，对清代司法判决中的"情理"运用作了别样的解释。[4]

将西方理论生搬硬套，或简单地结合中国法治传统或大环境的理论思辨式的微型调整，显然已不太适合学术研究的实践意义的要求，而结合具体语境下的法律修辞学的微观论证式研究，反映了法律修辞学研究的逐步细腻化和实证化趋向。当然，这一转变还刚刚起步，实证研究还相当不足，研究方法还比较单一。

3. 从法哲学到法社会学

基于价值判断的多元性，佩雷尔曼创立了包含听众（或读者）、对话、说服和辩论等词汇并贯穿其中的新修辞学理论，这也是法律修辞学主要的源起理论之一，它的主要功用就是弥补传统修辞和形式逻辑的不足，为法官论证其判决、说服人们接受判决提供智力手段，而避免通过简单的司法专横手段。因此，法律修辞学在一定意义上，是反对权力介入的，一直以来的法律修辞学研究也大都采用的这一研究进路，遵循在平等主体之间这一前提假设。这应该属于传统意义上的法哲学范式。

但现在，法社会学方法的"权力范式"也开始进入到法律修辞学研究中。有人通过对法律修辞历史的考察，以超越修辞本身，而更多关注制度和社会环境以及其中的参与者之间的关系为研究视角，指出了修辞风格变化所反映

---

[1] 参见聂长建："孔子的法律修辞学研究"，载《西北师大学报（社会科学版）》2012年第6期。

[2] 参见田荔枝："清末民初判决修辞的理性化取向"，载《山东大学学报（哲学社会科学版）》2013年第2期。另外，陈锐"唐代判词中的法意、逻辑与修辞——以《文苑英华·刑狱门》为中心的考察"（《现代法学》2013年第4期），对唐代判词中的修辞运用也进行了一定的研究。

[3] 参见管伟："论中国古代判词说理性修辞的意蕴及其价值趋向——以《名公书判清明集》为例"，载《法律方法》2013年第1期。不同于聚焦于具体文本的研究路径，管伟还从历史演进的视角，对中国古代判决修辞的发展脉络及其意蕴进行了梳理和总结。参见管伟："试论中国传统司法裁判中的修辞意蕴及其演进"，载《政法论丛》2012年第3期。

[4] 参见杜军强："法律原则、修辞论证与情理——对清代司法判决中'情理'的一种解释"，载《华东政法大学学报》2014年第6期。

的是社会变迁中社会分工的专业化，以及其背后更为重要的权力竞争。[1]也有人"以知识谱系学的视角和方法，探求中国的修辞传统如何在不同的政治社会环境和权力关系中发生、衍生和演变，又如何在 20 世纪中国的社会变革中，重新创造了特别值得我们今天关注和珍视的，与以修辞格为中心的汉语修辞学形成反差的，关注政治法律社会公共议题，同时关注口语和文字交流的汉语修辞的实践传统。"[2]

而且如上所述，研究者开始尝试对法律修辞学进行实证分析。有人以夏俊峰案为蓝本，具体分析了法官在案件事实形成过程中如何运用修辞策略。[3]有人以"7·16 微博事件"为例具体分析了大众正义观、政治话语是如何渗透到法学修辞当中的。[4]有人从修辞学视角对作为言论自由理论论证基础的"思想自由市场"的异化现象进行了考察和分析。[5]

4. 从作为法律之修辞到作为修辞之法律

法律修辞学的产生源于修辞学的当代复兴和形式主义法学的失败，这促使法学家开始关注法律语言使用问题，关注修辞学方法在法学领域的应用和转化，尤其是在法律论证方面。所以法律修辞学最初的研究范式往往都是将修辞学方法和法学问题简单结合起来，法律修辞实为将修辞方法运用在法学领域，即作为法律之修辞。

有人论述了如何通过法律修辞获得司法正义，其出发点便是将法律修辞学视为以修辞的视角来研究法律的一门交叉学科。[6]有人从理论产生和实践应用两个方面论述法律修辞作为展现真理的一种事实性力量，如何成为辨法析理的艺术。[7]另外，从作为法律之修辞的视角出发，很多研究者都提到了法律修辞和逻辑的关系问题，有人提出虽然"作为一种实现价值判断的技术，

---

[1] 参见李晟："社会变迁中的法律修辞变化"，载《法学家》2013 年第 1 期。

[2] 苏力："修辞学的政法家门"，载《开放时代》2011 年第 2 期。

[3] 参见张德淼、康兰平："法律修辞的司法运用：案件事实叙事研究"，载《中南民族大学学报（人文社会科学版）》2015 年第 2 期。

[4] 参见吴丙新："正义直观、政治话语与法学修辞——以'7·16 微博事件'为例"，载《山东社会科学》2014 年第 7 期。

[5] 参见李晟："修辞视角中的'思想自由市场'及其影响"，载《华东政法大学学报》2014 年第 2 期。

[6] 参见陆洲："通过法律修辞的司法正义"，载《法律方法》2013 年第 1 期。

[7] 参见宋保振："法律修辞方法的辨法析理艺术"，载《黄海学术论坛》2012 年第 2 期。

修辞在法律领域为法律人提供的是理性说服的艺术和诉诸情感的技巧"〔1〕，但面对法律修辞的主观性和不确定性，要注重逻辑对法律修辞的限制和规范作用；〔2〕也有人从非形式逻辑的视角出发，论证了法律修辞如何服务于法律的可接受性。〔3〕

而随着研究的深入，研究者意识到可以将法律视为修辞学的一个分支，即作为修辞之法律，"法律是一套特别的、经由某种文化可以为我们所认为的法律人在我们所认为的法律场合进行言说和论证时所使用的资源"〔4〕，法律可被理解为一种建构修辞，律师和他们的听众作为法律赖以作用的社群，却也在受到法律的建构。如上所述，国内研究以陈金钊教授提出的"把法律作为修辞"为典型代表。他指出，"把法律作为修辞"是把法律看作语词系统，"强调把法律概念、语词、专业术语在思维中具体运用，修饰事实的法律意义、组合构建与案件事实相适应的法律意义"，"把法律置于修辞的角色来发挥法律的作用"〔5〕。

---

〔1〕　曹晟旻："逻辑的限制：法律修辞正当性的实现"，载《法律适用》2012 年第 12 期。

〔2〕　参见曹晟旻："逻辑的限制：法律修辞正当性的实现"，载《法律适用》2012 年第 12 期。

〔3〕　参见宋保振："法律可接受性的修辞表达——以逻辑视角为切入点"，载《山东青年政治学院学报》2013 年第 3 期。

〔4〕　［美］詹姆斯·博伊德·怀特："作为修辞之法律，作为法律之修辞：文化和社群生活之艺术"，程朝阳译，载陈金钊、谢晖主编：《法律方法》(第 11 卷)，山东人民出版社 2011 年版，第 5 页。

〔5〕　陈金钊："把法律作为修辞——认真对待法律话语"，载《山东大学学报（哲学社会科学版）》2012 年第 1 期。必须指出的是，陈金钊教授对近年来国内法律修辞学研究的开展起到了重要的推动作用。这不仅体现在其不止一次组织召开了全国法律修辞学会议，还表现在其近作《法治思维及其法律修辞方法》(法律出版社 2013 年版) 上。总体说来，这本著作展现了一种认真的实践关切：

一、紧跟当下的时代要求。陈金钊是紧跟当下的时代要求的，自胡锦涛在十八大报告中指出要"运用法治思维和法治方式深化改革、推动发展、化解矛盾、维护稳定"，至习近平总书记在现行宪法实施 30 年纪念大会上的发言以及在各地巡视的讲话，再到习近平总书记在 2013 年 2 月 23 日中共中央进行的第四次学习上的讲话等，都是陈金钊的关注对象。

二、聚焦现实的法治 (思维) 问题。主要有：(1) 权利的绝对化；(2) 权力的傲慢；(3) 法治工具论/法治错位；(4) 形式法治与实质法治的统一论，即"基于社会转型因素对法治的思考，出现了一些修改法治意义的政治修辞和法学命题，包括实质法治、能动司法、法律效果与社会效果的统一论、讲大局、讲政治等等，这些言辞都在挑战法律的权威和意义的安全性"(第 206 页)；(5) 法律方法的缺失。三关注具体的法治路径。作者进行了方法论创新，超越了以往认识 (即法律发现、法律推理、法律解释、漏洞补充、法律论证以及价值衡量方法等)，系统论述了法律修辞方法。可以说，这是目前国内第一本结合当下法治实践，系统论述法律修辞方法的开山之作。

5. 从二元对立到有机统一

修辞与逻辑，长期处在相互对立的研究立场之中。而肇始于佩雷尔曼新修辞学理论的法律修辞学研究也在一定程度上受此影响。国内研究者要么批判形式逻辑的僵化机械，强调修辞论证的重要意义；要么警惕法律修辞的主观恣意，强调形式逻辑的基础地位；无论如何，其实质还是将逻辑和修辞分离对立起来。

而随着认知的深化，部分研究者开始提倡要将逻辑与修辞有机统一起来。有人认为逻辑推论的基本前提其实就是修辞，而"法律制度作为一种逻辑体系，其建立的前提，是一系列假设，这些假设固然因为其逻辑性而获得人们的遵从，从而获得效力，但更重要的是，在终极层面，它不过是人们对作为逻辑大前提的修辞之'交涉性认可'和遵从。从而任何法律制度，不过是一种作为制度的修辞"[1]，因此法律既有逻辑之维，也有修辞之维。进而法律的逻辑命题和法律的修辞命题是两类不同的命题形式，二者都可以参与法治秩序的建构。[2]无论是亚氏法治论、富勒法治观代表的法治理论，还是美国宪法序言代表的法治实践，都不过是一种设问修辞；若从逻辑理解，反而会凿枘不通。[3]与此类似，也有人通过对法律推理过程及其特点的分析，指出逻辑与修辞都统一于法律推理过程，二者具有统一性，共同服务于法律推理结论的可接受性，"逻辑是修辞，是最具说服力的一种修辞；修辞也是逻辑，是在无法直接进行演绎推理时所备选的逻辑"。[4]有人指出修辞论辩作为一种具体方法论，是对逻辑功能缺陷的填补和主体行为的互动，有利于提升司法判决的合理可接受性。[5]有人对修辞学的误解源头即苏格拉底审判事件进行了考察，对修辞与真理相悖的观点进行了有力的驳斥。[6]有人指出逻辑与修辞是法学研究的两种范式，中西不同，中国法治建设需要妥善处理二者

---

〔1〕 谢晖："论法律制度的修辞之维"，载《政法论坛》2012年第5期。

〔2〕 参见谢晖："论法律的逻辑命题与修辞命题——制度性修辞研究之四"，载《法学评论》2014年第3期。

〔3〕 参见谢晖："法治预设与设问修辞——制度性修辞研究之三"，载《文史哲》2014年第2期。

〔4〕 张传新："法律修辞与逻辑"，载《求是学刊》2012年第3期。

〔5〕 参见张斌峰、陈绍松："试论司法判决的合理可接受性——以修辞学为视角"，载《齐鲁学刊》2014年第1期。

〔6〕 参见彭中礼："真理与修辞：基于苏格拉底审判的反思"，载《法律方法》2014年第2期。

的关系。[1]

B. 简要评析

尽管国内法律修辞学研究进展较快，但毕竟仍处于起步阶段，所呈现的不足主要有：（1）相关基础理论问题仍没有取得学术共识，甚至没有得到较好的回答；（2）法律修辞（学）的实践性不足，实践运用和研究还很缺乏，尤其是针对涉诉舆论的研究；（3）视角仍显局限，法学对修辞学已有成果的关注、借鉴仍十分有限；（4）也就因此，法律修辞学是单向依赖，而关于法学对修辞学的贡献国内仍没有较好的研究成果等。本书将针对这几点不足，展开一定的回应和努力。

第二，国外法律修辞（学）研究现状

在上文"修辞（学）的矛盾与选择"中，我们已经简要介绍了美国法律与文学运动中两位代表性人物——波斯纳与怀特的修辞观，此处不再赘述。需要补充的是，实际上波斯纳对修辞的认识在一定程度上延续了他所擅长的法律经济分析的思路与特色：

> 可以赋予修辞一种经济学的色彩，这就是设立这样一个可以成立的假定，即一般说来，人都根据他们认为的收益和成本的平衡作出选择（这些收益和成本无须是金钱，并且也不需要通过明确的计算过程来比较），并且信念也是一个人收益成本估算中的输入。[2]

而在欧洲，法律与修辞学的密切关系由来已久。"在希腊、罗马、中世纪与现代，法律与修辞学携手共进……随着法律概念的专制色彩日趋淡化、民主意味日益增强，修辞学越来越变得不可或缺。"[3]而修辞学研究也在汲取法学营养，如佩雷尔曼和图尔敏都在使用法学模式帮助他们完成哲学任务；但诡谲的是，尽管他们不是为了使法学任务变得容易些，但客观上却为法学研

---

[1] 参见焦宝乾："逻辑与修辞：一对法学研究范式的中西考察"，载《中国法学》2014年第6期。

[2] [美]理查德·A.波斯纳：《超越法律》，苏力译，中国政法大学出版社2001年版，第572页。

[3] [比]Ch.佩雷尔曼："法律与修辞学"，朱庆育译，戚渊校，载陈金钊、谢晖主编：《法律方法》（第2卷），山东人民出版社2003年版。

究提供了很好的启示。[1]

史蒂芬·图尔敏是 20 世纪英国比较有影响力的哲学家之一。他的修辞论辩思想主要体现在其《论辩的作用》《推理导论》等著作当中。总体说来，图尔敏的修辞论辩思想是基于对传统逻辑学——形式逻辑的局限的反思和批判，在他看来，人类事务存在着大量的不可靠范畴，但因不符合传统逻辑的标准而被排除在逻辑学的视野之外；然而，这些范畴的论辩并非毫无章法，实际也存在着一种结构，而图尔敏的修辞论辩思想正是对这一结构的揭示及建构，这一结构以劝说为目的，以合理性为追求。

因此，在我们看来，图尔敏的修辞论辩思想的启示主要有两点：人类事务的论辩修辞性，形式主义和科学主义只是一种假象；并因此论辩结构，进一步揭示了论辩的更多细节和属性。

尽管图尔敏最初谨慎地避免提及修辞学，但后来他的思想逐渐转变，开始慢慢接受，并到最后几乎完全皈依，他致力于复兴这门几乎被人遗忘的学问，因为在他看来，修辞学代表着合理性进路的思维方式和研究方法，可以很好地实现他对合理性事业的追求。[2]而他的思想在修辞学领域中的应用也已取得了卓有成效的成绩，产生了重要影响，如 Robert Scott 受此影响而提出认知修辞学。因而他的论辩思想通常被归入新修辞学领域，而"新"则不仅是因为时代背景（修辞学冲出低谷，再次复兴），也是因为他的论辩思想有其创造性成分。

而另一位代表人物则是比利时哲学家佩雷尔曼。他的新修辞学理论最完整的解释可见于《论论辩》之中。他的思想主要包含哲学性质论、认识论、非形式逻辑论、修辞性理性论四个方面。其中，他对非形式逻辑的探求（主要体现在《关于正义的观点和论辩的问题》中），使他设计出司法模式。他指出：

> 理性的历史真实性总是和它成为传统的一部分紧密地连接在一起的，在这一传统中革新必须总是产生其可靠的学问。那就是为什么一种行为

---

[1] See Julius Stone, *Legal System and lawyers' Reasonings*, California: Stanford University Press, 1964, p. 335. 关于图尔敏论辩理论的法学渊源以及对法学的贡献研究，还可参见宋旭光："法学视角的图尔敏论证理论"，载《法制与社会发展》2014 年第 1 期。

[2] 参见宋旭光："法学视角的图尔敏论证理论"，载《法制与社会发展》2014 年第 1 期。

过程的最好理由总是……在于表明那种过程与被承认的秩序相符的，而且那种过程可以利用被认可的先例。先例在论辩中起着一个非常主要的作用，论辩的理性与对正义规则的遵守是连接在一起的，后者要求对相同的情况作同样的对待。现在，对正义规则的应用假定有先例存在的情况会教导我们，过去的许多情况，就像我们面临着的情况一样，是如何被解决的。那些先例，就像产生一个社会的许多模式一样，成为那个社会文化传统的一部分，那个社会文化传统能够在使用过那些先例的论辩的基础上得到重建。[1]

还需提及，受佩雷尔曼的影响，与法律修辞研究相关的另一位杰出的法理学家尼尔·麦考密克的代表作之一《修辞与法治：一种法律推理理论》。它以一种全新的形式对《法律推理与法律理论》一书所引起的争论做出回应，它是其在制度法论基础上对作为实践推理的法律推理理论所做的一个简要的当代陈述。作者首先认为，法律推理之所以至关重要，主要是因为它是经由法院的合理裁决而得以可能实现真正客观意义上的法治的一把钥匙。在书中，"作者修正了原初立场，远离了哈特的法律实证主义要素和大卫·休谟的价值怀疑论，认为对何为好的法律推理进行阐述和说明的整个活动，均需在法律秩序的各种基本价值之下进行，因此以该类价值为语境的法律推理活动是说服性的而非证明性的。作者以来自英国、欧盟国家的诸多案件裁决为例，试图勾勒出法律语境中真正有说服力的推理论证之标准、形式和特性"。[2]从这个意义上说，该书是对"新修辞学"的某种贡献。

因此，相比于国内研究而言，国外的法律修辞学研究有较好的理论基础和历史积淀，但我们以为，潜在的不足主要有：（1）受一定的时空背景束缚，因而对我国相关问题缺乏足够解释力；（2）法律修辞学研究基本取材于司法审判，视野不够广泛；（3）完全没有关注汉语修辞学的研究，更别提借鉴方面等。在一定程度上，本书将在这些方面作出初步的尝试。

---

〔1〕 Chaim Perelman, *The Idea of Justice and the Problem of Argument*, London：Routledge & University of Notre Dame Press, 1982, p. 157.

〔2〕 ［英］尼尔·麦考密克：《修辞与法治：一种法律推理理论》，程朝阳、孙光宁译，程朝阳审校，北京大学出版社 2014 年版。

五、本书的思路和结构

本书主要是针对国内涉诉舆论的修辞学分析，并以法官为何难以应对涉诉舆论为问题指向。我们试图揭示出该问题背后的成因，进而指出可能的对策。"出路"如同各章节标题所呈现的，更多是"可能的"，这是因为涉诉舆论问题相当复杂，牵一发而动全身，因而出路不过是一种初步的探讨。另外，一般关于出路的研究路径通常是针对成因"对症下药"，各个击破，但本书为避免武断和重复，针对某些成因的对策将会重点分析，但其他一些相对明显或可能有失偏颇的对策我们将一笔带过，不作深论。

如上所述，修辞学呈现出一定的复杂多样性，本书将选取西方修辞学传统中比较有代表性的学说作为工具，主要有古典修辞学、布斯的同一修辞学、伯克的同一修辞学、传播修辞学等。另外，需要说明的是，第六章对涉诉舆论的修辞心理学分析并非沿用上述吴礼权教授的"修辞心理学"，而主要是为了论文副标题整齐划一，实际是对涉诉舆论作社会心理分析[1]。第七章的"重复修辞学"亦有此种考虑，而且"重复修辞学"在修辞学界尚未引起足够的重视，甚至并非独立的一目；而这也是本书较为重要的创新点之一，我们将试图对其作深入的探讨。

如上所述，我们在本书中主要采用案例分析法，尤其是针对个案的深度解读，当然在此过程中会不同程度地引用其他案例，以显示涉诉舆论之间的大致相似性。需要说明的是，本书在第二、三、四章基本都是围绕王斌余案涉诉舆论，一定程度上降低了本书副标题的"美观"。但之所以如此安排，不仅是因为王斌余案涉诉舆论的典型，还由于我们试图展示古典修辞学和以布斯修辞学、伯克修辞学为代表的新修辞学之间的某种暗合，以及更重要的后两者之间的某种延续。当然，"无心插柳柳成荫"，这却也在一定程度上间接证明了涉诉舆论的相似，我们针对某个个案的修辞学分析并不仅仅局限在这个个案中，而是具有一定的普适性。

并因此，本书的结构如下：

---

〔1〕 这主要是基于蓝纯主编：《修辞学：理论与实践》（外语教学与研究出版社2010年版）的启示。作者在当代修辞批评中选择的修辞批评角度有理性批评、社会心理批评和戏剧批评。社会心理批评是西方修辞学中非常重要的修辞批评视角。

第一章"法官孱弱的修辞凭借",我们试图指出法官应对涉诉舆论的可能的修辞依靠及其变异。这种修辞凭借主要包括制度上的修辞力和司法判决中的修辞技巧,理论上它们在一定程度上有助于法官应对涉诉舆论。但不幸的是,它们在司法实践中都已经发生了不同程度的变异,不是被滥用、误用,就是沦为"仅仅是修辞"。这使得法官难以凭借,进退两难。

第二章"缘何一文激起千层浪?——对王斌余案涉诉舆论的古典修辞学分析"是针对王斌余案涉诉舆论的古典修辞学分析。我们将充分展示涉诉舆论在布局谋篇、觅材取材、文体风格、记忆和呈现等方面所呈现的修辞技巧。它们使得涉诉舆论具有超强的说服效果以及舆论穿透力。因而,我们需要保持警惕,并充分汲取古典修辞学的智慧为我所用,尤其是面对疑难案件。

第三章"润物细无声:隐含作者与道德逻辑——对王斌余案涉诉舆论的布斯修辞学分析",我们接续对王斌余案的思考。借鉴布斯修辞学的研究成果,我们试图发现涉诉舆论背后的隐含作者及其修辞技巧,这些都一定程度上实现了隐含作者思想规范的"深入人心"。而且,更进一步,我们试图展示出道德逻辑并非如我们所经常批判的那样,而是和规范逻辑以及社科话语有着某种不可忽视的"同质",及其几乎无法超越的独特的"优越"。因而,阐明判决的道德性,或许将有助于增强司法判决的可接受性。

第四章"缘何同一,皆为戏剧——对王斌余案涉诉舆论的伯克修辞学分析"仍以王斌余案为例,借鉴伯克修辞学的研究成果,我们将揭示涉诉舆论过程中的"同一"技巧。另外,伯克戏剧主义修辞观告诉我们,现实(包括案件事实,甚至科学)都是修辞的产物,不同的修辞都源自于并反映了不同的修辞动机。而伯克修辞学以及与之有着某种传承关系的图尔敏的论辩修辞学对司法实践中的法律解释问题,包括法律解释观、法律解释的原因、法律解释方法、法律解释规则和法律解释的意义和问题等,都提供了新的启示。

第五章"媒介的'魔力'——对邓玉娇案涉诉舆论的传播修辞学分析"借鉴麦克卢汉传播修辞学的认识,以邓玉娇案为例,我们将充分展示司法判决汉字印刷媒介与涉诉舆论电子媒介的不同。这些差异加剧了法官应对涉诉舆论的难度。当然,我们还不能忽略中国语境的思考与应对。另外,麦克卢汉的传播修辞观点暗含了体验哲学的影子,而尤其是后者,实际上指明了法律修辞的着力点,即在人们普通身体经验和法律身体经验之间如何游走、取舍或平衡以说服法律的"听众"。

第六章 "非法律修辞：恐惧与报复——对李天一案涉诉舆论的修辞心理学分析"则以李天一案件为例，借鉴心理学等研究成果，着眼于涉诉舆论中的非法律修辞，试图揭示出舆论背后的恐惧与报复的社会心理机制，以及对法治的消解作用。而可能的出路也许是多方面的，包括公权力的监管与自我限制、把法律作为修辞，以及警惕恐惧"愚昧"、倡导希望等。或许更重要的是，我们需要首先认真思考和总结法治时代法律修辞的特性问题，唯此方能区别于非法律修辞。

第七章 "重复的'诱惑'与'陷阱'——对崔英杰案涉诉舆论的重复修辞学分析"主要探讨"相互之间"的问题。即为何法官难以应对涉诉舆论的问题会持续存在（长时间的众多轰动案例足以证明此点），不同涉诉舆论之间又有何关联；同时，我们还会把一个具体的涉诉舆论拆开来看，而我们试图解决的问题是不同社会个体或媒体之间是如何相互影响（舆论往往"一边倒"便可证明），从而引发舆论（更确切地讲，或许应该是世论）生成并发挥出让法官难以招架的"威力"的。为此我们将借鉴米勒重复修辞学的研究成果，但会更进一步，我们将试图充分挖掘重复背后的根源以及过度重复的问题。可能的出路除了上述举措外，或许还应该降低公众对法官的依赖，构建"一种开放、畅通的熔炉式利益表达和实现机制"等。

法官孱弱的修辞凭借

第一节 审判制度的修辞力及其嬗变——以民诉两审制为例

尽管，如上所述，国内法律修辞学研究正在蓬勃兴起，并呈现日益多样化的趋势。但是，对审判制度修辞力的研究还鲜有论及。而审判制度作为司法审判的基础框架，对保障权利和法律权威、制衡权力、解决纠纷有着非常独特的作用，并因此影响着司法判决的可接受性，不容忽视。另一方面，2013年《民事诉讼法》的实施使得审判制度再一次成为人们关注的焦点。小额诉讼一审终审制的设立、审判监督程序的修改等受到人们的多样化解读。但是从修辞视角出发，关于它们对司法判决的可接受性会有哪些影响的研究和论述尚还不足。而这些也是本节的部分写作缘起和创新之处。

本节的修辞，在功能上，沿袭古典修辞学的传统"劝说"，而非新修辞学所倡导之"同一"；在内容上，则超越古典修辞学的"语言"范畴，而扩展为人类"符号"行为。因而，以两审制为例的制度的修辞力是指两审制等制度作为人类的一种符号行为，对解决纠纷、增强判决可接受性所起的"劝说"作用。

谢晖教授曾分析了修辞的两个理解维度，"既有人们在传统修辞意义上所作的理解，即把修辞主要作为润饰言语交往行为的一种手段，即技术视角的理解……还有在增益于论辩、有助于逻辑推论和批评实践，并增进目的实现意义上所做的理解，即本体视角的理解"〔1〕，后者谢晖也称之为"制度性修

---

〔1〕 谢晖："诗性、修辞与法律价值预设——制度修辞研究之二"，载《现代法学》2012年第5期。

辞"，实际上它大体等同于怀特所说的"建构性修辞"。两审制基本属于"制度性修辞"，但如前所述，我们并不准备对其做"同一"性功能的阐释，而更多是论述它的"劝说"修辞力。另外，已有的制度性修辞研究，也相对比较抽象和宏观，而且关注指向实际偏向实体法，而本书以民诉两审制为例，关注程序法。

一、两审终审制的修辞力

（一）传统解释：以效率追求为主

我国当前的民事审级制度比较复杂多样，并且虽然最高人民法院受理的一审案件和根据特别程序审理的案件实行一审终审（2013 年《民事诉讼法》规定的小额诉讼也实行一审终审），但两审终审制自 1954 年由《中华人民共和国人民法院组织法》确立以来，一直被作为一项基本制度来规定。

两审终审制的原因以 1951 年 9 月 3 日中央人民政府法制委员会代理主任委员许德珩在《关于〈中华人民共和国人民法院暂行组织条例〉的说明》中的解释为传统主流声音——"我们认为这样的规定，是既能保障人民的诉讼权利，又能及时有效地制裁反革命活动，而又防止了某些狡猾分子，故意拖延时间，无理取闹，造成当事人以及社会人力财力的损失。同时，这样的规定，又照顾了中国的实际情况：中国地域辽阔，交通不便，情况复杂，案件又多，三级三审，是使人民为诉讼长期拖累，耽误生产，所以我们采取了基本上的三级两审制，这是一种实事求是，为人民服务的审级制"[1]。需要说明的是，"尽管从 1954 年以后，我国将三级两审终审制修改为四级两审终审制，但上述关于两审终审制的立法理由的解释仍然得到了我国权威人士的认可"[2]。比如，前任最高人民法院院长任建新 1989 年 11 月 28 日在马尼拉"亚太地区首席大法官会议"上发言指出："（中国）大陆幅员辽阔，许多地方交通不便，案件的审级过多，势必影响及时结案，既增加当事人的讼累，又使人民法院花费更多的人力物力。实行两审终审制，其理由在于避免诉讼

---

〔1〕 许德珩："关于'中华人民共和国人民法院暂行组织条例'的说明"，载《江西政报》1951 年 9 月 5 日。

〔2〕 朱立恒、李辉："中国两审终审制的理论反思"，载《华东政法大学学报》2008 年第 4 期。

拖延，节省人力物力及财力，便利人民法院办案，便利公民诉讼。"〔1〕

上述说明主要指出了二审终审的"效率"价值。而关于案件的公正性则由相关的审判监督程序来适当保证，并因此也进一步论证了两审终审制的合理性。这些理由也得到了主流法学理论的认可。〔2〕

（二）修辞力一：直觉上的正确

两审终审有利于实现诉讼效率和诉讼经济的解释其实暗含了两个方面的前提。一是它的比较对象是三审终审制（或更多）。相较于三审制，两审制确实可以节约一定的人力和物力，减少时间成本。二是确实有很多国家实行三审制。"例如在美国，美国的联邦法院系统由地区法院、上诉法院和最高法院组成，当事人不服地区法院判决的，可以向上诉法院上诉，对上诉法院的判决再不服，经上诉法院或最高法院同意，还可以上诉到联邦最高法院。因此美国的民事诉讼实际上实行的是三审制。"〔3〕

而如果将两审制和一审制进行比较，那么两审制在诉讼效率和诉讼经济上的优势便荡然无存。实际上，确实有许多一审终审的情况，如上述我国对部分案件的处理，还有法国对有些民事案件也实行一审终审。

那么为何还实行两审制？一般的回答是保证司法审判客观、正确。这种说法也暗含了两个前提。一是它的比较对象是一审制。二是"诉讼公正要求尽可能的多审级"〔4〕。

然而，这一命题的肯定性也许并没有那么想当然。就普通民众的一般感觉而言，这个命题背后暗含的道理是，如同日常工作、学习或生活中的情况，多检查一遍或多一个人检查监督，错误的可能性就少一点；多一个人商量，问题的处理就更全面合理些。〔5〕

诚然，一方面，多一个人检查，多一级监督，一定程度上会减少人的主观错误，预防腐败，但这也不绝对。有学者分析道："不只因为它给当事人多

〔1〕　陈瑞华："对两审终审制的反思——从刑事诉讼角度的分析"，载《法学》1999年第12期。
〔2〕　参见常怡主编：《民事诉讼法学》，中国政法大学出版社2013年版；参见江伟主编：《民事诉讼法学原理》，中国人民大学出版社1999年版。
〔3〕　杨荣新、乔欣："重构我国民事诉讼审级制度的探讨"，载《中国法学》2001年第5期。
〔4〕　杨荣新、乔欣："重构我国民事诉讼审级制度的探讨"，载《中国法学》2001年第5期。
〔5〕　需要说明的是，两审制并非完全等同于两次审判，二审法院可采用维持原判、改判或发回重审等多种判决形式，但是这并不影响本书的分析。

提供一次机会，更因为它的存在本身构成对一审程序的监督机制，从而减少了一审判决出现错误的几率。但如果上诉法官自身的权力处于无所制约的状态之下，那么监督者制造错误的几率并不低于其纠正错误的几率，至少在理论上这一命题可以成立。"[1]

另一方面，司法审判毕竟不同于数学演算，它没有绝对明确的答案，多检查未必就更正确。其实，这其中暗含了传统法律思想的影子。"在欧洲大陆上，自法国革命以来的法律思想是和两种学说联系着的。一个是分权学说，即立法权以自己的意志决定法律，或者说人民的意志通过立法部门作出决定，司法权仅适用委托给它的法律。另一个是关于人的禀赋的心理学，即将意志和认识区别开来。法律是立法者的意志，法官仅予以实施而不能修改。法官的消极地位符合人们对法律确定性的要求，法律必须是所有人都一样认识的事物。法官的活动应是公正的，不动感情的，毫无畏惧、仇恨和怜悯之心。这种看法将法律视为一种计算，其准确性可以保障人们不受旧政权时代滥用权力之害。每人深信自己不受任何人控制，他是由非个人的制度保护的。"[2]并由此，产生了司法三段论，和对司法答案的唯一性和正确性追求。而"我国的司法体制模仿前苏联，受到大陆法官角色定位的影响"[3]。

倒是多一个人商量，问题的处理更全面合理些，一定程度上更适合司法审判的情况。但这也不绝对，因为司法审判的重要性要远大于一般的生活问题的处理，而且还是由第三方来处理他人的事情，这时候就有可能产生腐败、徇私等问题。而增加一次审判，如上所述，腐败徇私的概率其实有可能再增加。

还不能忘记的是，生活中的命题本身暗含了很多严格的前提条件。而更重要的是，二审绝非是在和一审商量，而是在对一审的审判行为进行监督，它们之间具有鲜明的层级关系。最后的结果是二审说了算，潜台词是二审更正确。

---

[1] 傅郁林："审级制度的建构原理——从民事程序视角的比较分析"，载《中国社会科学》2002 年第 4 期。

[2] 沈宗灵："佩雷尔曼的'新修辞学'法律思想"，载《法学研究》1983 年第 5 期。

[3] 金自宁："行政诉讼中的法律空白与法官角色"，载 http://article. chinalawinfo. com/Article_Detail. asp？ ArticleID＝35498，最后访问时间：2014 年 5 月 25 日。参见陈刚："我国民事上诉法院审级职能再认识"，载《中国法学》2009 年第 1 期。

　　那么，二审更正确吗？诚然，二审审判人员法律素养可能更高些，司法经验可能更丰富些，受到的干扰可能更少些，但要知道这些因素都只是可能，而且就我国当前一些发达地区的情况来看，很多个案恰恰不是如此。如果进一步大胆追问，倘若二审更正确，为何不可以增加二审的人员编制？当然这些新增人员要经过严格的选拔和培训（无需担心无人可选，我国当前的法学教育发展迅速，就业市场是供远过于求），直接由二审法院（就民事诉讼而言，基本都是中级人民法院）来审理，二审变一审，省时省力（随着交通的日益便利，一般而言，到二审法院和一审法院的成本相差不大），还能提高正确性。

　　因此，两审制与客观正确性增加之间并非必然的因果关系，而必然性的成立更多是一种直觉或心理上的。有文章指出：

　　　　不满意裁判结果的当事人向上级法院提起上诉以后，尽管上级法院的再次审理不一定为他们带来预期的结果，但至少从外观上让他们感觉到法院的审判是审慎的和理性的，而不是草率的和非理性的。而在当事人影响诉讼进程以及诉讼结局的权利和机会受到充分尊重的情况下，法院的裁判结果如何有时显得并不重要。因为，当不满意裁判结果的当事人知道他们能够促使一个不同的、公开的和中立的法院对案件进行重新考虑时，他们将会有更多的理由相信他的案件受到了足够的关注，从而增进了解裁判意见的机会，并逐渐地对司法裁判产生尊重。[1]

（三）修辞力二：司法信任

　　多一次审理既然会有这样的效果，为何不采用三审制（或更多）？而且，一般意义上讲，三审制（或更多）一定意义上确实会比两审制有利于（但不必然，如上分析）提高司法判决的正确性。

　　问题在于，重复审理也有一定的风险。重复审理其实暗示着司法判决的可辩驳性。可辩驳（推理）对法律方法、法律论证甚至民主法治的发展具有

---

　　[1]　王超："虚置的程序 对刑事二审功能的实践分析"，载《中外法学》2007年第2期。See Steven Shavell, "the Appeals Process as A Means of Error Correction", *Journal of Legal Studies*, 1995, pp. 379~426.——笔者译。

重要的意义。[1]但可辩驳却也在一定程度上影响着司法判决的终局性和权威性。如果对司法正确性和正当性的追求"以破坏终局性为代价,那么案件的审判次数越多,则司法的正当性和权威性越少"[2]。同时,从信任的视角来看,过度重复处理实际上反映了信任资源的匮乏,并且还会进一步加剧司法公信力的危机。以涉诉信访为例,2005 年,全国各级人民法院共办结各类案件 7 943 745 件,最高人民法院全年共处理群众来信来访 147 449 件人次,地方各级人民法院共办理群众来信来访 3 995 244 件人次。"涉诉信访案件的增多是对我国司法裁判终局性的最大挑战,如果司法的终局性遭到破坏,那么司法公信力便无从谈起。"[3]

还可以以清代民事司法审判为反例。在清代,民事案件属于州县自理案件,州县官可以自己审结,只需把这些案件记录在循环簿上,按月申送督抚司道查考。民事案件的复审形式主要是基于当事人请求的"上控"制度[4],"依据清律,只要当事人对于裁判结果不满,就可以经由'控府、控道、控司、控院',直至提起所谓的'京控'——即向在京衙门乃至皇帝本人提起上控"[5]。表面上看来,除了上控制度没有终局审级限制外,这种上控制度非常类似于现代审判制度中的上诉审,然而情况并非如此。对于民事案件,清代法律关于限制上诉、禁止越诉的规定非常严格。上诉在诉讼程序中没有法定地位,仅仅是当事人及其亲属个人的表示而已,上司衙门随便可以以与"原案相符"为理由驳回户婚田土细事的上控,在统治者看来这些都是不安分的人。上诉被受理的只是极个别的例子。如张晋藩先生所言:"民事案件强调由州县自理,即使上控,一般均批回州县重审,只有极少数牵涉到原州县官

---

[1] 参见邱昭继:"法律中的可辩驳推理",载《法律科学(西北政法学院学报)》2005 年第 4 期。

[2] 傅郁林:"审级制度的建构原理——从民事程序视角的比较分析",载《中国社会科学》2002 年第 4 期。

[3] 齐云图:"司法公信力问题研究",辽宁师范大学 2012 年硕士学位论文。

[4] 上控制度"适用的对象是所有州县审理的案件,既包括重大刑事案件('命盗'),也包括轻微刑案('笞杖')与全部的民事案件('民间细故')"。而可能判处徒、流、死的重大刑事案件(往往是"命盗"案件)的复审形式主要是案件自动逐级复审的"审转"制度。参见于明:"司法审级中的信息、组织与治理——从中国传统司法的'上控'与'审转'切入",载《法学家》2011 年第 2 期。

[5] 于明:"司法审级中的信息、组织与治理——从中国传统司法的'上控'与'审转'切入",载《法学家》2011 年第 2 期。

曲法枉断的案件，才由府、道、省提审。"〔1〕并且，《大清律例》规定："军民人等遇有屈抑之事，应先赴州县衙门具控，如审判不公，再赴该管上司呈明，若再有屈抑，方准来京呈诉"〔2〕。如果不在本州县呈诉，辄赴上司呈诉或上诉不按律逐级进行，即为越诉。律例中有许多关于禁止越诉的规定，越诉案件大都逐级发回审理，上司擅自受理越诉也要受到处分。〔3〕

有研究者认为，上控制度的主要功能是在于向统治者传递有关地方治理状况的信息，是一种特殊的信息机制，便于实现统治者对地方治理的监督、控制和地方秩序的稳定；而"所谓禁止'越诉'的程序性规定，实际上构成了国家对于上诉成本的'费用'设置，是为了隐性地提高'上控'的诉讼成本，以抑制可能的'细故纷争'的进入……以确保能将有限的财力与精力用于重大案件的处理"〔4〕。然而，除此之外，民事案件审理的近乎一审制规定和情况实际还反映并维护了古代官府和民众之间的信任关系。沈玮玮"从甘结到具结悔过：传统民事司法信任的转变"通过对清代民事案件重要的结案形式"甘结"的分析，认为其中暗含了民与官的相互信任，"涉案当事人信任官方所作出的裁断是公平合理的，否则可以拒绝接受。进而，信任官方能够确保裁断的执行……官方对涉案当事人的信任，一旦当事人作出甘结，官方便有理由认为此案处理得十分正确，并有理由信任双方当事人能够当场或者事后自觉履行"。实际上，古代社会自商鞅变法起便一直延续着和谐互信的法民关系。〔5〕

因此，从维护司法终局性和权威性上讲，两审制相比于更多审制，在一定程度上还可以促进司法信任的提高。它宣示着民众应该而且会信任，法院系统最多只需两级审理就足以查明事实真相，正确适用法律，公正合理地解决纠纷；而司法审判者也应该而且愿意相信，只需两审，当事人就能够理性理解和接受司法判决，尊重法律，解决纠纷。

---

〔1〕 张晋藩主编：《中国司法制度史》，人民法院出版社 2004 年版，第 436~437 页。
〔2〕 《大清律例·诉讼·越诉》条例。
〔3〕 参见张西恒："明清时期州县审判中的'沟通'——以'自理案件'为核心"，上海师范大学 2013 年硕士学位论文。
〔4〕 于明："司法审级中的信息、组织与治理——从中国传统司法的'上控'与'审转'切入"，载《法学家》2011 年第 2 期。
〔5〕 参见凌斌："当代中国法治实践中的'法民关系'"，载《中国社会科学》2013 年第 1 期。

（四）修辞力三：沟通理解

上文提到的即便二审更加正确，也没有因此直接二审，原因还可能在于制度设计的缓冲力。这种缓冲力实际上部分是源于心理学上的"淬火效应"。"淬火效应"是指"当沟通双方发生矛盾后，不急于马上处理，适当留点时间暂时降降温，然后再做处理的一种方法……当理性地引导沟通双方时，沟通可能会比较顺畅"[1]。而"淬火效应"的实质其实是沟通和理解。沟通是否有利于促成合作？美国诺贝尔经济学奖得主埃利诺·奥斯特罗姆"集体行动如何可能？"指出，在合作问题上，传统完全理性模型假设认为有限次重复博弈不会促成合作，然而它具有很大的局限性，与实验数据和现实情况都有很多不符之处，对此研究发现其中一个原因就是"当个体面对面进行沟通交流时，他们的合作水平得到大幅度地提高……正是互相协商彼此的任务、不断增长的互信、规范价值的强化、集体认同的增进使得沟通交流产生了实际效果"[2]。那么这种沟通是否还同样适用于法律实践（尤其是诉讼）？毕竟诉讼双方往往处于明显的敌对状态，是一种零和博弈，不同于这里的集体行动，但哈贝马斯、阿列克西等学者都已试图将商谈理论运用到法律实践之中，马克·范·胡克甚至提出了一种"沟通主义法律观"，并列举了随之有可能产生的五个沟通领域。(1) 审判中，当事人交换论据和证据，尽力说服法官；以及法官试图提出有说服力的裁决理由，以使双方当事人接受其裁判。(2) 上诉中，上级法院参与沟通，不仅会考虑双方当事人提供的论据和证据，也会考虑下级的较早裁决。(3) 甚至在上诉语境以外，司法裁决也不得不置于类似判例的先前裁决的一个较大结构中，而且其裁决理由有可能在法律学说中被讨论和/或被未来的司法裁决遵循或否弃。(4) 少数情形下，某一案件会引起媒体的关注，也会在非法律受众中引起讨论。(5) 由于涉及当下基本的道德或政治论证，某一案件也会在社会中引起普遍讨论。[3]

而从现实情况来看，至少有两点在缓解诉讼双方的敌对状态：一是，民

---

[1] 孙科炎、程丽平：《沟通心理学》，中国电力出版社 2012 年版，第 192 页。

[2] ［美］埃利诺·奥斯特罗姆："集体行动如何可能？"，石美静、熊万胜译，载《华东理工大学学报（社会科学版）》2010 年第 2 期。

[3] 参见 ［比］马克·范·胡克：《法律的沟通之维》，孙国东译，刘坤轮校，法律出版社 2008 年版，第 237~238 页。

事诉讼双方并非完全的陌生人，很多都是熟人，甚至是亲属关系，双方之前甚至包括之后在现实生活当中都有着千丝万缕的联系，因而在诉讼中尽管表面上看来剑拔弩张，但绝非简单的极端的"你死我活"；二是，民事诉讼过程当中的主导者实际上主要是律师等诉讼代理人，他们与案件所涉情况往往没有直接的关系，因而相对中立，因此也就有可能实现理性沟通。"不断增长的互信""规范价值的强化"至少还能发挥一些作用。因此，从解决纠纷的角度来看，司法程序实际上为诉讼双方的沟通创造了条件，提供了一个沟通的平台和框架，而两审制又充分遵循了心理学上的"淬火效应"，至少二审有足够的"降温"时间，这有利于理性沟通的实现，引导双方相互理解。

二、"仅仅是修辞"

波斯纳认为，在日常生活中，"修辞"最常见的含义却有着相反的结合力：修辞只是空洞的辞藻（"那仅仅是修辞罢了"）。在他看来，不管一部作品除了想让读者读到结尾之外还有没有其他的说服目的，风格（波斯纳将其界定为对一部作品的可重述内容进行重新编码的多种可能性，与"修辞"的说服手法或空洞辞藻的含义有联系）也是"好"作品的标志，也就因此不"仅仅是修辞"。[1]比如，不清晰的表达总会让作品失色。

但我们认为，针对说服目的而言，任何修辞都有沦为"仅仅是修辞"命运的可能。"仅仅是修辞"暗含的意义是指相关表达仅仅是一种表面工作，不会有任何的实际效果，或真实情况并非如此。由此，我们可以看出，修辞避免成为"仅仅是修辞"的方法就是让修辞尽可能尊重现实，或发挥出实际功效。因此，可以看出，当法律与文学运动中的其他许多学者批评波斯纳的法律经济分析冷酷无情、缺乏人性时，波斯纳的反驳实际就是指出了批评者的理论修辞"仅仅是修辞"——"他并没有说明什么是讨论这些问题的更好方法……讨厌理论并不是理论……并且对于一心向上的律师来说，怀特的建议并不好……怀特没有证明传统法律修辞在总体上是一种比经济学语言和概念更为理性甚或

---

〔1〕　参见［美］理查德·A. 波斯纳：《法律与文学》（增订版），李国庆译，中国政法大学出版社 2002 年版，第 338~339 页。

更为文明的表达方式……"〔1〕。也因此，苏力在讨论"法律必须信仰"命题时指出，信仰从来不是一种言词上的表白，"即使法学界以至全社会都接受了'法律必须信仰'的理论命题并不必然等于法律被信仰了"〔2〕，最重要的也许就是要关注法律的实际效果，能够被信仰的法律要能给人们带来利益。

具体到但不限于法律论证领域，"仅仅是修辞"还表达着这样一个意思：与逻辑的脱离，甚至违背。"仅仅是修辞"的这一解释可以追溯到柏拉图《高尔吉亚篇》对逻辑的谴责，而当波斯纳论述道"可能判决的艺术必然是修辞，不能认识到这一点是法律形式主义学派的一个缺点"〔3〕时，实际他也在暗示着修辞的逻辑参照性。从技术性修辞视角出发，国内很多研究者都提到了法律修辞和逻辑的关系问题，并认为虽然修辞作为一种实现价值判断的技术，为法律人提供了理性说服的艺术和诉诸情感的技巧，但面对法律修辞的主观性和不确定性，要注重逻辑对法律修辞的限制和规范作用。〔4〕而随着研究的深入，也有研究者指出了逻辑与修辞的统一性，"逻辑是修辞，是最具说服力的一种修辞；修辞也是逻辑，是在无法直接进行演绎推理时所备选的逻辑"〔5〕，但还是要注重逻辑的基础和规范作用，避免修辞"仅仅是修辞"。〔6〕

---

〔1〕 [美] 理查德·A. 波斯纳：《法律与文学》（增订版），李国庆译，中国政法大学出版社2002年版，第398~399页。

〔2〕 苏力："法律如何信仰——《法律与宗教》读后"，载《四川大学学报（哲学社会科学版）》1999年（增刊）。

〔3〕 [美] 理查德·A. 波斯纳：《法律与文学》（增订版），李国庆译，中国政法大学出版社2002年版，第365~366页。

〔4〕 参见曹晟旻："逻辑的限制：法律修辞正当性的实现"，载《法律适用》2012年第12期。

〔5〕 张传新："法律修辞与逻辑"，载《求是学刊》2012年第3期。也有人认为修辞是一种非形式逻辑，参见宋保振："法律可接受性的修辞表达——以逻辑视角为切入点"，载《山东青年政治学院学报》2013年第3期。逻辑和修辞的统一性还可以参见林去病："利用逻辑进行修辞"，载《厦门大学学报（哲学社会科学版）》1993年第4期。他指出，从整体上看，逻辑在修辞中的具体运用包括正用逻辑和反用逻辑，前者指按照逻辑的常规形式、概念等进行修辞，后者指表层有意违背这些逻辑规则等，让人感到新奇生动，但深层却是间接遵循逻辑的、以逻辑为基础的。

〔6〕 关于逻辑与修辞的关系，还必须提及佩雷尔曼的论述，基于将修辞主要界定为论辩推理，他主要关注修辞对于形式逻辑证明理论的弥补和完善作用，当然这和他所处的时代背景有密切关系。参见[比] Ch. 佩雷尔曼："逻辑学与修辞学"，许毅力译，张兆梅校，载《哲学译丛》1988年第4期。而对制度性修辞和逻辑的关系的研究也基本与佩雷尔曼的关注点类似，有研究者认为逻辑推论的基本前提其实就是修辞，而"法律制度作为一种逻辑体系，其建立的前提，是一系列假设，这些假设固然因为其逻辑性而获得人们的遵从，从而获得效力，但更重要的是，在终极层面，它不过是人们对作为逻辑大前提的修辞之'交涉性认可'和遵从。从而任何法律制度，不过是一种作为制度的修辞"，并因此法律既有逻辑之维，也有修辞之维。参见谢晖："论法律制度的修辞之维"，载《政法论坛》2012年第5期。

　　具体到两审制的修辞力，我们也要避免它沦为"仅仅是修辞"。当然，主要是从上述第一个角度而言，即缺乏社会实效。有研究者发现了刑诉二审流于形式的问题——在一审质量存在严重缺陷的情况下，我国出现了刑事上诉率、上诉改判率偏低而刑事再审率、再审改判率相对偏高的现象。这是由于"扬短避长"的事实认定、书面为主的审理方式、流于形式的上诉审理、事与愿违的自行纠错、刑事上诉难以获益等原因所致。在这种情况下，两审制已经不再是两审制，而实际成了一审制，刑事一审质量不高，二审又流于形式，"权利遭到侵害的当事人往往无法发泄心中不满，并在上诉渠道内无法获得相应的救济，致使执着地为权利而斗争的当事人宁愿放弃上诉，而将权利救济的希望转向再审程序"[1]。两审制所体现的修辞力也就"仅仅是修辞"了。而在民诉领域，情况虽有所不同，但也不容乐观。苏力曾对我国1989年~1997年近十年的民事一审判决上诉率情况作过实证分析，发现上诉率一直在稳步下降，并论证得出"我国基层法官司法素质得到不断提高"的结论。尽管如此，这一时期内（不完全对应）两审制存在的问题依然不能忽视，由于一审提前请示、法律适用不统一等原因，"两审终审在现实中大量变成了两审不终审，官了民不了，当事人对终审判决申诉缠诉不已。考察近几年法院受案情况可以发现：民事案件再审率连年上升，平均年增长率近20%，两审终审的案件中又有大约25%被提起再审。而且这些比例都呈上升态势"[2]。而2008年《民事诉讼法》的修订，对当事人申请再审的方式和具体事由作了新的规定，虽然一定程度上缓解了"申诉难"的问题，但使得更多的案件涌向再审程序，全国法院民事再审案件尤其是民事申请再审案件数量总体呈上升态势，这无疑又一次冲击了两审终审制。[3]所以，2013年《民事诉讼法》的修订，对申请再审程序进行了一定的限缩，尤其体现在对当事人申请再审和申请抗诉的法定事由、当事人申请再审的期限的限缩上，由于实施效果的权威数据尚且无法得到，我们认为再审案件应该会有所减少，但不会十分明显。因此，民诉两审制的修辞力也存在沦为"仅仅是修辞"的危险，这值得我们认真对待，不容

---

〔1〕　王超："虚置的程序 对刑事二审功能的实践分析"，载《中外法学》2007年第2期。

〔2〕　李利军、李艳丽："我国民事诉讼审级制度初探"，载《河北法学》2001年第6期。

〔3〕　参见廖亮："民事诉讼再审制度的问题及完善"，载 http://www.360doc.com/content/12/0402/11/8837374_ 200185956. shtml，最后访问日期：2014年6月8日。

忽视。

而这也会引发出"仅仅是修辞"第二角度的意思出现。这个过程有些复杂。先来看一下涂尔干对于仪式如何唤起人们的心理倾向从而弥补逻辑推理不足的陈述：

> 对于那些统而化之地把各种仪式规定归结为简单粗陋的理性主义的肤浅批评，信仰者通常会不屑一顾：因为宗教仪轨的真正验证，并不在于它们表面上所追求的目标，而在于某种看不见的作用，这种作用施加在我们的心灵上，并借此对我们的精神状态产生影响。同理，当布道者号召人们信仰的时候，他并没有把精力放在直截了当地确立和有条有理地论证任何特殊命题的正确性上面，或者是各种教规的功利性上面，而是通过定期举行膜拜仪式来唤起并不断唤起人们的情感，以获得精神上的惬意。这样，他们就创建了信仰的心理倾向，这种倾向要比证明更重要，它可以使心灵忽略逻辑推理的不充分性，并为人们亟欲接受的命题做了铺垫。这种有益的偏见，这种信任的冲动恰恰构成了信仰；同时信仰也树立了仪式的权威，对于信仰者来说，不论他是基督徒还是澳洲人，这种权威都没有差别。[1]

与此类似，一般而言，两审制所具有的直觉上的正确、司法信任和沟通理解的增进等修辞力，也能唤起人们的情感，使人们获得精神上的（至少是）安全感，这种心理倾向作用在司法判决上，可以增强它的可接受性，一定程度上可以弥补逻辑推理的不充分性。其实，波斯纳所言"可能判决的艺术必然是修辞"也暗含着这个意思。

但是，由于实际情况的差强人意，两审制的修辞力沦为空洞的辞藻，这种随之产生的"新修辞力"引发了人们的不信任感和对司法腐败、司法不公的直觉认识。这种心理偏向反而会削弱逻辑推理的功用，使得人们对本来确定无疑义、自明的地方提出质疑，或者尽管符合逻辑，但人们还是无法接受。

---

〔1〕 〔法〕E. 杜尔干：《宗教生活的初级形式》，林宗锦、彭守义译，中央民族大学出版社 1999年版，第 399~400 页。

这时，两审制的修辞力便成了与逻辑背离的"仅仅是修辞"。[1]

第二节　司法判决的修辞技巧及其变异

张纯辉《司法判决书可接受性的修辞研究》从广义修辞学的角度对司法判决书的表达和实践进行了描写分析，系统考察了法官在司法判决书的制作与表达方面所呈现出来的修辞技巧，主要有：

1. 评价

评价是作者/说话者表达自己观点的强有力的语言手段。具有多种类型，比如拉博夫（Labov）总结了四类具有评价力的语言手段，即比较手段（包括否定词语、将来词语、情态词语、问句、祈使句、比较级和最高级或小句等）、语气加强手段（语音、不定量词、重复等）、关联手段（包括双重同位语、定语、非限定性现在分词短语）以及说明性从属小句（由从属连词引导的小句）等。[2]而对于评级手段的说服效果，张纯辉认为："为提高说服成功的可能性，在说服过程中必须有效减弱对方意识的检阅与评判机制，让信息直接进入其潜意识。在外显话语（意义）中，评价一般被置于话语焦点部分，这样的评价直接、明确，同时主观性强，听众可以明显感觉到，对怀有敌意、持截然不同观点的听众来说，说服的难度高。因此使用者会不断将评价置于非焦点位置，减少评价语言作为完全外显的显性语言表述，以减弱听众的抵触和注意力，增加接受和认可作者/说话者观点的可能性。"[3]以一则商品房预售合同纠纷案为例：

> 原告称××等17人以该房地产分公司未履行其售楼指南中的承诺向本

---

〔1〕　还需指出的是，关于法律论证的研究进路和方法，国内主流研究主要借鉴了德国法学家Neumann和荷兰法学家弗特瑞斯的理论，分为逻辑学方法、修辞学方法和对话（论辩）方法。（参见陈金钊等：《法律解释学》，中国政法大学出版社2006年版，第122~129页。）虽然研究的指向几乎都是增进判决的说理和可接受性，但与如前所述的法律修辞研究状况类似，研究的范围还主要围绕司法过程的论辩和司法判决的制定等方面，对审判制度自身的修辞劝说和论证效力关注较少，值得我们重视。另外，已有的法律修辞研究，往往都对法律修辞的主观恣意性保持警惕，以免沦为"仅仅是修辞"的厄运。但对两审制的修辞力研究告诉我们，更需要注重它的实效性，否则便"仅仅是修辞"，其实对传统的法律修辞而言又未必不是如此。

〔2〕　William Labov, *Language in the Inner City*, University of Pennsylvania Press, 1972. ——笔者译。

〔3〕　张纯辉：《司法判决书可接受性的修辞研究》，法律出版社2012年版，第104页。

院提起诉讼，要求被告光大公司赔偿因其未按广告承诺的内容修建"20米大道"所造成的经济损失 710 677 元；赔偿未按广告承诺多支付的按揭贷款利息 52 600 元……[1]

因为焦点信息通常是"如何证明造成的经济损失 710 677 元是由未修建20 米大道造成的？""银行按揭贷款形成的是购房户与银行之间的借贷关系，与房产公司无关"，那么"广告承诺的内容"作为"未修建大道而造成损失""未按低银行按揭贷款利率而造成的损失"的修饰语，则处于非信息焦点位置，并因此而容易受到当事人和受众的忽略，他们对此的抵触也容易被减弱。

2. 模糊语

威廉姆斯认为："构成法律条文的语言，或多或少总有不明确之处。语言边缘之外的边缘意义（fringe meaning）一片朦胧，极易引起争议。而其究竟属该语言外延之内或之外，亦难断定……此非立法者的疏忽，而系任何语言所难避免。"因此，法律语言的模糊性是一种必然的存在。而模糊语在具体判决书中也具有很强的语用功能，主要有：概括功能，比如"手段极其残忍，犯罪情节恶劣，影响极坏"；信息功能，比如涉及国家机密、商业机密或个人隐私等不宜公开的内容，模糊语可以起到信息保留的功能；劝导功能，比如某些模糊语能顾及当事人的面子；礼貌功能，比如尤其在刑事案件中，委婉模糊的语言可以避免刺激当事人；保护功能，比如"采取相应的补救措施"的模糊性一定程度上保护了侵权方。以一则继承纠纷案为例：

> 被告辩称，黄××所立遗嘱的内容侵犯了被告的合法权益……遗赠涉及的售房款是不确定的财产，所涉及的条款应属无效。此外，遗赠人黄××生前与原告张××长期非法同居，黄××所立遗赠属违反社会公德的无效遗赠行为。[2]

案例中用"不确定的财产"使语义变得含混，有利于之后认定该遗嘱的内容不符合客观事实，违背了有关政策、法律规定，侵犯了被告的合法权益，

---

[1] （2003）赣中民一初字第 27 号。
[2] （2001）纳溪民初字第 561 号。

从而让判案法院不予采信其为证据具有了说服力。[1]

3. 预设

预设有语义预设和语用预设之分。语义预设是指"一个命题 S 预设 S'，而且仅当 S' 是 S 有真值或假值的必要条件"。比如"老王戒烟了吗"的语义预设就是"老王曾经抽烟"。它揭示了句义间的逻辑关系。语用预设则是从语用的角度来观察预设，涉及语言使用者和语言环境，关注语言外部因素导致的超越了语言字面意义的动态变化。比如"你昨天去了那里？"的语用预设是发话人与受话人共有的背景知识，即都知道那个地方。语用预设还通常与语境紧密结合。而两种预设的关系是后者包含前者——"语义和语用的预设概念并不是相互抵触的，它们是对相关而不相同的观念的解释。一般地说，任何在给定的语境中表达出来的命题的语义预设将是在那个语境中的人的语用预设，但是，反之则不然。"[2]

也因此预设具有隐蔽性。"它提供了一种无争议的背景信息，所以在说服过程中，作者/说话者如果把需要发出的某些新信息用预设的方式说、写出，就可以减少说服的时间，尽快地达到说服的目的。……预设所具有的隐蔽性特征使说话人将重要信息放入话语的信息费焦点位置中表达，因此这些原本会引起受众反感的重要信息往往变得不被注意到，而如果听话人越对此信息不加追究，就越有助于说服听话人。"[3]这是一种潜隐说服法。比如：

> 本院认为，被告人刘××，担任司机以来，一贯思想麻痹，忽视交通安全，这次又在交通岗附近超速行驶，违反交通规则，造成撞死一人的后果，情节严重，已构成交通肇事罪，应予严惩。

"一贯思想麻痹，忽视交通安全""又"等语词，"在受众心理预设了一个交通事故惯犯的形象，为后文'应予严惩'的判决能得以认同埋下了伏笔"[4]。

---

〔1〕 张纯辉：《司法判决书可接受性的修辞研究》，法律出版社 2012 年版，第 125 页。

〔2〕 ［美］斯涛纳克尔："语用学"，黄师哲等译，载中国逻辑学会语言逻辑专业委员会、中国逻辑学会符号专业委员会编译：《语用学与自然逻辑》，开明出版社 1994 年版，第 31 页。

〔3〕 张纯辉：《司法判决书可接受性的修辞研究》，法律出版社 2012 年版，第 137~138 页。

〔4〕 张纯辉：《司法判决书可接受性的修辞研究》，法律出版社 2012 年版，第 139 页。

4. 会话含意

根据美国哲学家格林斯的观点，会话含意是指在根据话语中的语词和语句的常规意义得出的含意之外，根据包括说话人的身份、说话的场合、时益等语境知识而得到的非常规意义。因此，它是语言的句子意义（sentence meaning）和话语意义（utterance meaning）不相符的一种现象。张纯辉认为，在司法民主化趋势的大背景下，法官追求司法判决的论证说理效果，"法官在书写判决书的过程中，真正的含意有时并未被清晰地表达出来，而是在交际过程中，含意由交际者在话语字面意义的基础上推导产生。……这是因为，直接言语比间接言语更容易引起受众的质疑和抵制，而间接言语能使受众对说写者所要传达的观点产生积极的评价。"[1] 以许霆案为例：

> 经审理查明，2006 年 4 月 21 日 21 时许，被告人许霆到×××商业银行自动柜员机（ATM）取款……。许霆……意识到银行自动柜员机出现异常……于是……持银行卡在该自动柜员机指令取款 170 次，共计取款 174 000 元。并告知郭×该台自动柜员机出现异常后，郭×亦采用同样手段取款 19 000 元。同月 24 日下午，许霆携款逃匿。[2]

从案例中，我们可以发现法官在描述事实之外的真正含意是表明许霆借自动取款机出现异常之机，"非但自己非法窃取银行资金，还告知同伙共同窃取银行经营资金，这种手段与储户正常、合法的取款行为有本质区别；表明其主观上具有非法占有银行资金的故意，客观上实施了秘密窃取的行为。同时是对辩护人所提出的'许×是为保护银行财产而取款，并准备把款项交给单位领导'辩护意见的间接否认"[3]。这种会话含意在一定程度上有利于受众自觉接受法官针对许霆等所作的有罪判决。

5. 互文

法国批评学家克里斯特瓦曾指出，任何文本都是由引文构成的，如同马赛克一般的拼贴图；每个文本都是对其他文本的吸收和转换。换言之，文本并非独立存在、封闭自足的，而是在与其他文本的交互参照、交互指涉中生

---

〔1〕 张纯辉：《司法判决书可接受性的修辞研究》，法律出版社 2012 年版，第 141 页。

〔2〕 （2008）穗中法刑二重字第 2 号。

〔3〕 张纯辉：《司法判决书可接受性的修辞研究》，法律出版社 2012 年版，第 142 页。

成意义的,因而具有互文性。不仅如此,"作为一种文本理论,互文性理论涉及文本的意义的生成、文本的阅读与阐释、文本与文化表意实践之间的关系以及批评家的地位等一系列重大文学问题"。而互文性有很多种分类方式,如克里斯特瓦提出的水平互文性与垂直互文性的划分方式。更有启示的,则是菲尔克拉夫提出的显著互文性与构成互文性的类型划分。前者指其他语篇在所分析文本中明显存在,被比如引号等表层特征明确标示或暗示着;后者则较为复杂,文本包含了形成该语篇的各种不同但又都隐含模糊的话语规约结构,比如"由于判决书的形成反映了法理—立法—非法律世界—审理—判决书制作的过程,所以要涉及非法律世界的描述,这也必然导致了判决书不同于其他法律文书如合同、法律条文等,即判决书是一种复合型体裁,或者说判决书具有体裁互文性"〔1〕。

而且,互文具有明显的社会性和目的性,它是人们表达或强化自我观点时对相似内容或方式的一种借助。而在判决书中,也是法官维护判决的国家权威性和裁判正当性的重要手段。比如常见的"依照《中华人民共和国××法》第×条×款,判决如下",则明显属于显著性互文,发挥着上述功能。另外,Hatim 和 Mason 还归纳了和文学有关的七种互文手法——套语、指涉、文学影射、自我引用、约定、俗语和吸收等。〔2〕而作为"经反复使用而获得认同的观点"的套语也经常被用到判决书中。比如,"本院认为……赡养父母是子女应尽的义务,被告应……",则是法官对套语的使用,这种套语是一种道德层面被普遍认同的观点,比僵硬生冷的法律条文更容易被受众接受,也往往更具有说服力。

6. 情感唤起

情感唤起就是古典修辞学所讲的"情感诉诸"——当听众的情感被演说打动的时候,演说者可以利用听众的心理来产生说服的效力,因为当人们抱友好态度或憎恨态度的时候,抱气愤态度或温和态度的时候,他们对事情的看法不同,不是完全不同,就是有程度之差。〔3〕也因此,司法判决书获得受

---

〔1〕 张纯辉:《司法判决书可接受性的修辞研究》,法律出版社 2012 年版,第 144~146 页。

〔2〕 See Basil Hatim and Ian Mason, *Discourse and the Translator*, Shanghai Foreign Language Press, 2001, pp. 133~137.

〔3〕 参见〔古希腊〕亚里士多德:《修辞学》,罗念生译,生活·读书·新知三联书店 1991 年版,第 69 页。

众认同不能仅仅依靠受众的理性力量，还不能忽视受众的情感力量。以一则法定继承纠纷案为例：

> 被告辩称……被告年逾七旬，承受了老年丧子的巨大精神痛苦，死亡补偿费是对死者家属的精神抚慰金，原告要求独得没有任何道理……〔1〕

在该例中，由于我国法律和司法解释中没有具体的精神损害赔偿标准（因而单纯理性凭借不太可能），相应案件就需要法官的自由裁量，"法官在判决书中对受害人的不幸遭遇表达深切同情和对加害人的行为进行强烈谴责。这种同情和谴责能够让受害人深受感动而接受判决结果，让加害人觉得所判数额确实弥补不了受害人无休止的心灵创伤而服判，同时唤起了受众同仇敌忾的感情，引起受众感情上的共鸣，在心理上接受和认同改判的结果"〔2〕。

7. 叙事裁剪

事实的说服力当然不容置疑，但事实并非自然显现的。"我们不能像照相机那样准确无误地观察、固定和回忆在我们眼前所发生的一切。我们所观察、叙述的事物受到自身认知能力、周围环境状况、个人成见、预期倾向性以及律师对有关事物作出的技术描述的极大影响。"法庭叙事裁剪在所难免。其一，法庭各方对事实的建构都是一种目的导向的行为，即为了获得利益最大化，而对事实进行主观"截取"；其二，从证据事实到法律事实的转化会经过法官再一次的叙事裁剪，以完成对证据事实的法律评价，并影响受众接受其判决。以一则强奸案为例。一审法院认为：

> 现场勘验笔录和照片证明现场并无刘××暴力殴打曾×使用的工具小方凳……故检察机关指控被告人刘××采取暴力手段强行与妇女发生了性关系的行为，不足以采信……崇义县人民医院疾病证明书排除了原告被强奸的迹象……刘××强奸原告的指控不成立，且检察机关提供的被害人曾×的陈述仅有抗拒暴力的陈述，并无其他不自愿行为的陈述……〔3〕

而二审法院则认为：

---

〔1〕 （2003）龙民一初字第407号。
〔2〕 张纯辉：《司法判决书可接受性的修辞研究》，法律出版社2012年版，第153页。
〔3〕 （2002）崇刑初字第27号。

原审被告人刘……违背妇女意志，强行与他人发生性关系，由于其意志外的原因未得逞其行为构成了强奸罪（未遂），依法应予惩处。[1]

两个判决基于同样的证据材料，却作出了不同的判决，原因在于一审法官在事实裁剪时忽视了不用暴力而实施强奸行为的可能这一重要事实。另外，法官在进行叙事裁剪时最好对双方的举证情况进行一定的平等反映，引用双方的论点及论据，这样的修辞技巧容易使其判决获得当事人和公众的信服。

另外，司法判决的修辞技巧还有修辞作为推理的一面。面对推理前提及结论的或然性，亚里士多德提出了修辞术。这种修辞术分为恩梯墨玛（Enthymemes，即修辞式论证）和例证法（Paradigm）。针对二者的关系，亚里士多德认为："依靠例子的演说的说服力并不比较差，但依靠修辞式推论的演说更能受到高声的喝彩。"[2]在此基础上，佩雷尔曼结合法律实践，进一步指出了形式逻辑无法解决价值判断问题的局限性，并因而在很多情况下需要借助修辞学。实际上，修辞推理与形式逻辑具有本质的区别。修辞推理的前提不像形式逻辑那样具有公理性，而往往是一定时空范围内为社会大多数普遍接受和认可的价值观念和信念，因而具有或然性。修辞推理的步骤也没有形式逻辑那样严密和精确。另外，不同于形式逻辑意在得出某种科学结论，修辞推理通常以说服听众为目的。

在判决论证中，季卫东指出："除了事实认定方面的困难之外，面对千变万幻、复杂多歧的具体事实，如何妥当地运用法律也往往是颇费踌躇的。究其理由，或者条文法的条文话意暧昧、可以二解，或者法律规范之间相互抵触、无所适从，或者对具体案件无明文，或者墨守成规就有悖情由、因而不得不法外通融，如此等等不一而足。"[3]也因此，单纯的形式逻辑往往难当重任。而且，现代法律实践更是以增强判决的可接受性为导向，而非仅仅是作出一个命令式的判决结果。因而，修辞说理更显重要。

因此，面对具体的案件，法官在制定判决时要注意法律论证，不仅要证

---

[1]　（2003）赣中法刑抗终字第 1 号。

[2]　［古希腊］亚里士多德：《修辞学》，罗念生译，生活·读书·新知三联书店 1991 年版，第26 页。

[3]　季卫东："'应然'与'实然'的制度性结合"，载［英］麦考密克、［奥］魏因贝格尔：《制度法论》，周叶谦译，中国政法大学出版社 2004 年版，第 3 页。

明判决符合形式逻辑的要求，也要进行修辞论证，如 Eric Hilgendorf 所言，"论证的说服力实际上并不在于其形式，而是在于其内容的协调和其推理前提与听取论证者所接受的深层次思想的接近程度。"[1]而且，这种修辞论证也是法官对案件事实内心体验的一种展示，"对于判决书的受众而言，当他们在阅读判决书时就可以充分地认识到法官当初审理以及最后制作判决的全过程，从而可能在心理层面上'参与'了法官司法判决的产生和作出"[2]，并因而对其接受判决产生了一定的引导性。

然而，在司法实践中，修辞常常被误用，背离了理性思考，呈现出对法治的巨大危害：

（1）司法三段论的滥用——故意省略大前提。比如刘海洋伤熊一案，法官认为："刘海洋对其行为深感悔意，考虑到被告人的具体情况及悔罪表现，依法对其从轻处罚。辩护方指出刘海洋一贯品学兼优，学习努力，此前没有任何违法行为，这些意见被法庭采纳。法庭最终认为，鉴于被告人刘海洋能够真诚悔罪，且在故意毁坏财物犯罪中，其情节轻微，可免予刑事处罚。"[3]在此例中，明显省略了"品学兼优、学习努力、有悔罪表现者可免予刑事处罚"的大前提，而它的合法性是值得怀疑的。

（2）事实裁剪的不当。"在判决书中，法官往往需要指出自己的结论和证据，而总是在事实和证据的不断排列组合中搜寻支持自己判断的论据，甚至不惜以片面剪裁事实的方法迂回达到维护自己的结论的目的"[4]，这就有可能导致枉法裁判。

（3）感情唤起的不当修辞。这实际上就是法官滥用公众的道德情绪，损害法律的独立价值的行为。比如郑州张金柱案判决书中运用"社会影响极坏，不杀不足以平民愤"[5]的措辞去唤起受众同仇敌忾的情绪。

---

〔1〕［法］雅克·盖斯旦、吉勒·古博：《法国民法总论》，陈鹏等译，法律出版社 2004 年版，第 46 页。转引自焦宝乾："逻辑、修辞与对话：法律论证的方法"，载《厦门大学法律评论》2005 年第 2 期。

〔2〕张纯辉：《司法判决书可接受性的修辞研究》，法律出版社 2012 年版，第 179 页。

〔3〕参见"北京市西城区人民法院 20030429 判决"，载 http://news.sina.com.cn/s/2003 - 05 - 09/14331040992.shtml，最后访问日期：2015 年 5 月 11 日。

〔4〕张纯辉：《司法判决书可接受性的修辞研究》，法律出版社 2012 年版，第 186 页。

〔5〕（1997）郑刑初字第 307 号。

（4）模糊语的不当修辞。如上述"采取相应补救措施"[1]的模糊语会降低判决书的法律效用，"减弱对义务人的约束性，从而没有维护被侵害人一方的权益而丧失可接受性"[2]，并进而破坏了法律的公正性和权威性。

（5）互文的不合理性。如上所述，互文具有明显的目的性，而"法官为了其判决获得认同或为了维护某一方当事人的不当利益而试图掩盖其论证的不合理性，为了达到其预期的目的或后果，而采用了不合理的互文——引用错误的法条——得到错误的判决结论"[3]。比如宁乡县一则买卖合同纠纷案，法官在判决书中援引了根本不存在的《民法通则》第 130 条、第 159 条。[4]

因此，尽管法官在司法判决中拥有许多增强其可接受性的修辞技巧，但这些修辞技巧却存在着大量被误用和滥用的危险和可能，这不仅否定了判决在法律上的正当属性，而且还呈现出一种语言的专断与暴政，严重削弱了判决的可接受性，并因此在一定程度上强化了涉诉舆论干预司法的力度。

---

〔1〕（2006）湘高法行终字第 11 号。

〔2〕张纯辉：《司法判决书可接受性的修辞研究》，法律出版社 2012 年版，第 193 页。

〔3〕张纯辉：《司法判决书可接受性的修辞研究》，法律出版社 2012 年版，第 194 页。

〔4〕参见（2006）宁民初字第 916 号。

缘何一文激起千层浪？

——对王斌余案涉诉舆论的古典修辞学分析

第一节　引　言

毫无疑问，作为 2005 年的标志性案件之一，王斌余案尽管已经过去十几个年头，但时至今日仍无法完全淡出人们的视野。尽管先前也有媒体的相关报道[1]，但如果没有后来的新华社《死囚王斌余心酸告白》（以下简称"《告白》"）的"逆转"，"数次讨要工钱无果，愤怒之下连杀 4 人，重伤 1 人，后到当地公安局投案自首。6 月 29 日，宁夏石嘴山市中级人民法院判处王斌余死刑"将很可能成为甘肃民工王斌余的最后写照。《告白》如下：

> 带着改变贫穷生活的美好憧憬，17 岁开始到城市打工，却在艰辛的生活中不断地痛苦挣扎，备受欺侮。数次讨要工钱无果，他愤怒之下连杀 4 人，重伤 1 人，后到当地公安局投案自首。
>
> 新华社记者孟昭丽、刘佳婧、刘晓莉报道
>
> 6 月 29 日，宁夏石嘴山市中级人民法院判处王斌余死刑。8 月 19 日和 26 日，记者先后两次到石嘴山市第一看守所，与王斌余对话了 10 个多小时。在取得信任的基础上，王斌余向记者坦露他的内心世界。
>
> 憧憬：出来打工是为了挣钱，改变命运，为自己争口气

---

〔1〕　如李云华："苏家无端引来灭门之灾"，载《宁夏日报》2005 年 5 月 13 日；马江、田丽："农民工王斌余的生死挣扎"，载《宁夏日报》2005 年 8 月 12 日等。

我出生在甘肃省一个小山村，常年干旱家里收成不好。我6岁时妈妈就去世了，家里生活困难，一家3口人挤在一个大炕上。这几年用打工的钱，才在土房边盖了几间砖房，因为钱不够，新房的门窗到现在还没装上。

小时候因为家里穷，我边上学还边干农活，在家里要做饭、照顾弟弟，小学四年级时我就辍学在家。

我一直想让弟弟上学，可我爸说他自己不识字不也活得好好的，更何况家里没有钱。弟弟二年级也辍学了。

在家里，我觉得自己就像被关在笼子里的猫一样，总想逃出去看看。出来打工是为了挣钱，改变命运，为自己争口气。

（旁白：28日下午，在看守所，记者见到了王斌余60多岁的老父亲王立定。老人一瘸一拐地走了进来，肩上用木棒挑着一个沾满尘土的红布袋，布袋里给儿子装了几件秋衣和几个青苹果。老人是奔波了上千公里路来看儿子的。他告诉记者，儿子很不容易，从小生活不如别人，在家又做饭又洗衣，大了又到外面打工。村里人不出去打工就没法生存！儿子一时糊涂犯了事，我不识字，可我知道应该按国法处理。）

挣扎：有时候到晚上八九点才下班，只要天亮着就干活

经村里熟人介绍，我17岁就开始到甘肃天水市打工。随后几年又到了甘肃兰州、宁夏中卫、银川、石嘴山、中宁等地，在建筑行业打工，也曾蹬过三轮车。

刚开始在天水市干建筑活，一天工资11.5元，扣除4元伙食费，最后可以拿7.5元。随后，我14岁的弟弟也到这里来干活了，他一天拿5元。我们吃的是土豆、白菜加面，啥菜便宜就买啥，住在用木板支起来的大通铺上，几十个人挤一间。

有一年春天，我在2米多高的地方打钢筋，掉到了下面7米多深的井里，都是稀泥巴，差点淹死。后来大家把我拉上去了，我总算逃过一死，却大病一场。老板不给我看病，只给了几片感冒药。

2003年8月起，我一直跟着包工头陈某干活，他揽的都是又脏又累又危险的活。在石嘴山一家电厂做保温工时，一天27元。保温用的玻璃纤维扎得人浑身起红疙瘩，我忍受不了，老板就骂我偷懒。

吴华是工地的负责人。他经常平白无故地拿我们出气。他让我偷工

地上的东西，我不干，他就打我，骂我。我们平常从早上 7 点干到晚上 7 点，有时候到晚上八九点才下班，只要天亮着就干活。

我们工资一般都是年底结算，平时我们用钱只能找他借。可即使结算清了工钱，仍要扣 300 元的滞保金。今年老板给我们说晚上加班就给多加 8 块 1 毛钱，但最后发工资的时候他们能赖掉就赖掉了。

去年我们签了劳动合同，合同上写了交医疗保险。结果有病根本拿不到，我胃病花了 1000 多元还是自己掏的。出了工伤他们根本不负责任，工地上一个小伙子腿被砸了还干活呢，后来干不下去只好回家了。

（旁白：宁夏社会科学院经济研究所农民工问题专家李禄胜说：农民工是弱势群体，他们的合法权利经常受到侵犯。究其原因，农民工有 80% 是自发打工，他们没有技能，没有文化，只能从事简单的手工劳动和体力活，没有竞争力。同时，他们缺乏生活常识、法律常识、城市劳动常识，也没有任何的法律援助。）

反抗：我受够了他们的气，就拿刀连捅了 5 个人

今年 5 月份，父亲因为去年修房子腿被砸断一直没治好，家里急需用钱，再加上我身体一直不好，实在不想继续干下去了，就想要回今年挣的 5000 多元钱。可老板却只给 50 元。

我气不过，就去找劳动部门，他们建议我到法院。法院说受理案子要 3 到 6 个月，时间太长，让我找劳动部门。劳动部门负责人立即给陈某打电话，说他违反《劳动法》。陈某却诬赖我看工地时偷了铝皮，不给我工钱，可我并没有偷。

5 月 11 日，经劳动部门调解，包工头吴新国向劳动部门承诺 5 天内给我算清工资。谁知回到工地，吴华把我们宿舍的钥匙要走了，不让我们在工地上住。晚上，我和弟弟身上没钱，可住店一天最少要 10 块钱，我们就到吴新国家要点生活费。吴新国一直不开门，住在旁边的苏文才、苏志刚、苏香兰、吴华还有吴新国的老婆过来让我们走。吴华骂我像条狗，用拳头打我的头，还用脚踢我，苏文才、苏志刚也一起打我和弟弟。我当时实在忍受不了，我受够了他们的气，就拿刀连捅了 5 个人。我当时十分害怕，就跑了，到河边洗干净血迹，就去公安局自首了。

（旁白：石嘴山市第一看守所第二管教中队中队长王佐宏：当时听到王斌余的案件时，以为他是一个凶神恶煞的人，后来通过跟踪观察，发

现他很淳朴、善良。由于从小生活的环境没有多少温暖，在社会上遭到种种白眼、欺侮，多次讨要不到工钱，产生了报复心理。）

反思：我知道有保护我们农民工的政策，但下面人不执行，我们的权利还是得不到保障

下午见到了我爸，他已经瘦成那样了，见到父亲后我觉得很后悔，当时也是一时冲动。我做了傻事，法律要追究责任。我评价自己是不忠不孝。

说起来我也是坏人，不应该把别人弄死了，我也不想发生这样的事情。这件事情，对于双方的父母都是伤害。

我也没有多少时间了。我爸说了，很支持记者的采访。你们采访我，文章发出来，可以让更多的人关注我们农民工。领导到下面来，只看表面大楼好着呢，我们在墙上施工，一不小心就摔死了，你知道修大楼多少民工死了？我知道有保护我们农民工的政策，但下面人不执行，我们的权利还是得不到保障。

我的愿望很简单，让我父亲、爷爷、奶奶过得好一点，他们苦了一辈子。我希望周围人都要有一颗善良的心，不要瞧不起我们农民工。我希望人和人之间都很友好，都能够互帮互助。我希望社会能够更多地关注我们。

（旁白：宁夏宁人律师事务所律师张博铭：近年来，国家越来越关注农民和农村问题，农民工也要懂得用法律武器来维护自身权益。但同时，国家要进一步采取措施切实保障农民工的各项权利。农民工是城市的建设者，只有切实保护他们的权益才能保证社会的稳定，不要让他们流汗后再流泪！）[1]

然而，《告白》却一石激起千层浪，引发起汹涌如潮的公众舆论——从"是否应放王斌余一条生路"，进而到"农民工维权"等。诚然，公共舆论最终没有能够更改法院的判决——10月19日宁夏回族自治区高级人民法院对王斌余故意杀人一案作出终审裁定，驳回上诉，维持原判，并核准王斌余死刑；

---

[1]　孟昭丽、刘佳婧、刘晓莉："死囚王斌余心酸告白"，载 http://news.xinhuanet.com/mrdx/2005-09/05/content_ 3446037.htm，最后访问日期：2015年4月29日。

然而，无法否认的是，《告白》所引发的舆论效应确实让法院处在风口浪尖，始料未及，有人就曾预言王斌余案很可能会成为第二个刘涌案。那么接下来一个需要回答的问题也就摆在了我们面前——为何《告白》如此"有力"，而与之相关并在一定程度上形成对比的一审判决的说服力和权威性（尽管不是，但却类似既判力）却又显得如此孱弱无力？

通常认为，源于古希腊时期各种演讲实践的西方古典修辞术包含五种技艺（也即演讲的五种阶段），即布局谋篇、觅材取材、文体风格、记忆和呈现。西塞罗对此如此定义：

> 觅材取材是发现有根据的或者似乎有根据的论辩来使得一个人的事业貌似有理。布局谋篇是把发现的论辩用一种合适的顺序分布开来。表达是用恰当的语言来与已经找到的材料匹配。记忆是大脑对材料和语词的牢固掌握。演讲技巧是用一种适合主题和文体的方式来控制嗓音和身体。[1]

不同于柏拉图对修辞学的抨击，亚里士多德对修辞学展现出了独特的兴趣。他把修辞学定义为"对在任何已知情况中的有用的劝说方式进行观察的能力"，劝说的目标使其区别于其他技艺。[2]正因如此，我们可以从古典修辞学的视角来观察、分析和回答上述问题，而阐释的过程便可从布局谋篇、觅材取材、文体风格等不同阶段展开。

第二节　"勾"：布局谋篇

古希腊时期较为流行的体系从形式上把演讲分为六个部分：绪言、叙述、

---

〔1〕　Cicero, De Oratore, Books Ⅰ and Ⅱ Trans. E. W. Sutton and H. Rackham; Books Ⅲ Trans. H. Rackham. 2 vols. Loeb Classical Library. Cambridge: Mass. 1942. 1. 7. 9.——笔者译。

〔2〕　Aristotle, *Rhetoric*, Trans. W. Rhys Roberts. Oxford, 1924.—this is the translation reproduced in the Modern Library edition of the Rhetoric and Poetics. Trans. John H. Freese, Loeb Classical Library（Cambridge, Mass., 1947）. trans, Lane Cooper, Appleton- Century- Crofts paperback ed. New York, 1960. 1355b22-35. 需要说明的是，我们在这里所使用的古典修辞学遵循现今的通常认识，即亚里士多德的主要理论体系以及西塞罗和昆提利安这一理论体系的进一步发挥（参见胡曙中：《西方新修辞学概论》，湘潭大学出版社 2009 年版，第 412~430 页）。但也因此我们并非完全局限于亚里士多德的修辞学，至少在形式上我们已经超越了演讲，在内容上修辞学也并非辩证法的对应物。

分类、证明、驳斥和结尾。

　　　绪言是话语的开端，它使听者大脑的注意力准备好。叙述即对事实的陈述，阐述已发生的事件或者可能已经发生的事件。通过分类，我们弄清楚哪些事情已达成一致的意见，哪些事情尚有分歧，并提出我们打算讨论哪几点。证明是对我们论点的提出，加上关于论点的进一步的证据。驳斥是对我们对手论点的破坏。结尾是话语的末尾，其结构是根据这种艺术的原则。[1]

　　显然这是对传统演讲实践的总结。但即便如此，它也间接向我们展示了修辞语篇的布局谋篇的重要性。

　　具体到《告白》，其整个语篇由绪言、陈述和旁白三部分构成。绪言向我们简洁叙述了接下来的陈述的背景，带领受众进入陈述。看似简短，它却向受众传达了多方面的信息，并取得了较好的效果：（1）"19 日和 26 日"（相隔一段时间）、"两次"、"10 个多小时"等较为精确的时间数字向我们暗示了调查"对话"的真实、细致与可靠，并印证了接下来的"取得信任"的表述；（2）"判处王斌余死刑"与"内心世界"则不仅因是死囚（而且是连杀四人，重伤一人）的"内心"想法而足以吸引受众眼球，而且也无形中增加了受众对接下来陈述的认同感（至少对其真实性和真诚性保持足够的信任），因为通常人们都认为"人之将死，其言也善"。因此，这个绪言不仅"使听者大脑的注意力准备好"，而且暗示了修辞语篇的真实性、可接受性。

　　陈述和旁白则是一种话剧式的写法。不仅使人认为这确实是王斌余一人的自我倾诉，从而呼应了绪言中"内心世界"的表达；而且可以引发受众联想，如同身入剧场，观看王斌余在"舞台上"的"孤独"，从"憧憬""挣扎"到"反抗""反思"，从一种聆听倾诉的"平面静态"到观看表演的"立体动态"，王斌余在听众心中"活"了，不再是那个想象里的或电视画面曾经展现的一位记者在监狱采访铁窗之中的掩面自责、悔恨交加的罪犯，使人摆脱了王斌余"罪犯"的刻板印象，感同身受。而这正是昆提利安所说的对"视觉"的诉诸：

---

　　〔1〕 Cicero, Harry., trans, *Rhetorica ad Herennium*, Loeb Classical Library, Cambridge, Mass.：Harvard University Press, 1954. ——笔者译。

不存在的事情在我们的想象中生动地呈现了出来，好像就在我们的眼前。对这种印象真正敏感的人，将会对感情有最大的力量。[1]

更重要的是，这不仅不让人感觉是在表演、作秀，反而感觉更加真实，感觉真正进入到了王斌余的内心世界。而且，这种场景和身份的忘却，还产生了一种催眠效应，使受众自我植入，激发出了日常生活中类似的心理记忆，谁不曾有过憧憬某个梦想却因某些尤其是不合理的外力阻挠而终致梦想破碎的无奈与愤慨？这时候究竟谁是王斌余已无法讲明。

旁白则几乎完全是第三方的，没有记者的陈述。每次旁白都在努力印证陈述的真实，或作进一步烘托。第一次旁白是记者对王斌余父亲的描述，基本属于白描，语言简洁朴实，但却能很好地激发出受众对王斌余父亲的怜悯与同情：因为聚焦于"一瘸一拐""红布带""青苹果"等，可以突出王斌余父亲的辛苦与对儿子的心疼；没有刻意工描，避免了记者主观立场的介入，以及由此而可能引发的受众的提防与不信任。

第二次旁白是专家的陈述，这不仅使得王斌余的陈述得到了知识权威的佐证，而且也使得（关注）王斌余现象突破了个体意义，获得了更大的群体或社会意义，也为后文埋下伏笔。

最巧妙的旁白应该属于第三次。因为剧情铺陈至此已到达高潮，受众情绪也基本被调动到极点，对王斌余（抑或受众自己）的同情、怜悯，对包工头等强势群体的愤恨，对"出了气"的反抗的震惊与叫好等各种情绪交织在一起，在此时王斌余锒铛入狱，看守所等代表的公权力也很可能带上了某种负面色彩而一定程度上成为受众敌视的对象，或者成为对立的一方。受众常识中的对立方一般都是"落井下石"，至少不会故意维护，而与此大相径庭的第二管教中队中队长王佐宏的陈述（不仅是对立身份，还有"反复跟踪观察"的证据）无疑使得王斌余的"淳朴、善良"更加真实、可信，而且充满感染力。

第四次旁白也是匠心独运。如上所述，律师而非国家工作人员的身份不会让受众太过反感，因为王斌余的陈述已多少暗示了国家公权力的无力；而

---

[1] Quintilian, *Institutio Oratoria*, Trans, H. E. Butler, Loeb Classical Library, London, 1920.——笔者译。

且律师作为一定意义上的自由职业，如同千千万万的普通公民，律师的陈述如同其他普通公民的表达，或者这个普通群体的呼唤，一方面容易使得受众接受，更重要的是会让普通受众感受到一种行动的必要性和力量，因为"我们"的法律保护者认可这样，同伴呼唤"我们"这样。实际上，最后的旁白也扮演着"结尾"的角色，不仅位置上如此，更重要的是它也起到了这样的效果——"在结尾部分中，你也必须继续像在开场白所做的那样，在你的听者中激起所需要的感情，包括怜悯、义愤、愤怒、仇恨、妒忌、仿效、好斗。"〔1〕

　　整体而言，《告白》在布局谋篇上遵循着一种时间顺序。不用倒叙和插叙，以最简单直接的方式向我们展示了一个人的一生，实际上却取得了很好的效果：无需雕琢，王斌余一生就是如此；无力修饰，王斌余的无力与修辞者的无力合二为一，相得益彰，而且很可能源于王斌余无力的修辞者无力也给受众带来了一种感染示范效应，一定程度上强化了受众的无力感（或无奈）。而且，这种时间顺序还试图向我们展示并证明菲利的主张——"一个人的道德观念正常，过去的历史清白，其犯罪行为是由于某种社会激情引起的，这种激情是可以宽恕的。"〔2〕而如果我们进一步探寻这种试图的实质，就会发现修辞者实际上是在向我们展示王斌余的人性——这是一个好人，尽管犯了错。

第三节　"迷"：觅材取材

一、从亚里士多德到西塞罗

　　觅材取材通常被认为是修辞五艺中最重要的一环，它强调的是"说什么"的问题（或如何寻找说的内容）。亚里士多德认为应该诉诸三种手段，即诉诸理智的理性诉求、诉诸情感的情感诉求和诉诸人品的人品诉求。诉诸理智通常是指依靠逻辑，也即演绎推理或归纳推理（在亚里士多德那里尤其是指三段论缺省式）。诉诸情感，则是指充分调动或激发听众的情感，因为人并非完

---

〔1〕　Aristotle, *Rhetoric*, 1415a22 ff.——笔者译。
〔2〕　［意］恩里科·菲利：《实证派犯罪学》，郭建安译，中国人民公安大学出版社2004年版，第26页。

全有理性的动物。诉诸人品，则是指依靠修辞者自身的个性、信仰、气质等个人品质来赢得说服效果。

实际上，诉诸人品从本质上讲也是诉诸情感，它激发出了听众对修辞者的信任。这点也可以从西塞罗的相关论述中得到佐证。尽管西塞罗沿袭了亚里士多德人格、情感和逻辑证明的三位一体理论，但其在《雄辩家》中却对人格含义进行了调节——"人格变成了一种只是由情感激起的较为温柔的感情"[1]。当然，我们还可以为这种理解找到理论支撑，在修辞批评实践中，Richard Petty 和 John Cacioppo 提出了"拓展的可能性模式"（elaboration likelihood model, ELM）。"根据 ELM 模式，劝说之作用于受众主要走两条途径，一条是中央途径（a central route），一条是边缘途径（a peripheral route）。"[2]前者诉诸逻辑，以理服人；后者是联想性的，依赖与主题并不直接相关的刺激影响受众，类似爱屋及乌。

西塞罗的认识转变和他对修辞目标的认识有着密切的联系。他认为，修辞的目标就是要让听者受到很大的影响，以致能被一种像神经冲动或感情一样的东西来支配，而不是被判断或思考来支配。人们对许许多多事情的决策是通过仇恨，或者爱，或者欲望，或者悲伤，或者喜悦，或者希望，或者害怕，或者幻想，或者某种其他的内部感情，而不是通过现实，或者权威，或者任何法律标准，或者法律惯例，或者法规。[3]

这种陈述显然已经不同于亚里士多德对修辞术的哲学阐释和定位，而似乎回归到了柏拉图批判的单纯的修辞技艺上。但西塞罗并非没有意识到这可能导致的修辞滥用的危险，"哲学无修辞学则无用，修辞学无哲学则有害"[4]。他提倡一种以德性为前提（或旗帜）的修辞学——"首先，修辞政治家必须具有确实的'实践智慧'与高尚的德性品质，以其滔滔雄辩说服并正确引导一般的民众；其次，一般民众也具有接受理性说服，从而正确行事的德性

---

〔1〕 参见胡曙中：《西方新修辞学概论》，湘潭大学出版社 2009 年版，第 77 页。

〔2〕 Campbell, K. K. & Burkholder, T. R., *Critiques of Contemporary Rhetoric*, New York：Wadsworth Publishing Company, 1997, p. 87. 转引自蓝纯编著：《修辞学：理论与实践》，外语教学与研究出版社 2010 年版，第 368 页。

〔3〕 Cicero, *De Oratore*, Books Ⅰ and Ⅱ Trans, E. W. Sutton and H. Rackham；Books Ⅲ Trans, H. Rackham. 2 vols. Loeb Classical Library. Cambridge, Mass：Harrard University Press, 1942.——笔者译。

〔4〕 Cicero, *De Inventione*；*De Optimo Genere Oratorum*；*Topica*, all three texts Trans, H. M. Hubbell, Loeb Classical Library. Cambridge, Mass：Harvard University Pree, 1949.——笔者译。

能力。"[1]这是对修辞者和听众的要求，实际也暗含了修辞技艺沦为诡辩的危险。

而面对这一危险，亚里士多德的解决方案是强调后两种说服手段必须与逻辑论证说服相一致，因为从一定意义上讲，修辞学是辩证法的补充，是面向听众的具体情境下的逻辑认知学。而且，他对修辞表达风格深怀戒心：

> 他大概希望不要把演说方式看做本质之物，而只视为偶然之物：因为他把修辞学看作人们在种种书籍中发现它（恰如他也认为戏剧效果独立于行动之外，因而不把身体在舞台上的呈现理解为戏剧的本质特性）。[2]

然而，必须指出无论是亚里士多德还是西塞罗的对策都是规定性的，因而不可能很好地解决修辞诡辩化的现实问题。而且，西塞罗的对修辞的雄辩力量认识说明了修辞技艺的说服效果不容小觑，如同沟通心理学研究表明的那样，真理只对在乎的人有效，而很多人通常不会理解和在乎。[3]

二、《告白》之"迷"

具体到《告白》，则是巧妙地诉诸了三种方式。首先，绪言中对修辞者记者身份的表明，及"先后两次""10 个多小时"等陈述对记者的敬业等职业操守的暗示，都是修辞者诉诸人品的体现。这向受众传达了相对中立、客观，并因此真实、值得信任等信息，增加了报道的说服力。诉诸情感则主要体现在王斌余的陈述中，尽管修辞者扮演成一个纯粹记录者的第三者形象，不发一言，但事实上这正是修辞者的修辞手法，我们不能忘记背后的真正的修辞者的存在。从"憧憬""挣扎"到"反抗""反思"，每一个阶段都充分调动着受众的情感，激发出他们对王斌余的同情、理解，甚至欣赏，对强势群体和社会黑暗的愤恨等。但最为巧妙的是对理性的诉诸。这种诉诸隐藏在农民

---

〔1〕　余友辉：《修辞学、哲学与古典政治——古典政治话语的修辞学研究》，中国社会科学出版社 2010 年版，第 37 页。

〔2〕　[德]弗里德里希·尼采：《古修辞学描述：外一种》，屠友祥译，上海人民出版社 2001 年版，第 9 页。

〔3〕　孙科炎、程丽平：《沟通心理学》，中国电力出版社 2012 年版，第 146~148 页。

工问题专家和律师的旁白之中。如此不仅可以消除修辞者自身说理带来的可能的敌对情绪；而且旁白者的职业性也一定程度上标榜了道理的权威与正确；还有更深层的是，人往往是一种自我平衡的动物，当缺乏这种旁白说理时，被王斌余陈述挑动的高涨的情感很可能会让我们下意识产生自我怀疑——"我们是不是不够理性？"（"乐极生悲"某种程度上表达的就是这个道理），而一旦如此，整个陈述所产生的雄辩效应就会被受众自身的特殊生物机制消减很多，因此旁白对受众理性的调动便弥补了这份空白，避免了受众自我消减（这种自我消减很可能没有具体方向，而仅仅是提防文字本身或个体自身，因此影响反而会很大）。此外，这种理性诉诸不过是一种归纳式的总结，王斌余陈述相当于例子，因而理性诉诸实际上进一步印证了王斌余陈述的真实性，也因此进一步调动并增强了陈述引发的情感。由此我们可以看出，亚里士多德主张在此处的失效——情感诉诸不是受制于而是牵引着理性诉诸。

在手段诉诸探究的基础上，亚里士多德进一步回答了如何诉诸三种手段，也即创造了论题的概念。论题主要是帮助修辞者组织已有的素材，理清思路，如同一个分类架子。亚里士多德将主要论题分为两类，即普通论题和专有论题。前者适用所有主题，包括定义、对比、关系、可能性和证词；后者则主要针对某一形式或主题的修辞语篇。《告白》基本运用了普通论题中的所有类别。首先，专家旁白的运用等于是对王斌余案下的定义——农民工权益保障问题；包工头的无故拖欠、欺凌与王斌余的弱小、可怜形成对比；王斌余的陈述似乎暗含了其杀人的因果关系，也由此暗含了似乎别无他选的可能性问题；如上所述，旁白实际起到了证词作用等。

更重要的是专有论题的转换问题。古典修辞学将修辞语篇分为议政、法律、宣德三类。每类都有与之对应的专有论题。议政修辞内容涉及公共事务，劝说人们接受或改变某项政策；法律修辞原本专指法庭辩论，后泛指指责他人言行或为自己的言行辩护；宣德修辞主要指为某人或某些事物歌功颂德，指出某人或某事是高尚的还是卑贱的。亚里士多德曾粗略地概括它们的区别：议政修辞主要面向未来的行为，主要修辞手段是规劝或劝阻；法律修辞主要面向过去的行为，主要修辞手段是指控和辩护；宣德修辞主要针对当下行为，主要修辞手段是赞扬和谴责。需要指出的是，这种修辞语篇的分类有着强烈的背景指向，和古典时期的修辞情境密不可分；也正因如此，它并非一成不变，实际上到后来（大约到奥古斯都时期）议政和法律修辞（演讲）实践不断衰亡，起初不被重视的宣德修辞反而大获"繁荣"——"在中世纪和文艺复兴时期，所有的文献都用宣德修辞来归纳，所有的文字都被认为是在与赞扬和谴责等有关的范畴之内。"[1]这种变化首先要归因于古希腊—罗马政治法律制度的垮台，民主实践和言论自由受阻。当然，还不能忽视学术传统的影响。从一开始，柏拉图、伊索克拉底和亚里士多德等都赋予宣德一种实用或劝说的功能，促使听者仿效：

> 赞扬一个人，在某一方面来说类似于提倡一种行动的方针。……所以，无论何时当你赞扬任何一个人的时候，考虑一下你想提倡人们去做什么。[2]

并因此，"亚里士多德把赞美和谴责的修辞扩大到会影响个人的决定，这对以后的修辞学史是很重要的。中世纪和文艺复兴时期的作家对他们主题的考虑几乎不是中立的，他们通常表达一种完全肯定或否定的评价，去试图改变读者的观点"[3]，甚至连后来的抒情诗人也不得不如此。但实际上，我们知道这其实背离了亚里士多德的本意——以特定修辞行为为基础和前提，并且如上所述，逻辑理性为限制（其实，柏拉图和伊索克拉底也认为宣德修辞必须以公德规范为基础）；而后来的作家们显然往往忽视了这些要求，导致修辞异化。

尽管《告白》修辞者进行了很好的伪装，但根据后来法院的判决书查明的犯罪事实，我们可以发现，修辞者并非中立，而且仅就《告白》本身而言，我们也明显感觉到修辞者潜在评价的完全化。另外，面对王斌余犯下的滔天罪案，受众显然不可能轻易释怀；而修辞者的处理手法不能不算老道，王斌余父亲"应该按国法处理"的旁白，以及"反思"中王斌余的自我忏悔，这些实际都很好地"遮掩"了王斌余身上的污点；而且污点还有可能发生"逆转"，当反思中王斌余始终没有表达"放自己一马"的渴望，而表达的是对整个同行（农民工）的关心和牵挂，一个不为自己而为同伴"英勇就义"的形象似乎展现在受众眼前，这是将不同事物"绑"在一起引发的联想效果。也

---

〔1〕　胡曙中：《西方新修辞学概论》，湘潭大学出版社 2009 年版，第 56 页。

〔2〕　Aristotle, *Rhetoric*, 1367b35ff. ——笔者译。

〔3〕　胡曙中：《西方新修辞学概论》，湘潭大学出版社 2009 年版，第 58 页。

因此，这些不是对王斌余的完全的真实展露，而是修辞的结果。

但这并非错误。如果我们尝试理解，这应该就是修辞语篇定位不同所致。许多对《告白》持批评态度的受众（尤其是法律界的）实际都是抱着法律修辞的视角来审视报道。他们认为报道裁剪事实（甚至避重就轻），刻意美化，误导受众。显然，这很可能是出于职业本能或思维惯性所致；但更多或许是出于后果考量而有意（或被迫）为之，因为《告白》确实挑起了不小的针对案件的舆论风暴。

《告白》又究竟该归属于何种修辞呢？就"新华社"这一颇有影响力（甚至具有政治意义）的大众媒体身份而言，《告白》应当属于议政修辞；而且报道最后的落脚点或主题是农民工权益保障这一日益凸显的社会问题，也符合议政修辞的内容要求，王斌余案件只是一个引子（或噱头）。但有意思的是，《告白》就标题以及内容线索整体而言，却基本属于宣德修辞。尽管没有使用耀眼的赞美词，但围绕人物而非某事件、话剧式白描等修辞手法都使得王斌余这一人物形象喷薄欲出，主题反而被遮掩住了，成了陪衬。

这可能就是问题的症结所在——受众意识中修辞语篇定位的错差，修辞者修辞语篇定位（有意与否）的转换。而且，实际上后者更直接的表达则是专有论题使用的混淆。如上所述，不同修辞语篇都有对应的专有论题；但《告白》似乎大量使用了宣德修辞的论题和修辞手段（赞美或谴责）。

但这或许也并非简单的错误。如上所述，宣德修辞自古希腊开始便被赋予了功用，亚里士多德也认为宣德涉及决定；但这一认识至后世的演变可能并非其所能预料的。因为宣德修辞一旦被如此定位，就很可能会滑向议政或法律修辞，而且出现极大的变形。

宣德修辞本来是对某人或某事进行客观的修辞评价，赞扬抑或贬斥；除此之外，别无他意——"那些人对一个人进行表扬或抨击，其目的在于证明那个人是否值得受人尊敬或是否应该受人谴责。"[1]但这并没有失去宣德修辞的修辞意蕴，因为修辞者也需要让自己的评价说服受众。然而，亚里士多德等敏锐地发现无论是贬斥还是赞扬，实际上修辞者都潜在地构建了一个判断是非的标准，并通过这个修辞行为无形地传播到受众心理，并由此可能会影响到其行为。这是宣德修辞的附加效果，但却有更大的社会功用。然而，我

---

〔1〕 Aristotle, *Rhetoric*：1359a17—21．——笔者译。

们不能过于强调后者，甚至把它当成首要目标，即定位于议政或法律修辞，因为如果刻意宣扬某种是非标准，人物或事件本身就会沦为辅助证据，并由此丧失掉本来面貌（至少是全貌），出现扭曲变形。

实际上，亚里士多德之所以赋予宣德修辞如此功用，还在于他很可能也意识到了宣德修辞有可能异化；而他坚持的主张是"修辞学是辩证法的分支，也是伦理研究的分支"[1]（并因此是真或似真的发现者和维护者）。因此，他在论述宣德修辞时对美德作了较为细致的研究（他把美德定义为"提供和保存善良事物的能力，或者带来许多巨大好处的一种能力"[2]），这既是对宣德修辞说服的指导，更是一种规范和限制。[3]但这些其实都还是规定性的，缺乏有限的监督和约束；而且某些历史事实也已表明此点——"在亚里士多德的《修辞学》和最早的拉丁手册问世的 3 个世纪中，宣德已被用在对帝王和统治者的赞美演讲之中，并已发展成为与对某一个杰出人物而不是对某种美德的赞扬联系在一起，在这一过程中产生了奉承和虚伪的内涵定义。"[4]这实际上也接近于从"就事论德"到"就人论德"的转化，中立、客观、全面已几乎不再可能。

更麻烦的是，议政或法律修辞滑向宣德修辞。（上述）历史表明，当某些制度条件比如民主与言论自由不具备时，议政或法律修辞就难以正常发挥功用，甚至无法存在，这时候议政或法律修辞（甚至其他修辞行为）就很可能会滑向宣德修辞（当然，也不能排除某些主观原因所致的情况）。比如，文艺复兴时期，宣德修辞就占据了主导地位。这或许是一种乔装。而它导致的后果是不仅修辞者，就连受众自身都会有意地（也可能不自觉）让修辞行为变形，"Edmond Faral 和 Douglas Kelly 已经表明，把所有的言语分为赞扬或谴责的倾向，对许多中世纪的文学产生了作用，其结果就是几乎没有中性的描述，并把作家的感情意图扩大了"[5]；议政或法律修辞又何尝不是如此？

如果受众有了这种倾向，而且修辞者也意识到此点，则很可能会造成双

---

[1]　Aristotle, *Rhetoric*：1356a25-6.——笔者译。

[2]　Aristotle, *Rhetoric*：1366a36-8.——笔者译。

[3]　在对其他两类修辞的论述中，亚里士多德也进行了政治学、伦理学、犯罪学等多方面的较为细致的展开，实际也具有同样的目的和效果。

[4]　胡曙中：《西方新修辞学概论》，湘潭大学出版社 2009 年版，第 58 页。

[5]　胡曙中：《西方新修辞学概论》，湘潭大学出版社 2009 年版，第 64 页。

方的相互"绑架";并因此,修辞者的感情诉诸被进一步扩大,因为昆提利安已指明"激起其他人感情的最主要的东西,首先是自己对那些感情的感觉。我们必须把自己与那些真正被影响的人同一起来,因为只有那样,我们的雄辩才会真正从我们想在法官大脑中产生的感情中产生"[1]。这实际上就是福柯所言的权力的流变与相互性。并因此,类似修辞语篇对普通受众的说服"力"会进一步增强。

第四节 "诱":文体风格

亚里士多德定下了语言得体的基本原则,即表达感情和性格,符合主题等;但总体而言,他对文体风格(对说服的意义)基本持一种审慎和保留的态度,他指出:

> 适合的风格使人认为事情是可信的;听者心里由此得出错误的结论,认为演说者说的是真话,因为他自己处在这样的情况下也会发生同样的情感,所以他认为事情正是像演说者所说的那样,尽管实际并非如此;听者总是对动情感的演说者表示同样的感受,尽管他的话毫无内容。

文体风格的重要性在后来的古典修辞学家诸如西塞罗和昆提利安等那里得到了重视。《古罗马修辞术》将文体风格分为三种类型:

> 庄重的风格是对给人以印象深刻的词语所作的一种流畅的和华美的排列。适中的风格是由一种较低级别、但不是最低级别、也不是最口语的词语所构成。简朴的风格是由标准演讲时最流行的词语所组成。[2]

在此基础上,西塞罗进一步指明,简朴的风格用于证明,庄重的风格用于劝说,适中的风格用于快乐等。

具体到《告白》,报道语言朴实,尤其是王斌余陈述部分,基本都是口

---

[1] Quintilian, *Institutio Oratoria*, Trans, H. E. Butler, Loeb Classical Library, London, 1920-22. p. 27. ——笔者译。

[2] Cicero, Harry. trans. *Rhetorica ad Herennium*, Loeb Classical Library, Cambridge, Mass.: Harvard University Press, 1954. ——笔者译。

语。更重要的是，各方陈述都非常符合各自的身份：王斌余及其父亲的口语化表达，而且诸如"一时糊涂犯了事""按国法处理"等语词很好地展示了他们身上地地道道的农民气息；农民工问题专家和律师的表达中各自都包含有一些简单的专业术语，如"弱势群体""权益"等，加上部分的口语化表达，如"流汗后再流泪"等，一方面很好地印证了各自的身份，另一方面也满足了"旁白"的修辞架构。这些都很好地给了受众一种真实感，增强了报道的可信性。还有，语言的朴实反映并进一步衬托了王斌余等农民的朴实性格，使得王斌余朴实农民的形象跃然纸上，深入受众内心；而且它还能营造出一种朴实的氛围，调动并激发出受众内心的朴实（或朴素）情感，这种朴实情感会使人卸下防备心理（或理性意识），更愿意相信世界，更容易被打动。这些都能很好地给受众"洗脑"。

朴实表达，尤其是口语陈述，实际还是运用低调陈述辞格的结果。低调陈述是与夸张对应的辞格，较为权威的定义如下：

a figure of speech which contains an understatement of emphasis, and therefore the opposite of hyperbole. Often used in everyday speech and usually with laconic or ironic intentions. [1]

也即故意低调弱化，化大为小，简单描述，而由此达到强调突出或反讽的效果。实际上我们可以发现《告白》中大量运用这种低调陈述的辞格。比如"老板不给我看病，只给了几片感冒药"，严重的工伤事故得到如此草率处理，这本是一件很令人愤愤不平的事情，但王斌余陈述中却简单一笔带过，实际颇具反讽效果，农民工的无奈甚至绝望跃然纸上；而且语言的低调也反衬着老板的"低调"，更能引发受众对老板为富不仁形象的联想，激发愤恨之情。再比如"我知道有保护我们农民工的政策，但下面人不执行"，现实之中这种现象岂是一句话就能草草概括的？各种投机、违规、侵权现象比比皆是，一句轻描淡写反而更能凸显问题之严重，民工之弱势。与之相关的实际还有映衬（主要是反衬）辞格的运用，除上述两例之外，还比如"可老板却只给50元"，法院和劳动部门的维护"无力"等，这些反衬都会引发受众"反向对比联想"的心理机制；而王斌余父亲的辛苦与衰弱、"一瘸一拐"等，则是一种正衬，引发的是受众"正向对比联想"的心理机制。它们"在表达上都

---

［1］　李树德、冯奇：《英语修辞简明教程》，复旦大学出版社 2003 年版，第 43 页。

有形象性、鲜明性、深邃性的特点与效果，在接受上都能使读者有更广阔的回味、思索的空间，从而获得最大限度的解读快慰与审美认识趣味"[1]。具体到上述事例，王斌余（及其父亲）的可怜与弱小、执法部门的推诿与懈怠、包工头的颐指气使等形象更加生动起来，使人难以忘怀，受众由此产生的情感也逐步多样而强烈起来，并给人似乎发现"真理"的快慰（而且这种"真理"认识还由此得到强化）。

报道以四个标题贯穿其中，如同四幕，层次分明，很好地保证了表达的清晰和理解的顺畅。而且，标题中"憧憬""挣扎""反抗""反思"等四个词语，明显属于修辞者的概括总结，这在无形之中巧妙地完成了四次从王斌余自述到修辞者表达的角色和场景转换。在其中，修辞者仿佛一个置身剧场的聆听者和观察者，跟随着王斌余在动，并时不时地发表一下自己的感受，这实际上对受众也起到了一种催眠效应，如同受众自己和修辞者一道聆听，一道感叹。而且，这四个词可谓匠心独运，首先，出现在"每幕"之前，自然会给受众营造一种"先入为主"的观念；另外，看似中性实则褒扬，修辞者的感情"润物细无声"，尤其是"反抗"更是将王斌余罪过合理化了。这些无不在悄然改变着受众的态度。

第五节　"惑"：记忆和呈现

这两艺提出之时都是针对演讲即口头表达而言，而至书面语交流日益主导的今天，其内容已经发生了较大的变化。以呈现为例，从注重演说者的身体姿态、手势、眼神、音调等转变为注重书面文字型号、行距、天头、地脚等。但还是要求要以最得体、最有效、最能打动人的方式展现给受众。

具体到《告白》，有几点值得注意。报道以个体讲故事的形式呈现给大家，除了具有吸引受众的功能外，更重要的是它有助于受众记忆并转述给他人。

传播学认为，一切优秀传播的本质全是故事，而非事实。当事实被故事化之后就会获得一个非常大的舆论穿透力。而好故事通常都具有四个方面的特征：角色具有对抗性功能；冲突的某一方是受众的代表，以使受众自我植

---

[1]　吴礼权：《修辞心理学》，云南人民出版社 2002 年版，第 49 页。

入，产生情绪；具有未知的悬念；具有丰富的细节。因此，一个好的故事通常要由四个要素构成：角色（对抗）、情绪、悬念、细节。首先，角色的对抗性会令事件更加丰满；但角色设计、冲突架构一定要选准位置，这实际和第二个要素情绪有关，也就是受众要能在冲突双方中找到自己的代表，这样外在的东西和内在的本体就可以发生捆绑，使得自我外化；而当外化之物在故事中被肯定或否定之后，受众产生的感情就是情绪；而情绪的渲染又会进一步增强观众的参与感，观众会在媒体设定的情绪中更好地将自己带入情境。因此，如果角色设计不妥，冲突架构错误，那么后续的情绪激发也就很难展开。[1]以《告白》为例，我们可以发现它将冲突架构在王斌余和包工头（还有执法部门）之间，前者代表弱势群体，后者代表社会强势力量，如上文所述，受众能很好地自我植入，因为弱势群体（或者更普遍的受到不公对待的人）具有很强的广泛性；而如果将故事冲突架构在王斌余和受害者之间，将很难产生这样的效果，因为和刑事案件发生联系的受众毕竟是少数，受众也就很难产生共鸣。悬念和细节都是为了更好地吸引受众，激发受众的好奇心，并且让故事更加好看。因此，我们看到，虽然《告白》使用了大量的低调陈述辞格，但也不乏部分细节展示，如王斌余失足坠入井中和保温工工作艰辛等描述就相对细致。而最让我们感兴趣的是《告白》的悬念部分。标题"心酸告白"无疑是报道设置的悬念之一；然而，《告白》设置的最大悬念是面向未来的，也就是没有答案的，这个悬念是冲突双方最后的结局，尽管表面上看，报道好像已经给出了答案——"王斌余被判了死刑，国家和社会应该关注农民工权益保障问题"，但受众会满足于这个简单的答案吗？当然不会。自我植入的受众怎愿如此"蒙冤"而甘愿受罚，王斌余杀了人或许可以，可万千弱势者又怎能忍受？而且，更进一步，如果受众找不到合适的"发泄点"，或者无法摆脱王斌余的影子，拯救王斌余又何尝不是一种选择？而一旦受众发现或许有这种可能，这又何尝不是一种悬念？这种悬念又何尝不能引发出更多的关注？[2]

也因此，故事虽然来源于事实，但往往已超越事实，从事实到故事之间

---

〔1〕 参见罗振宇："网络时代的公关误区（九）：事实陷阱"，载 http://www.howzhi.com/course/2652/lesson/36726，最后访问日期：2015 年 4 月 29 日。

〔2〕 参见罗振宇："网络时代的公关误区（九）：事实陷阱"，载 http://www.howzhi.com/course/2652/lesson/36726，最后访问日期：2015 年 4 月 29 日。

存在着巨大的变形空间。这是传播学的研究结论。实际上我们可以发现，它能够验证并补充上文的修辞学分析。

回到记忆和呈现层面，《告白》（或上述分析）实际上可以进一步拓展古典修辞学的内容，即记忆这一修辞技艺不应再局限于演讲者自身如何记忆内容的视角内，而也应（或更多）关注修辞如何能够更好地被受众记忆传达（这实际也涉及呈现——未必只是修辞者自身呈现），这能够得到更好的说服效果。这是因为，其一，当某个（些）受众开始向他人讲述这个故事时，他实际上已从最初的受众转变为新的修辞者，在这一过程中他的态度就会悄然发生变化，即"态度依从"——沟通心理学认为"人们通常会把那些自动的、公开的和反复的行为内化为自己的态度，并持续下去"[1]。当受众进行转述传播这一行为时，态度也往往随之发生改变。其二，如上文所述，受众很可能会自我植入，引发出自身对曾遭受的不公对待的联想；此时就容易发生王斌余案（或《告白》）与自身经历的"捆绑"，而"与情境紧密相关的信息便是情境记忆，是自传式的信息"[2]；这不仅令人难以忘记，而且"当我们将传达的信息和自身的经历分不开时，对这一经历的曾经的体验便成了一种提示，并影响着随后的判断"[3]。另外，还可能产生"群体效应"，如易于接受暗示——"最初的提示，通过相互传染的过程，会很快进入群体中所有人的头脑，群体感情的一致倾向会立刻变成一个既成事实"[4]等，古斯塔夫·勒庞《乌合之众——大众心理研究》对此有很好的论述。

这其实暗含了一个非常重要的问题，即说服的层次（或深度）。比如，勉强接受和心悦诚服肯定是两种不同的层次。但是尽管古典修辞学，尤其是亚里士多德的研究视野也非常广泛，但对此并没有多少论述。实际上，心理学（尤其是社会心理学）的研究会给我们很多的启示：

> 自信心较差者往往比自信心较强者更易被说服……人们更易受到权威人士所发表言论的影响；如果不是权威，即使他说得同样好甚至更好，

---

[1] 孙科炎、程丽平：《沟通心理学》，中国电力出版社 2012 年版，第 159 页。

[2] 还有一种类似"百科全书"式信息，与情境无关，是语义记忆；这是加拿大心理学家图尔文对信息所作的分类。参见孙科炎、程丽平：《沟通心理学》，中国电力出版社 2012 年版，第 114 页。

[3] 孙科炎、程丽平：《沟通心理学》，中国电力出版社 2012 年版，第 114 页。

[4] ［法］古斯塔夫·勒庞：《乌合之众——大众心理研究》，冯克利译，中央编译出版社 2000 年版，第 24 页。

人们也不太在意……人们宁愿轻信道听途说，也不太相信直接告诉他们的话，人们更易相信受到引诱的行动（如弗斯丁格的认知失调实验），而不愿相信根据逻辑推理而采取的行动。

并且：

> 假设有某人真心真意地相信某事，再假设他受此信仰的约束，进而采取某些不可逆转的行动；假设毫不含糊、不可否认的证据确实证明他的信仰是错误的，将会发生什么呢？这个人决不会消沉下去，而是反复验证自己的信仰，甚至比以前更加确信它的正确性。[1]

这些研究成果都直接说明了说服的难易问题，进而指明了说服存在的层次问题（因为手段，也可能因为受众自身等）。更重要的是，它也指出了说服的复杂性，并因此有助于我们理解为何《告白》（或更多的涉诉报道、涉诉舆论）会有如此大的舆论穿透力。具体而言，社会转型阶段带来的普遍忧虑（也即自信心缺失）、"新华社"所代表的权威、人们相互传阅所形成的"道听途说"，以及社会现实所营造的普遍"真理信仰"（即社会不公等）等，这些极大地帮助《告白》俘获了人心，得到普遍的认同。而如上所述，这些又都和记忆和呈现不无联系（当然也一定程度上涉及前述修辞技艺）。

另外，还需要注意《告白》的网络呈现方式。首先，这使得报道传播速度快，范围广，更容易产生"群体效应"。其次，这是适合普通受众的做法。《告白》虽然以社会问题为最终落脚点，但并非什么长篇深度报道，而是更如同某种散文或段子，因为"基于人类的认知局限，深度阅读只能是也从来都是少数人在少数时候能够且愿意做的事情"[2]，而且随着手持终端和网络媒体的迅速普及，这些普通受众更是迅速转向，摆脱了对传统媒体的依赖。

第六节　可能的出路

上述分析，我们已经充分展示了媒体报道对古典修辞技艺的大量运用，

---

〔1〕　[美] 莫顿·亨特：《心理学的故事——源起与演变》，寒川子、张积模译，陕西师范大学出版总社有限公司2013年版，第472、485~486页。

〔2〕　辉格："网络把我们变傻了吗"，载《长江日报》2015年1月13日，第12版。

以及可能引发的舆论效果。然而这一技艺绝非涉诉舆论独自占有，如果法官能够在司法审判过程当中有意加以适当运用，这对其应对涉诉舆论必将大有裨益。

其一，"通过学习修辞我们可以对它可能被误用保持警惕，并学会去分辨一个说话人在什么时候努力试图控制我们。"[1]法官在司法审判过程中，面对舆论报道，既要保持充分的审慎与理性；同时，还要充分考虑可能被"洗脑"的受众，并通过适当的驳斥、揭露等方式对其进行合理的引导。

其二，在整个过程中，法官也可以充分汲取古典修辞学的智慧，对受众进行有效说服。比如，有研究者对法庭调解语言中的修辞技艺进行了探析：

亚里士多德的修辞学和调解过程的一般阶段[2]

过程的阶段	主要说话人	主要修辞属类	主要说服手段
导入	调解人	展示性	演说者品格（ethos）
问题陈述	各方当事人	法庭（judicial）	听众情感（pathos）
问题澄清	调解人	法庭	逻辑论证（logos）
产生可供选择的解决办法并作出评价	调解人	议事（deliberative）	演说者品格（ethos）
挑选解决的办法	各方当事人	议事	逻辑论证（logos）
达成一致	调解人	展示性	演说者品格（ethos）

实际上，这基本如同迈克尔·F.可雷所言，"一名有技巧的调解人是通过掌握具有说服力信息的五个目标来完成这一任务的。具有说服力的信息必须：（1）能抓住接受者的注意力；（2）能被接受者按照发送者所意图的那样理解；（3）能让接受者相信该信息是可信的或准确的；（4）在内容上与接受者关于对、错的价值观相一致；（5）能促使接受者行动"[3]。

另外，陈金钊"解决'疑难'案件的法律修辞方法——以交通肇事连环

---

[1] See John W. Cooley，"A Classical Approach to Mediation-Part I：Classical Rhetoric and the Art of Persuasion in mediation"，*University of Dayton Law Review*，Vol. 19，pp. 1993~1994. ——笔者译。

[2] 程朝阳："法庭调解语言中的修辞技艺探析——以亚里士多德的古典修辞学思想为线索"，载《北方法学》2014年第4期。

[3] Michael F. Colley，"Friendly Persuasion：Gaining Attention, Comprehension and Acceptance"，*Trial* 1981，pp. 432~436.

案为研究对象的诠释"以 2010 年湖北省石首市牟其松交通肇事案为例，指出在案件处理过程中，"法官们采取了单调的逻辑分析来阐释事实的法律意义，而没有从法律修辞学的角度，贯通当事人的具体诉求来展开分析。缺乏讲法说理的整体布局"〔1〕，忽视了听众和情境因素；而且简单地根据零散的、冲突的法律的思考，缺乏对法律体系的融贯性认识；在整个修辞过程中，也缺乏对其他法律方法的充分运用。因而，法律主体尤其是法院在布局谋篇、觅材取材等方面都存在着重大问题，致使一场并不特别复杂的刑事案件升级成了一起疑难的连环案"闹剧"。因此，陈金钊指出，"为了实现法律修辞的各种功能，我们在进行法律修辞时，必须根据案件的具体情况及其所涉及的法律问题，按照法律体系的融贯性要求、案件当事人的具体诉求及其代表的法律受众的社会心理、道德观念和法律权威的维护、说服听众和解决矛盾的制度压力等各种'指标'寻求相应的修辞起点，设计合理的修辞格局，运用有效的修辞方法，适用各方当事人和法律主体都可以接受和理解的修辞关键词和修辞表达。"〔2〕而针对涉诉舆论的某些"优势"，比如讲故事、网络呈现等，法院该如何应对我们会在后文具体论述。

---

〔1〕 陈金钊："解决'疑难'案件的法律修辞方法——以交通肇事连环案为研究对象的诠释"，载《现代法学》2013 年第 5 期。

〔2〕 陈金钊："解决'疑难'案件的法律修辞方法——以交通肇事连环案为研究对象的诠释"，载《现代法学》2013 年第 5 期。

润物细无声：隐含作者与道德逻辑

——对王斌余案涉诉舆论的布斯修辞学分析

接续上文对《告白》的古典修辞学分析，我们可以作进一步的探究，而借助的工具则是西方新修辞学的典型代表之一——布斯的"求同修辞学"。《纽约时报》对布斯如此评价：

> 韦恩·C.布斯是二十世纪下半叶卓越的文学批评家之一，他将毕生精力投入到对修辞艺术的研究之中……对于布斯教授来说，文学与其说是纸上的文字，倒不如说是一种综合的伦理行为。他把小说看作是作者与读者之间的一种契约，而其关键所在便是修辞——一种口头说服的艺术。

尽管如此，但如果翻阅布斯的修辞学作品，我们便可以发现他对修辞的认识并非仅仅局限在文学领域，"对公众论争的谨慎探求、创造性发现并要求人们对之负责，对这些论争如何展开的理论与实践之研究（'求同修辞学'），一如既往地构成了布斯的智性'家外家'（home-away-from-home）（'英语系'的标题从来无法包容他）"[1]。而且，他始终坚定地支持着修辞学的复兴：

> 我的修辞观点是双重的：首先，在一个修辞时代，修辞学在培训教师的各个层面要有一个主要的、受人尊重的地位；其次，在这样一个时

---

〔1〕［美］沃尔特·约斯特："前言"，载［美］韦恩·C.布斯：《修辞的复兴：韦恩·布斯精粹》，穆雷等译，译林出版社 2009 年版，前言第 6 页。

代，各种专业化的修辞学，不论狭义或是广义，至少都应像非修辞学模式的文学史或文学批评那样得到专业上的尊敬。[1]

第一节　"隐含作者"的潜移默化

他的兴趣是广泛的，因此带给我们的启示也是多样的。布斯较为早期的作品《小说修辞学》为叙事学研究做出了巨大的贡献，也因此有人将布斯的修辞学概括为"小说修辞学"。基于"一个人的伦理性格在行为（action）中形成，并被行为……所塑造"的伦理认识，他提出自己的主要论题——"人物作为文本活动"，并由此发展了"隐含作者"（implied author）、"可靠的叙述者"（reliable narrator）["当叙述者在讲述或行动时，与作品的思想规范（这里所说的是，与隐含作者的思想规范）相吻合"[2]]、"不可靠的叙述者"（unreliable narrator）（此讲述者的评价和报道并没有得到隐含作者的支持）等概念。

隐含作者即为作者的"第二自我"（second self），是他（真实作者）的一个理想的、文学的创造出来的替身，是他选择的东西的总和。在作者写作时，他不是创造一个理想的、非个性的"一般人"，而是一个"他自己"的隐含替身。[3]举一个大家都熟悉的例子：

> 波斯纳的思辨极为精细，文风非常犀利，可以说是锋芒毕露，在学术批评上毫不留情，只认理，不认人。但在日常生活中，所有同他有过哪怕是简短交往的人都认为他是一位非常绅士的人，对人非常礼貌、周到，说话谦和、平等、幽默。[4]

因此，费伦认为"隐含作者是真实作者精简了的变体（a streamlined ver-

---

〔1〕［美］布斯："修辞学的复兴"，载［美］韦恩·C.布斯：《修辞的复兴：韦恩·布斯精粹》，穆雷等译，译林出版社2009年版，第58页。

〔2〕Wayne C. Booth, "Distance and Point-of-view: An Essay in Classification", *in Philip Stevick*, *The Theory of the Novel. ED.*, The Free Press, 1967, pp. 100~101.

〔3〕参见［美］W. C. 布斯：《小说修辞学》，华明等译，北京大学出版社1987年版，第77~97页。

〔4〕苏力："《波斯纳文丛》总译序"，载《环球法律评论》2001年第4期。

sion），是真实作者一小套实际或传说的能力、特点、态度、信念、价值和其他特征，这些特征在特定文本的建构中起积极作用"〔1〕。

实际上布斯的主张是对当时盛行的现实主义文学教条的反叛。他们主张小说要"不动感情"，不带有任何价值观倾向，杜绝作者对故事的干预，必须"现实"，要高傲地"忽略读者"。而布斯的理论见解"等于是主张早在'作者之死'的年代，或在那之前的'作者客观性'（'authorial objectivity'）年代，布斯就已预见到受压制的自我根源会回归到他本人协助恢复的修辞学和伦理学批评之复兴中"〔2〕。布斯实际上从修辞学的视角重新承认（或发现）了隐含作者的存在，恢复了文本活动的主观性与创造性。因而，布斯的"人物作为文本活动"有着强烈的马克思主义色彩：

> 动物的生产是片面的，而人的生产是全面的……动物只是按照它所属的那个种的尺度和需要来构造，而人懂得按照任何一个种的尺度来进行生产，并且懂得处处都把内在的尺度运用于对象。〔3〕

或许，还有福柯的身影——"福柯认为，写作的本质并不涉及与写作行为相关的崇高情感，更不是为了把作者用语言表现出来。写作不过是在制造开局，开局之后，作者便不断从文本中消失。因此，要想了解作者，不能把希望寄托于作品中作者的在场，而应当关注作者在作品中的不断缺席以及作者与死亡之间的独特关系。"〔4〕

隐含作者也不等同于叙述者。"'叙述者'通常是指一部作品中的'我'，但是这种'我'即使有也很少等同于艺术家的隐含形象"〔5〕，比如《狂人日记》中的"我"显然不是鲁迅意欲表达的自己。《告白》实际也非常典型，叙述者在不断切换，从绪言中的"记者"到陈述中的"王斌余"，还有旁白中的"专家""律师"等；而实际上，隐含作者在报道中则是唯一的。而且，上文的分析基本着眼于"叙述者"角度。

---

〔1〕 James Phelan, *Living to Tell about It*, Ithaca: Cornell University Press, 2004, p. 45.——笔者译。

〔2〕 ［美］沃尔特·约斯特："前言"，载［美］韦恩·C. 布斯：《修辞的复兴：韦恩·布斯精粹》，穆雷等译，译林出版社2009年版，前言第7页。

〔3〕《马克思恩格斯全集》第3卷，人民出版社2002年版，第273~274页。

〔4〕 童庆炳主编：《文学理论教程》，高等教育出版社2008年版，第32页。

〔5〕 ［美］W. C. 布斯：《小说修辞学》，华明等译，北京大学出版社1987年版，第82页。

接下来我们试图从"隐含作者"的角度来对《告白》作进一步的解读。首先来看隐含作者和叙述者的关系。"与叙述者不同，隐含作者什么也不能告诉我们。他，或者更确切地说，它，没有声音，没有直接交流的手段。它通过整体的设计，借助于所有的声音，采用它所选择的使我们得以理解的所有手段，无声地指导着我们。"〔1〕布斯对此提出了"可靠叙述者"和"不可靠叙述者"概念。关于叙述者还有一个比较重要的区分，即同故事叙述者和异故事叙述者。前者指参与故事，既是故事中的人物又对故事情境和事件产生可见影响的叙述者；后者身处故事之外，无所不知。这样我们就可以对隐含作者和叙述者的关系作更为细致的分析。

具体到《告白》，我们可以发现，绪言中，叙述者和隐含作者基本一致，王斌余死囚的身份却使得其与读者相分离；当作品延展到王斌余陈述部分，叙述者"王斌余"作为同故事叙述者，而经由绪言中叙述者"憧憬""挣扎""反抗""反思"的总结概括和引导，也基本实现了两个叙述者在某种程度上的同一，并进而完成了叙述者"王斌余"和隐含作者的某种同一，实现其向可靠叙述者的角色转换，以及最终叙述者和读者的接近。而且，甚至可以说，王斌余最后带有强烈弱势群体色彩的反思与呼唤，已超越了绪言"记者"叙述者，而更加近距离地接近了读者。这种叙述者和读者之间的距离变化是巧妙的，而且"布斯认为最值得注意的是叙述者开头远离读者而结尾接近读者这一距离变化中所达到的惊人成就"。当然，还不能忽略旁白叙述者的强化作用。尽管叙述者不断切换，但相互之间几乎没有什么冲突，反而实现了一定程度的同一，不同的"视点"（可大致理解为不同叙述者各自的视角）一起（相互协调统一）构建了一个全知的可靠叙述者形象——"这样的叙述者在视点不受任何限制的情况下，可以按照叙事逻辑描述任何对象，并对人物、事件以种种方式进行评论，其思想功能表现得相当突出。由于叙述者与作品中隐含作者的思想规范大体一致，因而，读者通常不会对这样的叙述者所讲述的故事的可靠性产生怀疑，而会追随可靠的叙述者经历虚构故事的行程。"〔2〕这是比较有效的修辞技巧，一定程度上实现了隐含作者思想规范的"深入人

---

〔1〕　Seymour Chatman, *Story and Discourse: Narrative Structure in Fiction and Film*, Ithaca: Cornell University Press, 1978, p. 148. ——笔者译。

〔2〕　谭君强："'视点'与思想：可靠的叙述者与不可靠叙述者"，载《创作评谭》2005年第2期。

心"。

如上文所述，还有反讽的修辞技巧，布斯如此论述了它对于促进（隐含）作者和（隐含）读者的身份认同（identification）的意义：

> 无论何时一篇反讽文章奏效，当一位聪明的反讽者成功地吸引住我们，此时我们比以往任何时候都更加接近于完完全全两个心灵的身份认同。在实现这种效果方面，唯一能和反讽相媲美的修辞格是隐喻，不过我认为反讽比隐喻的凝聚力更强……在共鸣的那一时刻，接受者丢失了他/她的个人身份，在某种程度上这种身份的丢失比起我们日常屈从于他人的意思更具戏剧性。[1]

但这基本都是形式层面的技巧，即隐含作者思想规范的"舞台"展示。而"从作者的眼光看来，他的作品的成功阅读将他的隐含作者的基本思想规范与假定的读者的规范之间的距离减少到零"[2]，这涉及的却更多是隐含作者思想规范的实质层面；但因此对它的考察，却可以从作品"假定的读者的规范"入手。

第二节 道德逻辑的"精妙"：求同修辞

这需要展示并借助布斯"求同修辞学"的成果（或工具）。布斯区分了四类不同的"修辞"：

1. 次修辞（subrhetoric）：用语言或符号来欺骗、掩饰真相，或避免行动；

2. 纯粹修辞（mere rhetoric）：诚恳地说服别人接受理由的一门艺术，既包括诓骗遮掩，也包括逻辑论证的真正劝说；

3. 修辞—B：修辞家身上所具有的一种发现或创造"针对任何主题的可能的说服方法"的能力或才能（亚里士多德所指的"修辞"）；

4. 修辞—A："一门运用象征手段进行交流的过程中，用以对认可某一观

---

〔1〕［美］布斯："反讽的帝国"，载［美］韦恩·C. 布斯：《修辞的复兴：韦恩·布斯精粹》，穆雷等译，译林出版社 2009 年版，第 102~103 页。

〔2〕Wayne C. Booth, "Distance and Point-of-view: An Essay in Classification.", *in Philip Stevick. The Theory of the Novel. Ed.*, The Free Press, 1967, p. 99. ——笔者译。

点的依据做出评鉴的艺术"。〔1〕

　　前三种修辞都存在无法克服的缺陷：次修辞靠欺骗取胜，纯粹修辞仅凭真诚取胜，修辞—B 调遣所有合适的理由说服别人接受已经知道的东西（尽管修辞—B 是发现的艺术，但这种发现指的是"说服方法"，而非判断本身，因而它真正的用武之地在于"价值争端"之所，这里缺乏自明性证据，但修辞者的判断往往已提前预设好了；修辞—B 的缺陷还有就是缺乏有限的监督，因而存在和前两种修辞同样的不足）。而修辞—A 如同定义所示，关注的是论证和推理，是论辩双方"共有的假定及论证结构"，因而也可称为"元修辞"（metarhetoric）或"求同修辞"（rhetorology）。这种修辞学（应用）可例示如下：布斯曾列出"七种宗教和科学共有的依据——多年自称为虔诚信徒的人及多数科学家们展开论辩时有意无意站立的稳定平台"。它们是：

　　依据一：我们所经历的这个世界或多或少有缺憾。

　　依据二：瑕疵是和完美无瑕相对而言的，它在某些真理、某些关于正义、"善良"的概念，或丑陋无知之清晰的对照下得以凸显；判断何为支离破碎的标准存在于某处。

　　依据三：存在一些至高无上的秩序、和谐体或现实，一些关于万物整体，并能为我做出依据一和依据二这两个判断提供标准的东西。

　　依据四：由前三个依据得来，所有真正虔诚的人（不仅只是抱怨之人）会将其自身视为支离破碎的一部分，无法分割。

　　依据五：必然紧随前四个依据之后，我信仰这个宇宙；我或许会对它充满感激，感谢它赐予了我生存之礼，或许不会；体现在我的世界中的这个宇宙某种程度上支离破碎——我的宇宙召唤我想办法修补。

　　依据六：是由前五个依据得出的必然道德推论，不管何时，只要宇宙对我的要求与我当下的愿望及冲动相冲突，我就应该服从于那个更高的价值。

　　依据七：和以上一切相关的心理或情感体验。不仅威廉·詹姆斯认为这一点是一切宗教都必不可少的，每一个人都会这样认为。〔2〕

　　我们之所以举这个例子，是因为它对我们思考法学（律）领域长久以来

　　〔1〕　参见［美］布斯："纯粹修辞、求同修辞及对共同学习的寻求"，载［美］韦恩·C. 布斯：《修辞的复兴：韦恩·布斯精粹》，穆雷等译，译林出版社 2009 年版，第 324~338 页。

　　〔2〕　［美］布斯："修辞、科学、宗教"，载［美］韦恩·C. 布斯：《修辞的复兴：韦恩·布斯精粹》，穆雷等译，译林出版社 2009 年版，第 271~284 页。

争论不休的"规则主义"还是"道德主义"的问题颇有启发。后面我们会作较为详细的阐述。在此,让我们首先来观察《告白》隐含作者的假定和论证(这是布斯求同修辞学的首要要求,即首先要学会倾听,试图思考对方提出的论证,考虑他人的目的、原则和视角,因此布斯求同修辞学也被称为倾听修辞学)。毫无疑问,很多人会(并已经)将此概括为道德话语(或推理),并展开批判。我们并不反对这个判断,但笼统的(或武断的)概括本身又何尝不是一种直觉判断,并因此也是一种道德话语?这是一种大词陷阱(胡适称之为"名词障"[1]),当你仔细询问批判者什么是道德,以及为什么是道德时,就会发现他的哑然;他们所做的大多是列举出道德判断的弊端等。因此,我们需要深入其中,努力探寻出这些问题的答案。

《告白》的论证大概如此:

> 王斌余是一个本性善良的好人;
> 王斌余生活艰辛,被逼无奈犯了错误(杀人);
> 我们应该关注和拯救他们,别人也这么认为。

这应该基本符合众多批判者所指责的"道德逻辑"。我们试图作进一步分析。首先来看王斌余是一个本性善良的好人的判断的依据。其实,除了照顾弟弟之外,我们发现不了太多的东西:王斌余并非像雷锋同志那样乐于助人,抑或像某某一样见义勇为;他所做的基本都不过是在谋生而已。由此,我们似乎可以从中发现道德评价场域的潜在转化,即从私德到公德的过渡。照顾弟弟或家庭,其实本来是一个人的私德,它是基于私人关系的责任(或利益);而公德则针对的是公共领域——"个人与公共财产或无特定关系人所构成的共同场域",涉及两个主要的伦理原则——"对人的普遍尊重与善待,以及对群体利益的维护"[2]。但为何说发生了转化呢?

实际上,我们之所以愿意帮助或宽恕一个"好人",或者更宽泛地讲,表扬(赞美)他,是因为"好人"带给我们的功利或价值,如同亚里士多德

---

〔1〕 胡适认为,说理不是不能用概念,只是概念务必清晰、准确,正如不是不能谈主义,只是主义必须针对问题,而非遮蔽问题,不要"让名词代理了思想";"主张成了主义,便由具体的计划,变成了一个抽象的名词",参见羽戈:"胡适如何说理?",http://www.360doc.com/content/15/0219/19/2304286_449468736.shtml,最后访问日期:2015年5月3日。

〔2〕 陈弱水:《公共意识与中国文化》,新星出版社2006年版,第32页。

所言：

> 如果美德是一种行善的能力，那么那些最高的美德必定是对其他人最有用的美德。正是这个原因，人们最尊敬那些正义和勇敢的人，因为勇气在战争中对其他人最有用。正义既在战争中又在和平中对其他人都最有用。[1]

如果从进化论的角度来看，"好人"给群体带来的纷争少，对个体产生的威胁少，而且还能维护群体的安全、和平、融洽，因而更有利于群体（或个体）的生存。

这实际上表明了道德判断（标准）的第一个特征是对他人的有用性，或至少是无害性。这个特征实际也暗含并引申出了第二个特征——集体主义的视角，即大伙说好才是好，不仅是因为"集体功利"，还在于：

> 为什么人类的行为要符合所在社团的信仰和规范？这是因为人类从内心深处需要稳定。由于不确定因素的存在，即便是在注重个体的文化当中，人们也希望自己成为社团中的一员。[2]

由此，我们便可以发现并解释《告白》的某些论证。实际上判断三中让专家、律师等出场，意义就在此：不仅证明了判断，还掩护了自己；同时又让读者个体感受到了集体的压力（怎敢不服？）。

其实，道德判断更重要的特征在于其技术性，即简单易用，相对稳定，并因此快捷、高效。它往往基于生活常识，并因此几乎是一种直觉判断，而且相对稳定。这个特点不仅有利于人们节省交易成本，减少信息费用，并由此保证了在某些特殊情况下（如战时）的迅速决断，以及大多数情况下社会共识的形成，满足了人们对稳定的内在需要。而且，也是经常被多数人忽略的，它还能满足人类的自尊（主要是发表自己看法）：

> 为什么人类打心眼里需要自尊？演化心理学家认为原因很多。首先，

---

〔1〕　Aristotle, *Rhetoric*. 1366b1-6. ——笔者译。

〔2〕　[美] 莫顿·亨特：《心理学的故事——源起与演变》，寒川子、张积模译，陕西师范大学出版总社有限公司 2013 年版，第 428 页。

自尊在一定程度上源自他人对自己的尊重。因此，能把人团结在集体周围、从而提高集体生存能力的行为便成为进化的选择，并成为人类的特质。另外，自尊可以确保一个人的社会地位和社会安全感。过高或过低地估计自己都会减少其在社会中生存的机会。最后，自尊是择偶过程中一个非常有价值的机制，有了自尊就能确保自己的基因代代相传。没有自尊的人最终必然会遭到进化的淘汰。[1]

这些实际在个体进行道德判断中都能得到体现和满足，我们不再具体展开。我们认为需要分析的是第一个判断对后续论证的意义。我们可以发现《告白》更深层次的一个假定——人性的固定不变。这个假定几乎是所有道德逻辑的基础。它体现的是一种本质论或历史主义的精神。而实际上，这更是满足技术性要求的结果。然而，规则主义（或后果主义）又何尝不是基于某种标准的固定不变的假定呢？

由此，我们可以看到，尽管学界很多人一直在倡导要用科学的眼光（社会科学或规范主义视角）来看待社会问题，但是社会公众却没有多少践行，或许主要原因就在此（即技术性上）。实际上，博弈论研究最推崇的博弈策略"以眼还眼，以牙还牙"又何尝不是主要因为其简单易行的技术性特点才如此流行？而且，更进一步，它何尝又不是基于人类直觉式的道德判断？

基于以上分析，我们基本可以完成道德评判中私德到公德的转化分析。实际上，人类并不真正关心某个人的私德如何，他关心的是这个私德有可能产生的有关公德的效应。比如，当我们得知某个人的私德不错时（如孝敬父母），而且鉴于一个人的行为习惯通常具有连贯性（也即对父母不错对他人应该也可以），我们通常可以进一步推断到他的公德应该也可以。这个推理是相对比较羸弱的，因此一旦有某个证据证明这个人公德不行，他的私德将会立刻被人们忽略掉，比如贪官即便对其子女或父母再好，也会备受辱骂。

而《告白》中，王斌余杀人实际是触犯公德的，但为何最后的舆论却那么支持他？实际上"反抗"一词已经给出了答案。这是对压迫者的抗争。如

---

〔1〕〔美〕莫顿·亨特：《心理学的故事——源起与演变》，寒川子、张积模译，陕西师范大学出版社总社有限公司2013年版，第428页。

此一包装，王斌余不仅没有触犯公德，反而进一步彰显了公德——勇敢而正义。而且，这其中还运用到了"弱者"修辞。弱者实际上是一种道德现象，它不仅检验了普通大众的道德观，更重要的是同情弱者或者帮助弱者，是因为我们恐惧强者；而帮助弱者意味着未来的收益，并因此容易形成一个团体来对抗强者。因此，它符合道德判断的标准。这也解决了第三个判断的问题。另外，判断三实际上还假定了我们"有能力"拯救他们。这实际上是一种理性主义的论调，坚持建构论。然而，规则主义（或后果主义）又何尝不是如此？

基于以上分析，我们大致可以看到道德逻辑背后的实用主义色彩，也因此可以在一定程度上解释为何《告白》隐含作者的思想规范（实质层面上）如此具有穿透力。

还不能止步于此。我们还部分展示了规则主义（或后果主义）的道德性。由此，我们可以概括出道德逻辑与规则主义（或后果主义）的"共有依据"——

依据一：我们这个社会有很多黑暗面。

依据二：黑暗和光明相对，需要光明的对照。

依据三：存在某个相对固定的判断标准。

依据四：我们渴望改造社会，追求进步。

依据五：坚持理性主义，我们有能力办到。

依据六：我们会持之以恒，能够办到。

依据七：心理或情感体验也很重要。

细心的读者很可能会发现这些共有依据与布斯所提出的科学和宗教的基本相同。的确如此，这不仅是因为"宗教和科学"与"道德逻辑和规则主义（或后果主义）"某种对应性，更在于上述分析所给予的启示。

由此，我们便可以发现道德逻辑的某种"科学性"（以及"宗教性"），或者也发现了道德逻辑的规则主义色彩。这些对我们解释《告白》隐含作者思想规范的穿透力又提供了新的路径。

当然，或许还可以发现：

我们在形成自己独特评价时所依赖的逻辑既非由明显的前提演绎得出（即便是最复杂的逻辑也不例外），也非由一系列定义准确的孤立例子归纳推理得出。它总是直觉的产物，我们感觉到我们眼前的某物为我们带来了一方面相当令人向往、美妙可爱，另一方面则相当令人反感、不齿或可憎的体验。[1]

又岂止是我们，难道"我们"不包括受众（读者）？

第三节　可能的出路[2]

因此，法官在制定判决书时如果能够阐明案件事实所适用的具体法律规则或原则的道德性，并进而阐明该判决的道德性，我们相信，这将有助于增强该判决的可接受性，"即使法律问题很难理解，也应当以常人能够理解的方式将那些对判决很重要的基本内容向当事人解释清楚，让门外汉能够认识并自己想象价值评价的模式"[3]。实际上，无论是古代判词还是今日法院之判决，运用道德说理的例子比比皆是。吕晓彤"判决书中的道德话语研究"指出，判决书当中的道德话语有两种类型，即作为裁判理由的道德话语和用于辅助说理的道德话语。前者如判词《王子平等》，法官没有引用任何律令，而皆是典故及伦理话语，如"王子安，汝既读书，亦曾读《三字经》乎？融四岁能让梨，汝年三倍之矣""嗣后务当兄爱其弟，弟敬其兄""天生羽翼之谓和？愿汝兄弟共勉之也"[4]。后者如北京东城区法院曾在一则民事判决书中援引《孝经》进行说理，"'天之经、地之义、人之行、德之本'……为人子女，不仅应赡养父母，更应善待父母，不应因一己私利而妄言、反目"[5]，随后再依法律规范作出判决。前者往往体现在古代判词之中，是我国传统法

---

〔1〕　一个间接的证据，"在浏览各地法院的民事案件判决书时，笔者发现要找一份使读者无法对当事人产生善恶判断的叙事，很不容易，……大部分民事判决书在事实叙事上都很轻易就让人对其中的人物发生'这人真坏，竟做出这种损人之事'或'这个人很善良，被人欺负太不公平'的评价"。刘燕：《法庭上的修辞：案件事实叙事研究》，光明日报出版社2013年版，第201页。

〔2〕　关于隐含作者的出路与启示我们会在后面论述。

〔3〕　［德］伯恩·魏德士：《法理学》，丁晓春、吴越译，法律出版社2013年版，第94页。

〔4〕　许文濬：《清末民初的县衙记录：塔景亭案牍》，俞江点校，北京大学出版社2007年版，第67页。

〔5〕　张建伟："《孝经》写入判决书的法文化解读"，载《人民法院报》2010年7月23日，第5版。

律文化的体现和产物[1]；而后者更与我们的观点类似，但不尽相同。我们认为较好的例证可以参照北京一中院对清华大学晏教授女儿被公交车售票员掐死一案所作的国内目前最高精神损害赔偿金的判决。该判决撤销了原赔偿 10 万元精神损害金的一审判决：

> 改判理由一，精神损害赔偿的立法本意是对于生者因精神受到强烈刺激、伤害而予以抚慰，而并非是对生命价值的补偿。因为人的生命是无价的，即使再多的金钱也无法与人的生命等值。而此案与一般的案件不同，尤其是晏教授夫妇老年得女，却又失去，今后将无法再生育。这种后果对他们的精神刺激是巨大的，使其遭受的精神痛苦是异常激烈的，必须予以充分的抚慰；改判理由二，在整个事发过程中，晏教授夫妇目睹爱女被杀，他们经历了事件全过程，经历了女儿死亡的全过程！目睹一个生命由生机盎然竟在短暂的时间内凋零，而这个生命竟是自己的独生爱女，这是一种何等的痛苦！世间最大的痛苦莫过于眼睁睁目睹最爱的人从自己的身边消逝，自己却无能为力。假如，这仅仅是生命自然的过程，人们也只能坦然面对。但是，这却是出于一场飞来横祸，而且是在自己眼前发生。法院相信这种痛苦确实是到了无法想象的地步；改判理由三，被告人朱××面对 13 岁的小女孩，没有一点对于乘客、对于他人的尊重，犯罪性质极其恶劣。而且案发场所是在公共汽车上，案发时间是人们欢度国庆黄金周的时候。法院认为，人们生活于社会之中，是对于社会的正常秩序抱有信心，也是对于善良的社会风俗抱有一定信心，这是一个社会赖以存在的基础。朱××的行为恰恰破坏了这种信心，侵犯了社会的和谐与稳定。因此，必须予以惩罚，以警示违法分子，昭示社会正义。这也是精神抚慰金所应起到的作用之一。[2]

在此例中，法官对精神损害赔偿的立法本意和社会作用作了一定的阐释，

---

[1]　有研究者对此作了更为具体的分析，指出中国古代千百年来一以贯之的以家庭为单位的生产方式和生活方式，是催生古代判词伦理化特征的社会条件；中国古代纠问式审判盛行，是导致古代判词伦理化的制度原因；中国古代根深蒂固的人格权威崇拜，是导致古代判词伦理化的思想基础等。参见蒋先福、陈媛："中国古代判词的伦理化倾向及其可能的效用"，载《时代法学》2008 年第 6 期。
[2]　张纯辉：《司法判决书可接受性的修辞研究》，法律出版社 2012 年版，第 152~153 页。

指出了这一法律规则所具有的道德意义。同时，结合案件事实，充分说明了对当事人进行精神损害赔偿具有正当性和道德性。这种道德性，不仅体现在其对具体当事人等弱者的同情，更重要的是它（所表达的）维护了社会正义，满足了道德判断的集体功利性。另外，或许正如有人指出的那样，"仅用空洞的逻辑、道理去沟通、引导、说服公众，很难产生良好的传播效果。建立在关系认同、情感认同、立场认同基础上的传播，才有可能得到郑重对待和认可"[1]。而这实际上已涉及了同一修辞学的观点。

---

〔1〕 陈叶军："有温度的政治传播话语才能入耳入心"，载《中国社会科学报》2014 年 10 月 15 日，第 A1 版。

缘何同一，皆为戏剧

——对王斌余案涉诉舆论的伯克修辞学分析

分析至此，实际上我们已经窥测到了伯克修辞学的影子。布斯就曾对伯克修辞哲学思想进行过深入的探讨，他指出：

> 在人类学家、社会学家、心理学家以及修辞学家中，他（伯克）的"戏剧主义"越来越被认为至少必须在人们的索引中出现，不管人们是否试图去弄懂伯克。[1]

因此，伯克也被誉为"20 世纪的亚里士多德""20 世纪最伟大的修辞学家"。他的修辞学思想对后来诸如布斯、韦弗（Richard M. Weaver）、图尔敏等一大批修辞学家产生了重要的影响。而且，"伯克的思想不仅对汉语修辞学具有重大的理论价值，还对政治、外交等具有重大的现实意义"。因此，它值得我们借鉴、研究，并会对我们的涉诉舆论问题的分析带来新的启示。

第一节　我们如何被"同一"？

首先，让我们先关注一下伯克对修辞的定义：

> 修辞的基本功能是人用话语在他人身上形成观点或诱发行动……修辞是根基于语言本身的一个基本功能之上……是用作为符号手段的语言

---

[1] Micheal A. Overington, "Kenneth Burke as Social Theorist", *Theory and Society*, Vol. 4, No. 1., 1997, pp. 131~156. ——笔者译。

在那些本性上能对符号做出反应的动物身上诱发合作。[1]

这个认识明显有别于亚里士多德对修辞的定义。如上所述，亚里士多德将修辞学定义为"辩证法的对应物""在任何特定场合下寻求一切可利用的说服手段的能力"，并因此，修辞的目的通常被认为是劝说。而伯克则认为修辞的目的首先在于"诱发合作"，这一认识具有浓厚的社会学意味——"'诱发合作'不仅暗示了社会成员之间的隔阂，也反映了修辞话语者的社会责任，因此也体现了社会成员合作的精神"；而"旧修辞学是争论的产物……它是关于词语战斗的理论，并且一直受好斗的冲动所支配"[2]。这和各自的时代背景不无联系。[3]二者对修辞的定义之别还源于他们对修辞范围的界定的不同：

---

〔1〕 Kenneth Burke, *A Rhetoric of Motives*, New York: Prentice-Hall, 1950, pp. 41~43. ——笔者译。

〔2〕 I. A. Richards, *The Philosophy of Rhetoric*, New York: Oxford University Press, 1936, p. 24. ——笔者译。

〔3〕 伯克的修辞同一观源于他对人的理解，"神经系统的中心在分娩的时候便开始了。不同的神经系统通过语言和语言产生的方式树立了不同兴趣、不同见解的社会团体，因而社团的性质和范围是不同的。分隔和社会产生了普遍的修辞情境"（Kenneth Burke, *A Rhetoric of Motives*, Berkeley: Universtity of California Press, 1969, p. 146），也就是说，人的独立与分隔是与生俱来的自然产物，但人的社会性决定了修辞的必要与目标。实际上，我们或许可以隐约看到涂尔干的社会理论的影子，比如涂尔干《宗教生活的原初形式》对宗教修辞的理解——"在人类社会早期，图腾就是宗教胚芽，氏族就是教会雏形，仪式就是信仰源泉，而这一切的基础都是那个先在和外在于个体，超越个体生命而大于个体之和，又能通过'内化'（教育）或强制（惩罚）来影响个体的行动、思想和感情，直到造成种种社会事实的——社会。"（参见肖瑛、李晓华："涂尔干的人类学研究及其社会学旨趣"，载《西南民族大学学报（人文社科版）》2004年第2期）
不可否认，伯克的同一修辞观充分考虑了个体之间的相互"分离"（division），它是同一的背景。而这种背景其实有着明显的现实指向。伯克修辞学产生于20世纪后半叶。当时的形势是，在国际上，随着二战的结束，全球政治进入冷战时期，美苏两国及其盟国长期对峙，矛盾和冲突不断；而美国的国内斗争也层出不穷，黑人民权运动、现代女性主义运动、反战运动、学生运动、新"左派"运动等使得斗争形势不断升级。因此，伯克修辞学在一定意义上肩负着缓解斗争形势（尤其是武装冲突）的政治使命，而事实上他也确实在努力寻找着良方，"新修辞学对五种修辞目的有着特别的兴趣：谅解、调解、和解、裁决和冲突的逐步降级"（姚喜明："政治与修辞学的兴衰"，载《四川外语学院学报》2002年第1期）。另外，在思想上，后现代主义也在这一时期逐步兴起，强调差异、多元、异质分裂、片段，反对统一、整体、理性、中心、形式主义和客观主义等，这一思想强烈地影响了20世纪后半叶的学术和社会思潮，显然伯克修辞学有对这一思潮的吸收和借鉴（如超越言语，强调广义的修辞），但同一观也呈现着一定的批判和拯救。
时至今日，社会环境已发生了明显的变化，冷战结束，全球一体化逐步深化，城市化、现代化进程不断加快，尤其是大数据时代的到来，使得社会同化作用不断加强，而与之相对应的则是多样性的衰退，甚至灭失。如"英国研究报告称，……全球有大量语言正濒临消亡，多种原始文化及知识也将

亚里士多德的修辞学主要表现在以公共演说为代表的口头语言上，而伯克修辞学还包括书面语言。

因此，二者对修辞的核心手段的认识也存在重大差异：亚里士多德坚持"修辞三段论"，伯克认为是"同一"。亚里士多德的观点是对当时时兴的忽视逻辑在修辞中的作用的错误说法的一种回应：

现在，对修辞学著书立说者只建构了这门艺术很小一部分。劝说的方式是这门艺术的唯一真正的组成部分，其他的只不过是附属性的而已。但那些修辞学的作者们对修辞劝说之本质的修辞三段论却避而不谈，只谈

（接上页）失传。……全球约7000种语言中有四分之一正濒临消亡"（刘臻："全球近四分之一语言濒临消亡"，载《中国社会科学报》2014年10月20日，第A8版）；同时，也有调查表明，我国的东部裕固语、东乡语、保安语，尤其是康家语，也已成为濒危语言。而且，有学者分析认为，修辞所造成的过度同一化的原因在于"那种控制了多数人品味的重商主义的洗劫"（［英］雷蒙·威廉斯：《文化与社会：1780—1950》，高晓玲译，吉林出版集团有限责任公司2011年版，第262页），因此瑞恰兹指出"随着人口增长，在多数人的偏好和最具权威人士所认为的优秀事物之间出现了一个鸿沟，这个鸿沟已经变得无限严重，而且似乎在不久的将来很可能具有威胁性。出于多种原因，我们比以往任何时候都更需要维护各种事物的标准"（I. A. Richards, *Principles of Literary Criticism*, London：Routledge & Kegan Paul, 1924, p.36）。毋庸置疑，这种说法也颇有解释力，尽管我们对此并不完全认同。

因此，不同于伯克的同一修辞观，我们将强调在某些环境下，修辞的目标在于分异，即个体（或群体）修辞（活动）并非为了要同一于其他个体（或群体），而恰恰相反，是为了追求特殊性，与他人形成分离。实际上，修辞的分异有时候还会产生说服的效果。这尤其体现在现代社会的日趋职业化与专业化过程中，比如医学与法律，我们之所以信服医生或律师，很多时候恰恰是因为我们（越来越）不懂。当然还不止在这些精英文化中，比如很多人都有宗教信仰，一个很重要的原因便是人们真的不太懂——那似乎是一个不同于日常生活的世界。但也必须因此要警惕利维斯笔下的"少数人文化"——"这个少数派不仅能够欣赏但丁、莎士比亚、多恩、波德莱尔、哈代（仅举几个重要例子），而且能够识别出这些作家最近的继承者。正是这样一个少数派组成了一个特定时期一个民族的意识"（F. R. Leavis, *Mass Civilization and Minority Culture*, Cambridge：Minority Press, 1930, p.4），这并非我们所言的修辞的分异，因为它"已经导致伪贵族集权主义，最好的也不过是习惯性的怀疑主义——无法容忍任何当代的社会活动"（［英］雷蒙·威廉斯：《文化与社会：1780—1950》，高晓玲译，吉林出版集团有限责任公司2011年版，第278页）。

更为有趣的是，修辞的分异或许还能促进真正的同一。个体生活在社会之中，惟有同一才能彼此交流，"我们需要一种共同文化，不是为了一种抽象的东西，而是因为离开了这种共同文化，我们将无法生存下去"；但是同一并不意味着单一，"共同文化永远都需要生命存在的平等，否则共同经验将失去价值。对于参与任何文化活动的任何人，共同文化都不能加以绝对限制：所谓机会均等就是这个意思。当然对机会均等的要求是因为想要和别人不平等，但是，这可以有多重含义，……还有很多不平等并不会对这种生命的平等构成伤害，而且有些不平等还是非常必要的，需要加以鼓励"（［英］雷蒙·威廉斯：《文化与社会：1780—1950》，高晓玲译，吉林出版集团有限责任公司2011年版，第330页）。这正是修辞分异的真正意义所在，尊重每个个体及其修辞活动，而不会造成对基本生命存在平等的否定，实现真正的同一。当然，本书对此不再深论，我们将另文论述。

些非本质性的东西而已。激发偏见、怜悯、愤怒等类似的情感与本质事实毫无关系，只不过是对案件审理者的一种个人诉诸而已。[1]

而伯克认为："你要说服一个人，只有用他那样的语言说话，使用相同的方法，使你的手势、语调、顺序、形象、态度、思想与他的不无二致，你才能说服他。"[2]这就是"同一"。由此，我们也可以发现，实际上亚里士多德和伯克的修辞学观点存在某种潜在联系：劝说来源于（或基于）诱发合作；而且，伯克所言"修辞的基本功能是人用话语在他人身上形成观点或诱发行动"又何尝不是一种宽泛意义上的"劝说"呢？对此，伯克是这样论述的："从传统的角度来看，修辞学的关键术语不是'同一'，而是'劝说'。……我们用'同一'对它的论述决不是想用它作为完整的传统法的代替，更确切地说；……'同一'只不过是对传统知识的一点补充而已。"[3]

"同一"是伯克修辞学的核心术语，因此伯克修辞学也经常被称之为"同一修辞学"（显然不能否定它对布斯求同修辞学的影响）。同一即为同质或同体，如果两个人有相同的物质，他们就同质或同一（"伯克的'质'概念包括物理概念上的物体、人们从事的职业、朋友、活动、信仰、价值等等在内的具体和抽象的事物"[4]）。伯克对此解释为：

> 一种同体的学说，无论是明显的还是蕴涵的，对任何生活方式来说可能是必不可少的，比如在古哲学中，是一种行为。一种生活方式是一种在一起的作用，因此在一起时，人们有共同的感觉、概念、意象、思想、态度，而这些使他们成为同体。[5]

换言之，任何个体之间都可能在某些方面成为同体，不管他们之间在其

---

[1] Aristotle, *Rhetoric*, pp. 21~22.

[2] Kenneth Burke, *A Rhetoric of Motives*, Berkeley：University of California Press，1969，p. 55.——笔者译。

[3] Kenneth Burke, *A Rhetoric of Motives*, Berkeley：University of California Press，1969，pp. 21~22.——笔者译。

[4] 邓志勇：《修辞理论与修辞哲学——关于修辞学泰斗肯尼思·伯克的研究》，学林出版社2011年版，第41页。另参见 Kenneth Burke, *A Rhetoric of Motives*, Berkeley：University of California Press，1969，pp. 20~32，64.

[5] Kenneth Burke, *A Rhetoric of Motives*, Berkeley：University of California Press，p. 21.

他方面有多大差异。比如，一个中国人和一个美国人，尽管他们在语言、信仰、民族等方面多么不同，他们总归会存在某些共性，比如性别、爱好等，而这些共性都会带来他们同体的可能。

伯克的同一观实际上是一个动态等级的概念，而非简单的是或否的概念。[1] 世界上没有完全同体的个体，也没有完全隔阂的个体，区别的只是同一的程度或多少。而且由于外在环境、个人信仰等因素的变化，同一的程度也将随之不断变化。这实际上很好地诠释、验证并拓宽了我们上文提到的"说服的层次"问题。这一点也和同一策略不无联系。

伯克认为，同一策略主要有三种：同情同一、对立同一、无意识同一。同情同一，指在价值、感情、观点、思想等方面的相同或相似。比如俗语所言"老乡见老乡，两眼泪汪汪"，其实就是一种"同情同一"；还有《告白》绪言中"先后两次""10个多小时"等修辞话语，实际上用一种隐含的方式显示了修辞者的敬业、负责，显然修辞者知道受众认同"敬业""认真"等品格特征，这使得修辞者与受众在价值观念方面取得了同一。而且，"在修辞互动中，修辞者不一定总是明确表达与听众相同的情感，而是将其蕴涵于话语中，并能被听众领悟"[2]：

> 如果人们相信某一事物，诗人可以利用这个信念来获得一种效果。比如，如果他们憎恨背信弃义，诗人则可描述一个叛徒从而唤起他们的憎恨心理。如果他们赞赏自我牺牲的精神，诗人则描述一个自我牺牲的壮举从而激起他们的景仰之心。如果他们认为地球是宇宙的中心，诗人则可把人的尊严根基于自我中心论……[3]

显然，这是一种迎合受众的修辞策略。在《告白》中，我们也可以清晰地看到这一策略的运用：尽管修辞者采用一种当事人自述的手法，并以此来修饰客观、中立，但实际上修辞者只是将情感蕴含在话语之中了；而且，尽

---

〔1〕 参见邓志勇：《修辞理论与修辞哲学——关于修辞学泰斗肯尼思·伯克的研究》，学林出版社2011年版，第41~42页。

〔2〕 邓志勇：《修辞理论与修辞哲学——关于修辞学泰斗肯尼思·伯克的研究》，学林出版社2011年版，第42页。

〔3〕 Kenneth Burke, *Counter Statement*, Los Altos, California: Hermes Publications, 1931, p.61.——笔者译。

管修辞者最终将主题定位于农民工权益问题上，但实际上他充分利用了受众"贫富差距大""社会不公"等信念，以此来实现农民工权益问题和受众所面临的社会问题（涉及自身）的"同质"，进而实现不同主体之间的同一。

对立同一，是指修辞者和受众，即使在某些方面是对手，但因为共同敌人的存在而同一。比如，抗日战争时期的国共合作，尽管双方政治主张和信仰等不同，而且之前还互为敌人，但因日本侵略者的到来，双方在民族大义面前实现了同一。这实际上也就是马克思主义哲学中所讲的主要矛盾的变化。对立同一可以用来解释许多问题，比如为何王斌余虽然连杀4人但在《告白》之后反而备受舆论的同情，其中的原因之一就是《告白》所引发的王斌余与社会大众的"对立同一"。

无意识同一，也叫"不准确同一"，修辞者使用包括受众在内的词语或手段，使受众潜意识或无意识地认同修辞者，想象自己成为修辞者或与其描述的一样。这实际上就是一种催眠效应（后文会详述）。比如，演讲者讲述时如果经常使用"我们"一词，就更容易被受众接受；而日常交流中经常使用"咱们"或"我们"也会给人一种亲切感、认同感。实际上，无意识同一还充分利用了心理学中的"移情效应"——把对特定对象的情感迁移到与该对象相关的人或事物上，比如"爱屋及乌"，或者广告中经常出现的明星现象（因为对明星的喜爱而选择明星推荐的产品）。《告白》中引用旁白一定程度上就是利用了无意识同一，因为受众被同一可能是出于对专家、律师身份的认同，也可能是出于对集体意识（或共识）的认同等。

如果仔细观察，我们会发现三种同一策略的划分并非完全分明，它们之间也会存在或多或少的交叉重合，比如对立同一策略，其最终基础还是同情同一策略。当然，如果从严格意义上区分，对立同一策略要求三方主体的存在，同情同一策略则是两方。

更重要的是，对同一及相关策略的研究对我们认识涉诉舆论的过程大有裨益。以王斌余为例，首先媒体会充分利用对立同一策略，将案件包装成一个两极对立的社会事件；随后随着舆论的不断发酵，各种细节会进一步被呈现（或捏造）出来，这时的修辞主体已不仅是媒体，还包括一些网民，而这一阶段主要使用的还是对立同一策略；紧随其后，往往会有一些相反的声音出现，比如李天一案中的"易延友微博评论""杨澜微博评论"等，媒体或网民会对此展开大肆批判，对立同一（策略）被进一步加强，并由此引发沉默螺旋效应；随后法院基本顺从舆论，作出判决或改判，对立消失，舆论浪潮逐渐平息；最后各种评论"上市"，但已"时过境迁"，无法同一。这一过程基本可以得到近年来发生的涉及轰动案例舆论状况的验证，比如邓玉娇案、许霆案、药家鑫案等。[1]这一过程可图示如下：

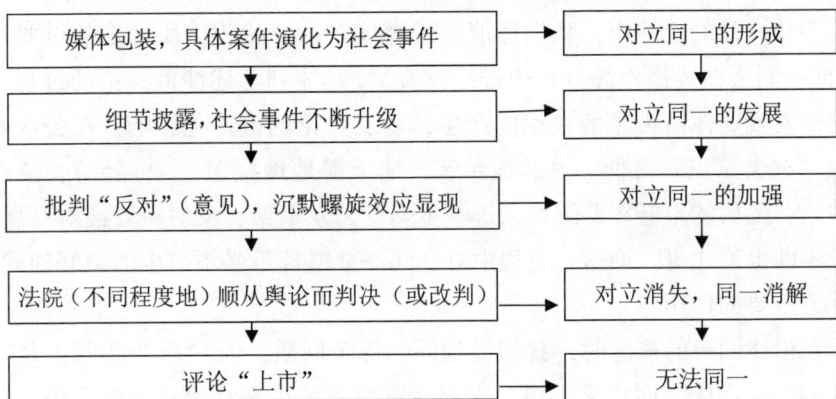

媒体包装，具体案件演化为社会事件	对立同一的形成
细节披露，社会事件不断升级	对立同一的发展
批判"反对"（意见），沉默螺旋效应显现	对立同一的加强
法院（不同程度地）顺从舆论而判决（或改判）	对立消失，同一消解
评论"上市"	无法同一

　　通过分析，我们可以发现对立同一策略在涉诉舆论的发展过程中扮演着非常重要的角色，甚至决定了涉诉舆论的走向。而之所以如此，是因为它有着重要的社会心理根源。对此，我们会在涉诉舆论的社会心理分析一章中详细阐述（以及可能产生的后果）。而在此我们需要关注的是对立同一策略所带给媒体的在这个过程中所产生的影响——"舆论的世论化"。这是日本学者佐藤卓已《舆论与世论》中关注的主要问题。其所谓的舆论是值得尊重的公议舆论，所谓的世论则是个人感情。二者的区分大致也可借用早稻田大学教授喜多壮一郎在"舆论与报纸杂志"中的论述：

　　　　概念性的进行说明，那就是，舆论就是作为公众的意识，由个人透过媒介手段，依靠暗示性的作用，来共同意识到自己采取的判断和其他个人持有的判断的类似性。报纸杂志就已经公开的现实的事实对读者即公众的社会意识进行统制之后，报纸杂志与舆论的关系才开始成立。但是，成问题的是读者的心理状态，存在着一面正要成为社会意识的对象但又还没有到达读者共同关心的地步的心理状态。即，相对于舆论的世

---

〔1〕　参见周安平："涉诉舆论的面相与本相：十大经典案例分析"，载《中国法学》2013 年第 1 期。

论，是评论，是对话的变形。[1]

也即"舆论是公众的社会意识被组织化后形成的言论，所谓世论则是还没有成为意识对象的心理状态，即情绪、气氛的外在表现"[2]。舆论的世论化，所指的大致也就是理性的"舆论"被吞噬在感性的"世论"中。而且，从喜多壮一郎的论述中，我们还能发现媒体在这一过程中所扮演的重要角色（对此我们会在传播修辞分析中详细阐释）。具体到上述涉诉舆论的过程，我们可以发现媒体所带来的世论的产生，以及舆论的世论化影响：在公众尚未形成"社会意识"之前，大肆地包装，铺天盖地地报道（或宣传），挑动公众情绪；随后的不断跟踪爆料，进一步煽动公众情绪，反对声音被对立埋没，舆论不断世论化等。而这一过程中对立同一策略都是必不可少的绝好的武器，发挥着重要的作用。

在论述同一的概念时，我们提到同一源于同质。而"质"实际上是一个辩证的概念：从字面意义上讲，它存在于事物的内部；而从词源上讲，它又存在于事物的外部。在伯克修辞学体系中，存在三种质，即几何质、家族质、方向质。几何质（geometric substance）是指用环境来命名的质，强调位置、处所，比如张三和李四住在同一个"小区"；家族质（familial substance）强调派生性，既包括生物意义上的，也包括精神层面的，比如张三和李四是"亲戚"或"朋友"；方向质（directional substance）强调来自内部的动力，根据"往哪去"的倾向来辨别事物，比如张三和李四都"希望加入"足球俱乐部。[3]从不严格意义上讲，几何质强调自然情况，家族质强调社会情况，但二者基本都关注的是过去或现在的情况；而方向质强调未来情况。针对涉诉舆论，我们可以发现家族质在舆论最初发生阶段促进同一时的主导作用，即同为弱势群体或深感社会不公（参见涉诉舆论的社会心理分析）；随后则基本是方向质在起主导作用，即要求法院如何判决、政府如何处理等。而这对于

---

〔1〕[日] 喜多壮一郎："舆论与报纸杂志"，载《综合新闻讲座》第 2 卷，第 11～12 页。转引自 [日] 佐藤卓已：《舆论与世论》，汪平等译，南京大学出版社 2013 年版，第 18～19 页。

〔2〕[日] 佐藤卓已：《舆论与世论》，汪平等译，南京大学出版社 2013 年版，第 19 页。

〔3〕参见邓志勇：《修辞理论与修辞哲学——关于修辞学泰斗肯尼思·伯克的研究》，学林出版社 2011 年版，第 76～79 页。See Glenn F. Stillar, *Analyzing Everyday Texts*: *Discourse*, *Rhetoric and Social Perspectives*, Thousand Oaks, California: Sage Publications, 1998, p. 67.

我们引导和应对舆论或许有一定的帮助。

实际上，除了内容的同一外，还有形式的同一问题。伯克认为，修辞形式是"对欲望的一种激发和满足"[1]。它探讨的是修辞的具体运作过程，有点类似于布局谋篇。依据读者普遍的心理，伯克认为主要有三种修辞形式：惯例形式、重复形式和递进形式。惯例形式（conventional form）是指传统上的常规形式，如七言绝句。重复形式是对内部一致性的诉诸，类似新瓶装旧酒，变换形式但固守某个思想（或其他特征）。递进形式是引导受众步步跟进的形式，包括演绎推理系列和性质系列：前者通过向读者提供大小前提，来激发读者对结论的兴趣；后者则指一个情节的存在会带来下一个情节的"出场"，类似侦探小说。比较而言，惯例形式和重复形式都是对传统的诉诸，满足的是受众对传统的某种形式或内容（这一"质"）的认同感（或渴望）；而二者的区别主要在于惯例形式是对形式的诉诸，而重复形式是对内容的诉诸。以春节联欢晚会为例（尽管不属于严格意义上的修辞，但对修辞形式的论述基本没有什么影响），年年都办春晚，尽管节目的形式、晚会的进程等可能发生一些变化，但春晚的主题始终没有改变，这实际上就是一种重复形式；而晚会最后会以歌曲《难忘今宵》结束，这就是惯例形式；而递进形式基本是对未来的诉诸，满足的是受众的好奇（或宽泛意义上的求知）心理。由此，我们应该不难理解伯克对修辞形式的定义了。修辞形式的"同一"作用在于：

> 通过利用普遍心理现象，作家触发了读者与作品的一种同一，而一旦与作品同一，读者就全身心地卷入作品之中，于是他与作品向前运动相一致的内部心理运动就开始了。……总之，不管哪种修辞形式，都体现修辞者与读者的互动，当修辞者通过修辞形式成功与读者取得同一时，读者被激起的欲望就会被语言序列所满足，读者则认可作品的结局为自然的结局……[2]

以《告白》为例。它基本上采用的是性质系列的递进形式。从"憧憬"

---

〔1〕 Kenneth Burke, *Counter Statement*, Los Altos. California：Hermes Publications, 1931, p. 124.

〔2〕 邓志勇：《修辞理论与修辞哲学——关于修辞学泰斗肯尼思·伯克的研究》，学林出版社2011年版，第50~52页。

"挣扎"到"反抗""反思",每一阶段的出现似乎都在暗示着下一阶段的到来,步步推进,彼此之间似乎存在着某种因果关系(尤其是旁白的出现,更是暗示了因果关系的存在);整体呈现出一种从量变到质变的过程。读者从一开始阅读,就会被卷入作品,并由此产生一种紧张心理(渴望故事继续下去),直至最后结局的出现,这种紧张感才会消解掉,欲望得到满足。而因此,这也是《告白》的修辞技巧,因为因果关系的存在是性质系列递进形式的典型标志,也是其运用成功与否的关键因素;但不管怎样,这种故事情节之间所营造出来的因果关系至少符合了受众的直觉判断要求(或欲望满足),并因此为受众对最后主题的接受埋下了伏笔。这或许也是一种催眠效应,读者和修辞者在形式上的同一带来了最后在内容上的同一。

第二节 皆为戏剧:戏剧主义修辞观及其法律意蕴

伯克更重要的修辞学贡献在于其戏剧主义修辞观。首先,伯克有其深刻的人性论认识:

> 人是使用、创造和误用符号的动物;
> 否定的发明者;
> 由于其制造的工具而与他的自然环境相隔离;
> 受等级精神的驱使;
> 由于追求至善而变得迂腐。[1]

这一论断是伯克修辞学体系的基础。由于具有使用、创造和误用符号的特点,人区别于其他动物,符号也成了人的本质。并因此,发明了否定,因为世界上本没有否定状态,每种场景都是它自身的状态,比如说"那棵树不高",但事实上,与之相符合的情况却是"那棵树低"。因此,否定是人的发明物,它使得思想与形象相分离,"虽然思想和形象在语言的发展中已融合在一起了,但是否定却提供了将它们分隔开来的工具,因为否定是一种思想,

---

[1] Kenneth Burke, *Language as Symbolic Action*: *Essays on Life*, *Literature and Method*, Berkeley: University of California Press, 1966, pp. 3~16. ——笔者译。

对它不可能有形象。"〔1〕

也由此使得人与其自然环境（进一步）相分离（这种分离从人使用符号时就已经开始）。而在社会交往中，人们借助否定创造了大量的"你不应该"。其实，每种"你不应该"的背后都意味着一种社会规约（及其背后的惩罚）的存在，也意味着一种等级次序的出现（不应该的反面自然是等级高的）。而更进一步，久而久之，人也因此被道德化了，知道什么"好"、什么"不好"。随之而来的是人的选择（即态度）的出现。基于此，才出现了人的"行动"，即区别于物理学、生理学、生物学意义上的"运动"现象，而是一种涉及人的选择动机的行为。因此，这条理论演绎路径大致如下：符号——否定——等级——选择——行动。

也就因此，语言是一种象征行动。〔2〕伯克指出：

> 语言是象征表达和交际的、任意性的、规约性的媒介，这种媒介适合讨论它本身以及所有其他事物。语言的三个功能是：传递信息、愉悦和说服那些熟悉语言规约的人。在其传递信息的能力中，语言证明它自己是象征行动的集体化的形式。〔3〕

也因此，语言是修辞性的。首先，语言的三个功能"传递信息、愉悦和说服那些熟悉语言规约的人"都表明了其基本功能"诱发合作、调节人际关系"的存在，也即修辞的功能。其次，整体而言，语言材料带有明显的价值取向，它是整个人类历史长期"筛选"的结果，体现了浓厚的人类主观意志和价值偏好，科学术语也不例外，"由于它是一个术语，本质上它必须是对现实的选择，而且在这个方面来说，它也必须是对现实的一种偏离，任何术语必须把注意引向某个渠道，而不是其他渠道……比如，一本物理学的教科书，

---

〔1〕 参见 Burke："对语言起源的一种戏剧性的观点"（"A Dramatic View of the Origins of Language"），载《言语交流季刊》（*QJS*）XXXVⅢ，1952 年 10 月，第 260 页。转引自张西恒："司法就是说谎？——新修辞学对司法虚饰命题的反击"，载《法律方法》2016 年第 1 期。

〔2〕 当然，如果从哲学意义上讲，人类的大多行动都属于象征行动，因为"'象征'……是人类生存的基本保证，人类赖以安身立命的根基，而非一种工具"（刘亚猛：《追求象征的力量——关于西方修辞思想的思考》，生活·读书·新知三联书店 2004 年版）。

〔3〕 Kenneth Burke, *On Human Nature: A Gathering While Everything Flows*（Ed. William H. Rueckert and Angelo Bonadonna），Berkeley：University of California Press，2003，p. 341. ——笔者译。

把人的注意指向一个不同于法律或心理学教科书所指向的方向"[1]；而就每个具体的个案而言，人们的每次话语都带有明显的偏见或价值观，无论说什么都意味着其他事物被淘汰，也即选择和态度的存在，因而修辞动机无处不在。由此也可以说，语言本质上也是修辞性的，甚至可以说，人本质上也是修辞性的，正如琼斯通所言：

> 倘若人要想避免修辞，那么就得离开他的社团到一个与世隔绝的地方去生活……可是即使这样也不能摆脱修辞，因为在促使自己干某事或接受某个结论的过程中也是有修辞性的。劝说自己与劝说他人在本质上说是没有什么区别的。谁放弃了修辞谁就放弃了他的人性……做人就必须实施修辞。[2]

"象征行动"实际上也等于指明了语言的戏剧性。戏剧是通过语言、动作、舞蹈、音乐等达到叙事目的的舞台表演艺术形式，其作用模式就是象征，即利用舞台表演来模拟社会现实。在这一点上，语言和戏剧都是高度形式化的针对读者的东西。而且，"在伯克看来，语言是戏剧，一方面是因为语言使用就如同戏剧一样可以进行分析，另一方面是因为语言系统本身就好像是戏剧的框架一样。"[3]

首先，修辞话语的运作体现了一种戏剧化过程。伯克如此描述：

> 这里是历史铁规（iron law）中的几个步骤，
>
> 它们把等级秩序和牺牲品连为一体：
>
> 等级秩序导致罪孽
>
> （因为谁愿意遵守清规戒律呢！）
>
> 罪孽需要拯救
>
> （因为谁不愿意被拯救呢！）

---

〔1〕 Kenneth Burke, *Language as Symbolic Action*：*Essays on Life*，*Literature and Method*，Berkeley：University of California Press，1966，p. 44. ——笔者译。

〔2〕 Burks D. M. Rhetoric, *Philosophy and Literature*：*An Exploration*，West Lafayette：Purdue University Press，1978，pp. 57~59. ——笔者译。

〔3〕 邓志勇：《修辞理论与修辞哲学——关于修辞学泰斗肯尼思·伯克的研究》，学林出版社2011年版，第32页。

拯救需要拯救者

（也就是说，一个牺牲品）

从等级秩序到

牺牲品

（因此：宰杀的信念!）〔1〕

这一过程可简化为"污染——净化——拯救"。如上所述，人类由于否定的使用而造就社会中大量存在的"你不应该"，以及进而形成的等级秩序；但是人不可能完全遵守清规戒律（如同弗洛伊德所说的本我的冲动等），违背在所难免，因而罪孽随之产生（也即弗洛伊德所说的自我的出现），即心理被"污染"；如果不选择戒忍，为了清除这种罪孽感，人就需要找到一个牺牲品（替死鬼）来进行发泄，即心灵得到净化，获得拯救。而所有这一切都表明，一切修辞话语都是人对某个场景的策略式应答（strategic response）。

以《告白》为例：

（否定）王斌余连杀4人、重伤1人，犯罪事实清楚，后果严重；由于语言的否定作用，修辞者被道德化了，他知道王斌余的做法已构成严重的犯罪，为社会所不容；而自己以农民工权益保障为题来报道王斌余案件，有为其罪行开脱之嫌，也是不对的。

（等级秩序）如果修辞者不能很好地处理王斌余犯罪的情节，王斌余将无法得到同情；农民工权益保障的主题也就无法得到受众的认可；并因此，报道（及其作者）将会受到舆论的谴责等。

（罪孽）所以当面对一审法院判决以及舆论的谴责，他（们）陷入一种前途未卜的恐惧，产生罪孽感。

（戒忍/替死鬼）修辞者进行报道时，首先以王斌余自我陈述的形式来撇开自己，彰显中立；并以专家、律师等的旁白来印证主题；更重要的是，将问题指向了社会环境。

（净化）于是，修辞者将可能面临的指责都转向了这个替死鬼发泄了，他（们）把所有的责任都推卸掉了。

---

〔1〕 Kenneth Burke, *The Rhetoric of Religion*: *Studies in Logology*, Berkeley: University of California Press, 1961. pp. 4~5. ——笔者译。

（拯救）结果，修辞者获得拯救，报道深受舆论支持，反响很大。

因此，我们可以发现人是如何象征性地对环境做出反应的，如伯克所言"我们必须给有利和不利的功能和关系命名，以便使我们对之有所作为。在这一命名的过程中，我们形成了自己的性格，因为名称浸透着态度，而态度又暗示了行动"[1]。人们运用修辞话语表达了对于处境的理解，构建了一种对自己有利的"现实"，并以此来影响受众的观点、态度等。而更为细致的体现来自于语言系统内部。

（因而）其次，伯克向我们展示了语言系统的戏剧性框架。如同戏剧框架一样，任何一次修辞话语也涉及动作、动作者、手段、场景和目的等五个要素。而之所以选择这五个要素，是因为"在解释动机时，你必须有一些词来命名行为（即发生了什么事），另外一些词来命名场景（即命名发生的背景），还有一些词来指明什么人或什么类型的人实施了这一行为，他运用了什么方法或工具，以及行为的目的"[2]。这五个要素组成了十个基本关系对子（伯克称之为"ratio"）："场景—动作""场景—动作者""场景—手段""场景—目的""动作—目的""动作—动作者""动作—手段""动作者—目的""动作者—手段""手段—目的"。如果这些关系对子中的术语位置互换，则又可得到十个关系对子。[3]每一个关系对子中的两个元素都构成某种因果关系。比如，面对药家鑫杀人案，舆论发酵，有人用"富二代""军二代"来描述分析，所遵循的就是"动作者—动作"这一关系对子，即动作者决定了动作。而这实际上就暗示了修辞者的选择和态度。

总之，"戏剧五要素之间的关系就像人手上五个手指之间的关系：它们各自独立，但同时又因为在手掌中融为一体而彼此相关。正因为它们既分离又统一，修辞者从一个术语跳跃到另一个术语，或者可以通过手掌心从一个手指到另一个手指。修辞者可以突出行动者的策略，然后过渡到'行动者—场合'这一个关系。每一个步骤代表了一个象征态度的行动，而且整个关系对

---

〔1〕 Kenneth Burke, *Attitudes Toward History*, Los Altos, California：Hermes Publications, 1937, p. 3. ——笔者译。

〔2〕 Kenneth Burke, *A Rhetoric of Motives*, Berkeley：University of California Press, 1969, p. XV. ——笔者译。

〔3〕 Kenneth Burke, *A Grammar of Motives*, Berkeley：University of California Press, 1945, pp. 127~139. ——笔者译。

子代表了戏剧的运作。"[1]这实际上就是伯克修辞学最重要的"五位一体法"，构成了伯克戏剧主义修辞批评的核心，而它探讨的主要问题就是分析修辞者如何搭配五个戏剧要素的。

以王斌余陈述"我当时实在忍受不了，我受够了他们的气，就拿刀连捅了5个人。我当时十分害怕，就跑了，到河边洗干净血迹，就去公安局自首了"为例。根据这一陈述，该修辞行为的戏剧五要素分别是：动作者——"我"（王斌余）；动作——连捅5个人然后去公安局自首；手段——拿刀；场景——忍无可忍，生活艰辛，长期忍受不公，这次讨薪未成又反被欺压；目的——"实在忍受不了"后的宣泄与反抗。该陈述的戏剧五要素及其性质可归纳如下表：

五要素	（被陈述者所描绘的）性质	陈述中相应描述
动作者	忍无可忍的被欺压者	"受够了他们的气""十分害怕" "去公安局自首"
动作	反抗	"连捅了5个人""去公安局 自首"
手段	致命、极端	"拿刀连捅"
场景	被欺压的生活	"当时实在忍受不了" （以及前面讨薪未成反被欺）
目的	发泄（自然本能）、反抗	"实在忍受不了"

紧接着，我们需要对修辞话语进行关系对子分析，以此来找到修辞行动中的主导因素，并探寻出话语者的修辞动机。借助上文的分析，我们首先要对戏剧五要素配对，看这些对子是否与待分析的修辞话语吻合。因此，我们可以组成如下关系对子并根据王斌余陈述进行检测：

---

[1] 邓志勇：《修辞理论与修辞哲学——关于修辞学泰斗肯尼思·伯克的研究》，学林出版社2011年版，第61页。

动作者——场景	否	场景——动作者	是
动作者——动作	是	动作——动作者	否
动作者——手段	是	手段——动作者	否
动作者——目的	是	目的——动作者	否
场景——动作	是	动作——场景	否
场景——手段	是	手段——场景	否
场景——目的	是	目的——场景	否
动作——手段	是	手段——动作	否
动作——目的	否	目的——动作	是
手段——目的	否	目的——手段	是

由此，我们可以发现，在这些吻合的关系对子中，场景是决定其他因素最多的那个因素（有 4 次），而这也就是主导因素，是被话语者最重视的因素，显示了话语者根本的修辞动机。因为主导因素暗示了在同一处境中修辞者选择了哪一种，换言之，修辞者的描绘显示了他觉得什么才是对某个环境的适当反映，而这就是伯克所说的"动机"[1]（"motive"）。

因此，王斌余陈述中将场景因素建构成了他行为的主导因素，换言之，王斌余认为他的杀人行为是由"被欺压的生活"引起的，是自己对压迫者的"反抗"，这是场景占主导因素所引导出来的结论。

戏剧主义修辞批评的最后一步是分析修辞者是如何突出主导因素，实现其动机的。实际上，上述五要素归纳表已经暗示了答案所指——"性质"是通过陈述语词展现出来的。伯克对此的理论解释是"术语屏"（当然还有上述

[1] 伯克笔下的"动机"是对某个环境的速写式的总括，它是一个语言概念，而非心理概念。因此，伯克的动机修辞学分析实际上并没有相悖于胡适所倡导的"君子立论，宜存心忠厚"的说理观点，即"正如'待人要在有疑处不疑'，施与说理，即不问动机，不当诛心。动机潜藏于人心之中，心之为心，本不可问，所谓人心隔肚皮，实在难测；强行问心，或成诛心（譬如我捡到一万元交到电视台，请它们代为广播以寻找失主，我的本意，可谓拾金不昧，你却认为沽名钓誉，这便是诛心）。倘从结果反证动机，则不免陷入以成败论英雄的困境。所以'不许质疑动机——不能以道德的名义去怀疑别人的动机'，被纳入《罗伯特议事规则》，作为对话、说理必须遵守的前提"。参见羽戈："胡适如何说理？"，http://www.360doc.com/content/15/0219/19/2304286_449468736.shtml，最后访问日期：2015 年 5 月 3 日。

"同一"策略，我们不再赘述）：

> 我们必须使用术语屏，因为我们不用术语就没法说任何事情；不管我们使用什么术语，这些术语必定形成一个相应的屏，任何这样的屏都将把人的注意引向某个领域而不是其他领域。在这个领域里，可能还有不同的屏，每个屏都各有引导注意的方法，决定观察的范围，因为这个范围蕴涵在特定的词汇之中。所有的术语都隐含地或明确地包含对延续性原则及非延续性原则的选择。[1]

具体到王斌余陈述，通过后来的报道（主要是二审判决书），我们知道王斌余将其杀人的残忍细节屏蔽掉了；另外报道者"憧憬""挣扎""反抗""反思"等词语也明显偏向于王斌余；当然，还有旁白的"声援"。更重要的是，《告白》修辞者试图以王斌余和旁白者自我陈述来展现其中立性，然而直接呈现这些自我陈述又何尝不是修辞者在主动营造"术语屏"？为何没有其他相反的声音的出场？因此，王斌余陈述中对场景因素的凸显更是修辞者的选择，把其他的事物过滤掉，将读者的目光吸引到他所建构的世界中，这又何尝不是一种修辞技巧？而且它也进一步回答了修辞者如何寻找"替死鬼"，净化心灵的问题。

如果将目光投射到媒体之间、公众之间以及媒体和公众之间，"术语屏"所产生的影响会被进一步扩大，"重复形式"可能会产生：

> 因为人们不愿意改变自己的态度、信念、价值，因此，要说服他们去改变的话，劝说者就必须将它与他们已经相信的东西联系起来。这叫"锚"，因为它是已经被劝说者接受的、并将会用来锚定新的态度与行为。一个"锚"是变化的起点，因为它代表了潜在被劝说者已经广为接受的东西。[2]

---

〔1〕　Kenneth Burke, *Language as Symbolic Action*：*Essays on Life*, *Literature and Method*, Berkeley：Universtiy of California Press, 1966, p. 50. ——笔者译。

〔2〕　Garth Jowett and Victoria O'Donnell, *Propaganda and Persuasion*, London and Newbury Park：Sage Publications, 1992, pp. 22~23. ——笔者译。

也因此，或许我们可以更好地解释为什么法官难以对抗涉诉舆论了。

更重要的是，伯克实际上指出了，"现实"是修辞的产物，而非完全客观的，因为语言材料的产生和使用都是修辞选择的结果，还因为，伯克说道：

> 我们是否能够意识到……我们所说的"现实"绝大多数是由我们的符号系统所建构起来的。把我们的书拿掉，我们对历史、自传，甚至对所谓的"实实在在"的事物如海洋与大陆的相关位置又有多少了解呢？今天的"现实"是什么，如果不是关于过去的一簇符号与我们主要通过地图、杂志、报纸等关于现在所知道的东西相联系的呢？……不管我们亲身经历的一点现实多么重要，整个"图画"只不过是我们的符号的建构物。对这个事实进行深思，就像站在事物边上朝最终的深渊里窥测，直到看到它的深刻蕴涵意义。毫无疑问，这就是为什么尽管人是使用符号的动物，他仍然坚持相信一种由符号建构起来的天真的现实，而不去认识人的现实观念中符号性所起的作用……词语是连接人与非符号世界的纽带，同样也是把我们与非语言相分离的一种屏障。[1]

不仅"现实"，更不能忽略的是，我们经常碰到的"案件事实"。首先是"术语屏"的作用，比如在询问证人和讯问被告人时，侦查机关人员并非完全让证人或被告人独自"交代"，而一般都是公安人员一句一句地问，被告人断断续续地答，证人也是问一句答一句，这样法律职业人员"训练出来的无能""职业心理""术语屏"[2]等因素会使得真实事实难以全面呈现，很容易受到他们的主观干预。其次，一个案子从公安机关立案到法院最后宣判，中间要经

---

〔1〕 Kenneth Burke, *Language as Symbolic Action*: *Essays on Life*, *Literature and Method*, Berkeley: Universtiy of California Press, 1966, p. 5. ——笔者译。

〔2〕 这三者含义基本相同，都是指个人通过语言介质来接受教育、参与社会交往，并因此而形成了自己的语言介质，受此制约："训练出来的无能"比如医生往往不会打官司；"职业心理"比如学经济的往往更关注事物的经济价值。See Kenneth Burke, *Permanence and Change*, New York: New Republic, Inc, 1935, pp. 14~19, 54~70. Kenneth Burke, *Language as Symbolic Action*: *Essays on Life*, *Literature and Method*, Berkeley: Universtiy of California Press, 1966, pp. 44~60.

过多个主体的解读、加工、整理、裁剪、编织，在这个"没有终结的对话"[1]中，如何保证他们的统一？再其次，证据在诉讼的事实审理过程中所起的作用只是提供基本案情的信息（一方面证明是否存在一些事件，另一方面在认识上得出一系列有关案件经过的构成事件），但这些信息简单罗列之后并不意味着一份具有法律和审判意义的案件事实（其一，事件与事件之间的关系不明确，无法提供司法裁判所需的信息；其二，事件的简单罗列并不能给叙事提供一个主题意义）；符合法律语境要求的案件事实必须是一个完整的叙事文本，在经过证据建构的阶段之后，它仍然需要在叙事活动和修辞活动中完成。最后，尽管依据案卷可以建构出不同的事实文本，但基于制度博弈和个人懈怠等因素，审判者在判决书上一般都"选择"那个最接近起诉书的事实文本，也是最偷懒、最保守的文本，这实际上又是一次修辞——基于场景的策略式应答。[2]因此，或许我们在一定程度上不难理解为何"一个简单的刑事案件，证据确凿充分，案情经过清晰明了，也没有在法律规范上产生争议，可判决却不为公众所认同，甚至被视为不正义"[3]。

至此我们已充分说明了语言的戏剧性意义，以及伯克戏剧主义修辞观（批评）。伯克本人对戏剧主义的定义如下：

---

〔1〕　伯克曾对此做过一个形象的比喻："设想你走进一座大厅。你来迟了，你到达时其他人比你早很久就到了，他们在进行激烈的讨论，激烈得没法停下来准确地告诉你到底讨论什么。事实上，在他们之间任何人来之前讨论就已经开始了，所以没有一个在场的人能为你追溯先前的每一个步骤。你听一会儿，直到认为已经弄明白人们争辩什么的时候才加入到辩论中来。有人会问你问题，你回答他；另一个人来为你辩护，而另一个人则试图反驳你，这使你的论辩对手要么感到尴尬，要么感到满足，这取决于替你辩护的人的水平。然后，你离开了，讨论仍然在激烈地进行之中。"（Kenneth Burke, *The Philosophy of Literary Form*: *Studies in Symbolic Action*, Baton Rouge: Louisiana State University Press, 1941, pp. 110~111.）我们可以发现，这个比喻实际上和司法过程非常相近。它表明了真理（案件事实）在阶段中的历史性，和具体的场景、对话不可分割；以及真实（案件事实）再现的不可能性，人的主观干预无时不在。参见邓志勇：《修辞理论与修辞哲学——关于修辞学泰斗肯尼思·伯克的研究》，学林出版社 2011 年版，第 97 页。

〔2〕　参见刘燕：《法庭上的修辞：案件事实叙事研究》，光明日报出版社 2013 年版，第 207 页。

〔3〕　刘燕：《法庭上的修辞：案件事实叙事研究》，光明日报出版社 2013 年版，第 7 页。这个简单的刑事案件就是崔英杰案，案情大致如下：2006 年 8 月 11 日下午，小摊贩崔英杰在北京市中关村某路边无照摆卖，遇到海淀区城管大队巡逻队员来查处、没收经营工具。在双方争抢摆摊用的三轮车时，城管大队队长李志强被崔英杰刺伤，后送往医院后不治身亡。崔英杰逃离后第二天被抓获。2007 年 4 月 10 日崔英杰被北京市一中院以故意杀人罪判处死刑，缓期两年执行。这个案件也曾引发广泛关注。

一种分析的方法、一种对立的术语批评，其目的是表明，对人类关系的动机的最直接研究是对术语系列或簇群及其功能进行有效的探讨。戏剧主义方法蕴涵在关键术语"行动"之中。它是基于这样的观察：有行动的地方，必须有行动者，同理，也必须有行动者实施行动的场景。在一个场景中行动，行动者必须使用某种手段或工具。行动之所以是行动，是因为它还涉及目的。[1]

如果将这种戏剧主义方法运用到法律本身，比如《刑法》，我们将会得到一些新的启示。[2]首先，尽管犯罪构成要件与戏剧主义要素有一定的类似性，比如犯罪主体与动作者，犯罪主观方面与目的，犯罪客观方面与动作、场景、手段等；而且也有一些相关具体罪名或规定来就某些因素进行特别考虑，比如贪污罪的犯罪主体必须是国家工作人员与动作者、期待可能性理论与场景等。但就整体而言，法律主要关注的还是行为，即动作；而且实际上，犯罪目的（实施犯罪行为所追求的客观危害结果在主观上的反映）并非戏剧主义中的目的要素，而后者更类似于犯罪动机，然而犯罪动机在我国刑事立法中不属于犯罪构成的要件，而只是一种酌定量刑情节。这也就决定了法律职业者相对独特的修辞话语和修辞动机。以王斌余案终审判决书部分内容为例：

当日晚，上诉人王斌余与王斌银回到工地，见宿舍房门被锁，便于晚10时30分左右来到惠农区河滨街钢电路63号吴新国的住处敲门索要生活费。吴新国称自己已睡下，明天再解决，王斌余不同意，双方隔着门发生争吵。吴新国打电话让被害人吴华过来劝走王斌余兄弟。吴华将此事告诉了身边的被害人苏志刚、苏文才和苏香兰。苏志刚先赶到吴新国住处劝王斌余兄弟离开。苏文才、吴华、苏香兰随后赶到现场。王斌余对苏志刚说："没你的事，你回去吧。"苏志刚讲："咋没我的事，你老到老陈（陈继伟）那儿告我，我看你今天是欠揍了。"王斌余又说："你没到6点（晚6点）就把电焊收了，我说你咋了？"二人为此争吵。苏文

---

[1] David L. Sills（ed），*International Encyclopedia of Social Sciences*，Vo. 7，the Macmillan Company，1968，p. 446.——笔者译。

[2] 与戏剧或剧场相关的司法理论，边沁、伯尔曼，还有我国学者舒国滢等都有过论述，可参见王晋："法庭活动的戏剧之维"，载《研究生法学》2005年第1期；参见周伦军："司法剧场化随想"，载《法人杂志》2004年第Z1期。

才见状上前责问并打了王斌余一耳光，双方遂发生厮打。王斌余掏出随身携带的折叠刀，先后将苏志刚、苏文才捅倒在地。此时，王斌银抓住王斌余持刀的手进行劝阻，王斌余推开王斌银，又将吴华、苏香兰捅倒在地。吴新国妻子汤晓琴闻讯从屋内走出，搀扶被刺倒在地的苏志刚，王斌余又将汤晓琴捅成重伤，汤晓琴负伤躲避。此时，王斌余发现吴新国也在场，遂持刀追杀，未果。王斌余返回现场，边喊"让你全家都死"边对已被刺倒在地的苏志刚等人连捅数刀，致苏志刚、苏文才、吴华、苏香兰当场死亡。汤晓琴被送往医院抢救，脱离危险。经检验，五名被害人共被捅刺 48 刀。王斌余乘出租车逃离现场后，将凶器抛入黄河。公安机关接到群众报案后，立即开展侦查工作，确认王斌余为犯罪嫌疑人。王斌余于当日晚 11 时 55 分到公安机关投案自首，公安机关扣押了其沾有血迹的衣服及随身携带的人民币 1452 元。[1]

根据这一判决描述，该修辞行为（王斌余杀人）的戏剧五要素分别为：场景——讨薪时与被害人发生纠纷；动作者——王斌余；动作——连杀四人、重伤一人；目的——打斗、杀害；手段——用刀连捅，共 48 刀。该陈述的戏剧五要素及其性质可归纳如下表：

五要素	（被判决所描绘的）性质	判决中相应描述
动作者	故意杀人者	"双方遂发生厮打""持刀追杀"
动作	故意杀害	"持刀追杀""推开王斌银"
手段	残忍	"折叠刀"
场景	普通纠纷	"发生争吵""双方遂发生厮打"
目的	杀害他人	"让你全家都死"

接下来，我们组成如下关系对子并根据判决描述进行检测：

动作者——场景	否	场景——动作者	不明
动作者——动作	否	动作——动作者	是

---

[1]　（2005）宁刑终字第 97 号。

续表

动作者——手段	否	手段——动作者	是
动作者——目的	否	目的——动作者	是
场景——动作	否	动作——场景	是
场景——手段	否	手段——场景	是
场景——目的	否	目的——场景	不明
动作——手段	是	手段——动作	否
动作——目的	是	目的——动作	否
手段——目的	否	目的——手段	是

由上表我们可以看出，戏剧五要素中的动作因素决定其他因素的次数最多，因此动作因素在王斌余杀人案件这个修辞行为中占据了主导地位，换言之，修辞者（审判者）认为王斌余故意杀人的动作是该案件的根本原因，这是根据动作因素的主导所推导出来的结论，也是该判决想劝说受众接受的结论。

接下来我们来考察判决描述中"术语屏"和"同一"修辞策略的使用。除了"让你全家都死"一句相对直接反映心理的描述外，修辞者几乎都是在描述动作；尤其对犯罪行为进行了详细描述，甚至选择了"边喊'让你全家都死'"这样的细节。基于这样的描述，王斌余故意杀人的行为和目的确凿无疑，而且传递了"王斌余是因日常普通纠纷而冲动的残忍的故意杀人者"这样的信息，并试图以此来达到与受众的"同一"。

更重要的是，将场景因素简单描述为"争吵""厮打"，淡化场景因素的影响。尽管根据法院判决证据，我们似乎发现情况并非像王斌余所描述的"吴华骂我像条狗，用拳头打我的头，还用脚踢我，苏文才、苏志刚也一起打我和弟弟"那样，但其实这只是判决修辞的结果。

仅就案件发生当晚的场景而言，苏志刚的回话"我看你今天是欠揍了"，以及随后苏文才动手打了王斌余一耳光，我们可以推断吴华、苏志刚等人前来并非简单的"劝走王斌余兄弟"；而且如果仅仅是为了"劝"走，何必过来四个人？因为一方是四个人，并且根据吴华曾对王斌余打骂的情况，我们有理由相信"吴华骂我像条狗……"。

由此我们可以发现，判决描述中都给了一些直觉式理由，或直接呈现表面理由，以试图"迅速"证明相关情况的真实性，而且这些理由似乎都成立；但如果我们结合生活常识、社会背景认真分析，我们会发现"理由"背后的（可能的）真实场景。

再比如，判决描述王斌余"提出辞工返乡，要求付清自己与王斌银以及已经辞工返乡的王路全、王伟胜 2005 年的工资。陈继伟让王斌余到中宁县结算，王斌余未去。当日下午 3 时许，王斌余以人身权利得不到保障，父亲脚骨骨折……为由，到石嘴山市惠农区人事劳动保障局投诉"。一切都看起来合情合理，而且似乎表明了王斌余的"过错"——"不是不给结算，是他自己不去；而且下午还（马上）去投诉，倒打一耙"。但我们需要思考一下，结算工资为何要到 250 公里之外的中宁县，难道就因为陈继伟外出在此地？为何不能让吴新国代为给付？（根据他能够代陈继伟去劳动保障局处理投诉事宜，基本可以推断）因此，我们大致可以推断出，这不过是陈继伟推脱的借口，实际上就是在故意为难王斌余，因为 250 公里对一个生活在 10 年前的普通的农民工而言，是一个不近的距离。但因为这个直觉式的理由的存在，"以人身权利得不到保障，父亲脚骨骨折，自己急需回家，陈继伟不给结算工资为由"等字眼无不给人一种王斌余撒谎的错觉，并因此我们很难再有王斌余牵挂父亲的想法与场景再现，因为这只是一个"借口"。

还有，王斌余是否生活无着落？这也是一个比较重要的问题。判决如此陈述"吴新国即给付王斌余 50 元生活费，王斌余嫌少未要""案发时随身携有 1452 元现金，且当天拒收吴新国给付的 50 元生活费，有能力解决个人食宿问题"。这些陈述都是对当时表面场景的直接呈现。这些不仅可以证明法院的判断；而且还再一次表明了王斌余的"表里不一"。但结合社会背景等情况，我们或许可以读到背后的真实场景：吴新国是心平气和地给付 50 元生活费，还是带有一种不满与嘲讽？王斌余未要仅仅是因为普通的"嫌少"，而他实际上有钱因而看不上？如果身无分文，50 元生活费真的能够维持两个人 5 天的生活吗？而且对于家庭贫困的农民工，他们又舍得吗？如果不舍得，晚上工地宿舍房门被锁上，是不是意味着"生活无着"呢？而且，随后去找吴新国索要生活费，是真的要生活费，还是只是变相地要求吴新国打开宿舍房门？当然，有人肯定会反驳"既然辞工为何还要继续吃住在工地，这对包工方也不公平"，但如果了解真实的工地和工人生活场景的人就会知道，这对包工方是一件非常简单的低成本的事情（而且最后结算工资时可以扣除），但却能解决普通工人很大的麻烦；因此，吴新国的做法难道就是简单的公平处理，而非一种变相的报复和刁难？难道这种目的没有体现在"称自己已睡下，明天再解决"，以及打电话叫来吴华等劝走王斌余兄弟？

还不能忽略对某些情节的直接删减（或不予交代）。吴华让王斌余偷东西、扣300元滞保金、加班费"能赖就赖掉"、交了医疗保险看病却不给报、王斌余从劳动部门到法院后又回劳动部门、陈某"诬赖我看工地时偷了铝皮"等情节在判决书中都没有提及。诚然，有些情节确实与本案无关，正如波斯纳所言：

> 对抗性故事的一个相关问题是建立因果关系的问题。当一个被告为了请求宽恕讲述了一个关于童年受到虐待和忽视的令人伤心的故事时，他是在暗含地主张，他叙述的事件同他之所以被判刑的犯罪行为之间有因果关系；否则这个故事没有任何干系。但是，主张并不是证明。证据是关键的，但故事并没有给出证据，尽管这个故事对于有关堕落和救赎的轻信和感情的直觉来说可能很具吸引力。[1]

不过，这些真正的"与本案无关"实际上也是一种法律（职业者）的修辞。然而，更重要的是，还有一些情节并非与本案无关。比如陈某"诬赖我看工地时偷了铝皮"可以佐证上面的陈某让王斌余到中宁县来取工资确实是一个借口；如果如此，那么这是不是可以证明王斌余的"被逼无奈"？当然，作为法学研究者，我们承认即便所有的情节都充分考虑进去，也不能免王斌余一死，因为一旦如此，它所引起的先例示范后果将会超出我们的想象。但这里我们只是想展现这其中的修辞策略——"事件是否与案件有关，严格来说根本没有一个所谓的判断标准。然而事件的筛选却是有标准的，这个标准就是叙事者希望建构一个什么样的故事。"[2]

因此，我们可以发现法庭判决（法庭修辞话语）与王斌余陈述（也即

---

〔1〕［美］理查德·A. 波斯纳：《法律与文学》，李国庆译，中国政法大学出版社2002年版，第466页。

〔2〕刘燕：《法庭上的修辞：案件事实叙事研究》，光明日报出版社2013年版，第168页。另外，如何删减和挑选事件还可参见刘燕对崔英杰案判决书的分析，同上，第160~169页。

《告白》所代表的公众修辞话语）的不同的术语屏修辞策略，[1]并进而实现一方凸显动作、另一方凸显场景（或动作者等，如上文所述的"富二代""军二代"所体现的关系对子）的不同的修辞目的：

> 法庭所确认的叙事文本，删减了大量有关人物和情节的复杂性的内容，同时也割断了人物、行为和犯罪事件的语境关系；公众叙事则积极地恢复这个语境，试图回答被告人除了是个罪犯之外，还应当具有哪些身份，被告人身处的社会环境和生存条件是怎样的，这种背景和现场的环境与他的行为之间有怎样的关系。[2]

也因此，二者之间无法通约，都是根据证据的修辞，谁又能说服谁呢？

除了"现实"和"案件事实"，修辞还构建了科学。伯克反对传统的根基于不言而喻的有效性前提的形式逻辑，以及以之为基础的科学。他指出，"当写作者给我们一系列逻辑命题，试图表明为什么获得他的结论时，他实际上几乎逆反了思维的过程：他提出证据，设想引导一个结论，但是这个结论已经导致了对材料/数据的选择和结构安排。所以，科学演示是来源于要说明的东西（'demonstrandum'），我们从想到达的地方，设计出到达那里的路径。"[3]换言之，科学不是逻辑推导的结果，而是修辞选择的产物。为此，伯克尖锐指出了科学领域的"可选择性"：

> 应用科学中的实验方法不应该使我们对这样的事实视而不见，即：我们对基本的文化问题的大多数关切就在于一个工作模式不可能建立的领地……人们一直对科学的客观性大加赞赏，尽管在任何特定的科学中存在重要的不同的分析……我们通常倾向于忽视这种众说纷纭（babel of assertions），说起科学来，好像它是一个事情，而不是一个存在很大分歧

---

[1] 刘燕还具体分析了邓玉娇案判决书的术语屏策略：（1）陌生用语避开了人物的第一印象定位；（2）情节之间的断裂消解了人物形象，并消解了可能出现的争议和质疑；（3）避开可能激化的社会矛盾。并实现了凸显动作，淡化动作者的修辞效果。参见刘燕：《法庭上的修辞：案件事实叙事研究》，光明日报出版社2013年版，第147~158页。

[2] 刘燕：《法庭上的修辞：案件事实叙事研究》，光明日报出版社2013年版，第211页。

[3] Kenneth Burke, *Permanence and Change*, New York：New Republic, Inc, 1935, p. 130.

的科学家组成的一个集体。[1]

因此，作为科学建立基础的形式逻辑并非必然的、普适的。而伯克的这些理论观点在图尔敏那里得到了很好的继承和发展，并对我们的法律实践有很强的指导意义，接下来我们将详细论述。

第三节　法律解释的新修辞学分析
——基于图尔敏论辩修辞学的启示

如上所述，伯克的修辞论辩观点得到了图尔敏实用论辩模式的有力支持[2]：

> 图尔敏之所以摒弃论辩的三段论模式，用一种"实用"模式取而代之，是因为传统的三段论模式不符合论辩的实际情况，一方面它没有把论辩的动态过程完整地勾勒出来，另一方面它忽视论辩的语境制约条件。更重要的是，图尔敏认为"真理"是一种社会现象取决于一个社区确定其信奉的标准。[3]

而图尔敏对法学研究的影响主要集中在法律论证领域，如阿列克西、菲特丽丝等法律论证理论学家都不同程度地受其影响。具体到我国法学界，这种影响状况也大抵如此。而针对其对法律解释（学）的影响和启示的研究并不多，较有代表性的有季卫东先生的"法律解释的真谛——探索实用法学的第三条道路"，但此文也主要是对其进行了简单的述评式研究，并没有详细展开。尽管法律解释和法律论证二者绝非泾渭分明，但毕竟存在着较大差异。因此，我们以为，有必要进行专门研究。研究的必要性还在于，尽管法律修辞学研究发展很快，但毕竟是一个新兴研究领域，有待更加多样和深入的研究。而图尔敏修辞论辩思想作为法律修辞学的主要依据之一，[4]理应得到更

---

　[1]　Kenneth Burke, *Permanence and Change* New York：New Republic, Inc, 1935, p. 101.

　[2]　See Stephen E. Toulmin, *The Uses of Argument*, Cambridge：Cambridge University Press, 1958.

　[3]　胡曙中：《英汉修辞比较研究》，上海外语教育出版社 1993 年版，第 123 页。转引自邓志勇：《修辞理论与修辞哲学——关于修辞学泰斗肯尼思·伯克的研究》，学林出版社 2011 年版，第 93 页。

　[4]　参见焦宝乾等：《法律修辞学导论——司法视角的探讨》，山东人民出版社 2012 年版，第 2 页。

多的关注。

需要说明的是，我们主要但不仅仅、借助而非简单套用图尔敏的修辞论辩思想，因此我们对这一思想既有借鉴又有批判。我们研究的目标主要是对法律解释进行修辞学分析，因此研究的内容是较为广泛的，主要涉及法律解释观、法律解释的原因、法律解释方法、法律解释规则和法律解释的意义和问题等。研究的思路大致如下：首先，我们通过对两种传统法律解释观的简要述评和相关误解的澄清，将法律解释和立法论辩联系起来，指出法律解释观在今天的争论部分实质原因或许在于是否要维护少数人的利益；沿着这一思路，我们将从立法层面探寻法律解释的原因；基于图尔敏修辞论辩结构中的论据理论，可以发现现有法律解释方法和论据的某种暗合，从而为法律解释方法的发现和存在合理性提供新的启示；基于图尔敏关于主张和论据的分类联系理论，我们可以对法的要素进行重新归纳，并至少可以从文本解读的层面发现一些法律解释规则；但具体到司法层面，法律解释在文本和事实的互动中渐显复杂，类似"二次立法"，我们可以发现一个新的法律解释的路径和规则；最后基于以上分析，我们可以发现不一样的法律解释的问题和意义。

一、法律解释观

一般认为，围绕法律解释的最大争论是采取客观论还是主观论，这也是法律解释观的两种不同取向。尽管客观论一直处于变化之中，从 19 世纪法国的现代法学坚持条文至上，信奉法典万能主义，以及德国概念法学强调对法律概念的分析和构造法律的结构体系；到 20 世纪，凯尔森纯粹法学强调"法律体系不是相同层次的并列规范体系，而是不同层次的法律规范等级……基本规范是规范效力的最高理由，（这些规范）一个根据另一个被创造，因而形成等级结构的法律秩序"[1]等。但他们都试图努力维护法律系统的封闭自足性，法律适用的正确答案能够而且只能在法律中寻找；法官要严格按照司法三段论的推理方式适用法律，作出判决；因此，法律解释要严格控制在法律的范围内，排除一切主观因素。实际上，它遵循的是一个物理式的力求发现客观真理的自然科学思想轨迹，这里的答案就是对错之分，而非好坏

---

[1]　Hans Kelsen, *Pure Theory of Law*, Berkeley：University of California Press, 1967, pp. 221~222.

之别。

耶林的思想转向，埃利希的"活法"理论，霍姆斯的立场转变，庞德的社会学法学，卢埃林、弗兰克的法律现实主义等标志着法与社会运动的形成及逐步深入，也代表着法律解释主观论的主要趋向。他们试图揭示法律体系的不完善，甚至不合理；逻辑三段论具有很大的局限性，往往"捉襟见肘"；法律适用过程中充满主观因素，客观性只是一个神话；因此，法律解释来源"不可靠"、方法"不可靠"、适用主体"不可靠"，具有强烈的主观性。实际上，它遵循的是一个注重权衡的类似政策制定的社会科学思想轨迹，这里强调的似乎是"没有最好，只有更好""司法工作的目标并非合乎逻辑的综合，而是妥协"[1]。

我们可以进一步进行对比。从知识论上讲，前者属于建构论，崇尚理性主义；后者属于扩展论，主张有限理性。从目标和归宿上讲，前者强调法律至上，规则信赖，甚至法律皈依，法律即是目的；后者回归社会和主体，法律仅是手段，具有选择性。从社会背景上看，前者之时，社会信任度较低，社会恐惧感强烈；后者则往往处于制度相对成熟、社会信任度和社会安全感相对较高的时期。因此，我们可以发现法律解释论背后的历史趋向和社会变迁，它们实际上向我们展示了法律解释观发展变化的某些原因。

因此，有两个可能的误解需要澄清。误解一：创造而非发现。人们可能的感觉是，法律解释主观论是学者们的创造，因为它是后来才被提出来的。诚然，必须承认学说中的学者偏好和倡导成分，但更重要的是我们要重新回归它们所指向的客观的法律解释的司法现象。毋庸赘言，已有的研究成果和社会现实已经明确告诉我们法律解释活动中客观因素和主观因素的同步存在。所以，主观论不是什么创造，而只是对现实情况的一种发现，无论个体承认与否，它都会存在，哪怕是客观论盛行之时。

误解二：主观等于恣意。这种感觉似乎非常普遍。关于这点，实际上，可以从两个层次来分析主观论：一方面，部分主观因素，如法官情绪，始终存在，不可隔绝，甚至客观之中依然伴随着主观因素，如一个坚信客观论的

---

〔1〕 〔美〕A. L. 考夫曼：《卡多佐》，张守东译，法律出版社 2001 年版，第 224 页。

审判者的坚信程度依然是个主观因素；[1]另一方面，部分主观因素则是可以选择的，如考虑社会后果或社会利益衡量。前者很难剔除，后者主观因素的适当运用实际是为了弥补形式主义的教条僵化等不足，促进纠纷的合理解决和法律的良好运行。尽管存在恣意判断的可能，但二者之间绝非等号。

因此，时至今日，法律解释客观论和主观论之争的实质便成了形式法治和实质法治之争。至少在中国语境内，法律解释所反映的形式法治和实质法治立场的博弈长期存在，而不管法律解释主观论和客观论以何种话语、何种视角展现。[2]形式法治和实质法治之争是法理学的核心问题，有学者分析认为其背后有深刻的社会（心理学）根源，即"禁锢恐惧症"和"沙漠恐惧症"。[3]

形式法治与实质法治的诸多分歧之一便是体现在对法治价值的追求上——形式合理性还是实质合理性。但"形式法治并非完全不考虑法律的实质合理性，只不过在他看来，合理性仅仅是立法者所应当孜孜追求的，而不能要求执法者对法律的不完善负责。如果法律有什么不完善，那也是立法者的事，可以留待以后去修改、去完善，公民应当首先服从和执行，法院也不能越俎代庖去制定法律。"[4]

尽管如此，一旦追溯到立法层面，更大的问题就会接踵而至。马克思主义法学认为法律是统治阶级意志的体现，"占统治地位的个人除了必须以国家的形式组织自己的力量外，他们还必须给予他们自己的由这些特定关系所决定的意志以国家意志，即法律的一般表现形式。"[5]时过境迁，尽管这种体现统治阶级意志的法律本质观受到一些学者的批判，但不可否认的是，法律依然是拥有立法创制权的国家机关根据法定权限，依照法定程序制定的规范性

---

[1]　这类似于心理学上所讲的"情绪定律"——"人百分之百是情绪化的。即使有人说某人很理性，其实当这个人很'理性'地思考问题的时候，也是受到他当时情绪状态的影响，'理性地思考'本身也是一种情绪状态。所以人百分之百是情绪化的动物，而且任何时候的决定都是情绪化的决定"，参见百度百科："情绪定律"，载 http://baike.baidu.com/view/229525.htm? fr=aladdin，最后访问日期：2014 年 7 月 4 日。

[2]　比如，有研究法律解释的特征是独断还是探究，或法律解释的权限是服从还是创造等，它们的实质都不过是对实质法治和形式法治的选择、取舍。参见陈金钊等：《法律解释学》，中国政法大学出版社 2006 年版。

[3]　参见桑本谦："法律解释的困境"，载《法学研究》2004 年第 5 期。

[4]　何海波："形式法治批判"，载罗豪才主编：《行政法论丛》（第 6 卷），法律出版社 2003 年版，第 16 页。

[5]　《马克思恩格斯全集》第 3 卷，人民出版社 1960 年版，第 378 页。

文件。法律制定虽然因认知的有限而受局限，但更大的局限则是这种活动本身产生的，法律并非全民制定，而只能由特定国家机关来具体施行，也就因此（即便全民制定）不可能面面俱到，主流声音得到回应，主流情况受到关注，而社会弱势群体和弱势声音则很容易被忽略，比如拐卖妇女罪的制定并没有关注"两性人"的声音。[1] 其实，这如同马克思主义法律本质观，立法很难避免"多数人暴政"问题。"法律是一种社会意识形态，法律受立法者意志的左右，可以正确地反映客观的法权关系（法），也可以囿于本阶级的特殊利益而不去体现全社会的共同意志与利益，是有强烈的阶级性的。"[2]

从实质上讲，这也是图尔敏论辩理论的启示，法律并非严格逻辑和理性的产物，并非因此科学、正确，而更多是修辞论辩的产物，更具体地讲，是立法论辩的产物。不同于图尔敏对修辞论辩的正面作用的关注，我们实际是指出了立法修辞论辩可能存在的"软肋"之一。而"多数人暴政"是有心理根源的。更为根本的因而也是更好的解释来自于古斯塔夫·勒庞《乌合之众——大众心理研究》。他指出，由于，"首先，即使仅从数量上考虑，形成群体的个人也会感觉到一种势不可挡的力量，这使他敢于发泄出自本能的欲望，而在独自一人时，他是必须对这些欲望加以限制的。他很难约束自己不产生这样的念头：群体是个无名氏，因此不必承担责任。这样一来，总是约束着个人的责任感便彻底消失了"；和感染性影响，"在群体中每种感情和行动都有传染性，其程度足以使个人随时准备为集体利益牺牲他的个人利益"，以及易于接受暗示，"最初的提示，通过相互传染的过程，会很快进入群体中所有人的头脑，群体感情的一致倾向会立刻变成一个既成事实"，使得群体冲动、易变、急躁，"几乎完全受着无意识动机的支配……孤立的个人具有主宰自己的反应行为的能力，群体则缺乏这种能力……群体根本不会作任何预先策划"；群体情绪夸张、简单，"它全然不知怀疑和不确定性为何物……群体因为夸大自己的感情，因此它只会被极端感情所打动……夸大其辞、言之凿凿、不断重复、绝对不以说理的方式证明任何事情"；群体偏执、专横和保守，"群体只知道简单而极端的感情；提供给他们的各种意见、想法和信念，他们或者全

---

〔1〕 相关案例参见中华人民共和国最高人民法院刑事审判第一庭主编：《刑事审判参考》（第6辑），法律出版社2000年版，第10~11页。
〔2〕 郭道晖："论法意识与立法意识"，载《天津社会科学》1996年第4期。

盘接受，或者一概拒绝，将其视为绝对真理或绝对谬论。"[1]

虽然本体论解释学强调法律解释是一种始终存在的司法现象，但其真正引人注意却主要是在疑难案件中，绝大多数案件的解释和处理并没有太多争议，或已达成某种共识。"疑难案件产生于规则与事实之间的摩擦地带，这个摩擦地带也是'形式合理性'和'实质合理性'的十字路口。"[2]然而，这个地带其实也是立法所代表的主流声音和被其所忽略的弱势声音的摩擦地带。在这个十字路口，是继续坚持主流声音的意志，还是适当照顾弱势声音所代表的利益，则完全取决于司法审判者的选择。如果选择前者，冠之以文义解释，也就算不上解释，因为这不过是一种自然结果。"在图尔敏看来，那种认为一个普遍的和永恒的程序法典，能够为我们的所有问题提供唯一的和明确的答案的想法是一种原则的暴政。"[3]法律解释真正的效用显然是在不打破形式合理性的基础上，对实质合理性的适度追求。它不彻底否定主流声音，却也试图兼顾弱势声音。这才是法律解释的智慧和艺术所在。因此，从一定程度上讲，法律解释是在调和"多数人暴政"问题，它试图对少数人利益进行适当维护。但回归到更大的角度看——通常意义上的法律解释，有关法律解释观的争议在今天实际上或许就是是否要维护少数人利益的问题。

二、法律解释的原因

因此，一旦超出利益视角，从根本上讲，法律规范都是人类发现并创制的结果。比如制定法，首先是对某种社会现实的揭示；习惯法，一旦进入人类交流层面，就需要我们的发现和认可，也即另一种意义上的创制立法。换言之，法律规范的本质决定了它具有的意识属性，主观因素不可避免——"立法者发现法律的过程，是立法者对社会关系所产生的客观法律需求的理解过程（也适用于习惯法）；立法者表述法律的过程，同样是立法者对所用的文字和所发现的法律的理解过程。"因此，从一定意义上说，立法本身的缺陷来自于立法者的理解和解释的缺陷，因为理性有限，客观有限，立法缺陷在所

---

〔1〕　[法] 古斯塔夫·勒庞：《乌合之众——大众心理研究》，冯克利译，中央编译出版社2000年版，第16、17、24、21~22、33~34、36页。

〔2〕　桑本谦："法律解释的困境"，载《法学研究》2004年第5期。

〔3〕　宋旭光："法学视角的图尔敏论证理论"，载《法制与社会发展》2014年第1期。

难免。[1]

通常认为，"法律本身的天然局限性就是法律解释学的根源"[2]，加之法律解释现象的司空见惯，使得学界对法律解释的原因关注不多。较有针对性的研究可见韩成军"论法律解释的原因"。他从解释者、法律以及二者之间的关系三个方面寻找并阐述了法律解释的原因：人以理解和解释作为其存在方式，并依靠它们推动自身和社会的发展；法律作为一种符号必然需要解释，而且其自身的缺陷也需要借助解释来完善；法律实施中，法律的僵化和解释者理解的创造性决定了解释的必然存在。[3]

我们更关注立法层面。法律创制是一个对社会现实和相关主张不断抽象概括的过程。图尔敏论辩修辞学告诉我们，在这个过程中，裁剪和删减是必需的，而且法律制定者大多借助传统逻辑学的思维模式。因为简洁的需要，条文大多采用全称命题，使用形式的、一般的、脱离历史和语境的、价值中立的陈述，或然性主张或无或变形，限制性条件往往不能得到全面阐释；从事实直接过渡到主张，理由似乎不言自明，且有效性似乎不可争论等，[4]因而解释成为必需。因为"在法律的表象世界，我们所看到的永远是具体的法律，而不是抽象的法律，永远是在不同社会文化背景下的法律，而不是消除了社会文化背景差别的法律"[5]，也因为"法律语言不能像其它一些学术语言，能独立于一般语言的用法之外。法律语言是一般语言的特例，但绝不是与后者完全脱离的符号语言。就像我们一再强调的，其影响是：法律语言不能达到像符号语言那样的精确度。它总是需要解释"[6]，而从本质上讲，这在一定意义上也是上述立法论辩"软肋"的继续。

其实，当代西方法学流派，基本都在回答（如何应对）法律缺陷问题，回答的路径成为它们之间区别的实质。新自然法学求助道德，以"法律的道德性"理论等为名义；社会法学求助诸多社会（学）因素，以法律与社会的

---

〔1〕 参见韩成军："论法律解释的原因"，载《政治与法律》2008 年第 3 期。

〔2〕 季卫东："法律解释的真谛（上）——探索实用法学的第三道路"，载《中外法学》1998年第 6 期。

〔3〕 参见韩成军："论法律解释的原因"，载《政治与法律》2008 年第 3 期。

〔4〕 See Stephen E. Toulmin, *Return to Reason*, Cambridge, MA: Harvard University Press, 2001, pp. 10~30.

〔5〕 谢晖：《法律的意义追问——诠释学视野中的法哲学》，商务印书馆 2003 年版，第 42 页。

〔6〕 ［德］拉伦茨：《法学方法论》，陈爱娥译，商务印书馆 2003 年版，第 122 页。

关系理论等为名义；经济分析法学求助经济学理论（或方法），以"财富最大化"理论等为名义。但最奇妙的要数批判法学和现代分析法学。前者面对法律缺陷，基本上干脆就"破罐子破摔"，谈何应对，倒不如自我涅槃；后者倒基本坚挺，尽管哈特不得不让位于最低限度内容的自然法，制度法学不得不考虑社会现实和"制度道德"，然而，当摆脱了法律"命令说"的强制模式后，现代分析法学也是在借助——不是"根本规范"，就是体系化特征等——但本质上都是自我定义式的，即自己创立的"终极真理"。

因此，法律解释很重要的原因一部分在于立法层面。立法活动是有创造性的，它并非是对事实的简单描述，而是一种从事实到主张的过渡。因为存有缺陷，所以最后的主张即法律，从实质上讲，是有争议的，即可辩驳。而创造性和缺陷与其说是来源于有限理性，倒不如说是这一过程中使用的论据问题。后面我们会发现，这些论据在由事实到主张的过渡中所起的作用并不是充分必然性的，而是或然性。[1]因此，它为法律解释方法的存在提供合理性基础，并为法律解释方法的发现指明了路径。而法律解释的目标则是对立法主张据以作出的社会现实或"客观真理"的回溯。但显然，这基本上只是一个思想实验。

三、法律解释方法的发现和存在合理性

法律解释方法随着社会的发展变化也处于不断演变之中，总体说来，日趋丰富多样。我们主要以杨仁寿先生和梁慧星先生的观点为例，大致将法律解释方法分类如下：（1）文义解释；（2）论理解释，包括①体系解释，②法意解释，③扩张解释，④限缩解释，⑤当然解释，⑥反对解释，⑦目的解释，⑧合宪性解释；（3）比较法解释；（4）社会学解释，[2]而将类推解释归入到漏洞补充方法中，不算作确定法律规范意义内容的狭义法律解释方法。

---

[1]　实际上，这也和人们的"认知懒惰"的本能有关。社会心理学家苏珊·菲斯克（Susan Fiske）和雪莱·泰勒（Shelley Taylor）用"认知懒惰者"概念来形容一种保存认知资源、仅关注重要事宜的倾向，这种认知倾向源于人类认知容量的有限性，具体可表现为人类认知的刻板印象、凭借有限信息得出偏颇结论等。参见 http://www.360doc.com/content/14/0719/10/18613796_395451864. shtml，最后访问日期：2014 年 7 月 19 日。

[2]　参见梁慧星："论法律解释方法"，载《比较法研究》1993 年第 1 期；参见杨仁寿：《法学方法论》，中国政法大学出版社 2013 年版，第 138~180 页。

　　如上文所述，过往法律解释方法研究所遵循的基本是传统逻辑学的思路：通常将法律条文看作是静态固有的规范；将法律条文接受为全称命题；对法律条文采取诸如三段论省略式、例证等传统分析模式；将条文简单分成前提和结论；对法律条文的证明和理解很像简单的分类和划分等。

　　而图尔敏的论辩修辞学则提供了一个全新的思路。具体到法律解释，法律规范作为立法者的主张，是从事实经过理由产生的，应将其视为动态的；也就因此可以将法律条文看作是论辩的结果，对其进行彻底展开，对其中相关步骤和环节进行审视和评论；并进一步将法律条文细化，发现其他部分的存在，超越简单的前提和结论二分法，超越对法律条文的分类和划分式等证明和理解方式；从而，发现法律条文的"背景"和局限，甚至有争议之处。

　　更进一步，图尔敏的论辩结构模式，对法律解释方法的发现有很好的启示。图尔敏认为，"论辩是从公认的事实，通过一种理由，到提出一种主张的活动。"[1]因此，他将论辩的初始结构图示为：

$$（D）事实 \longrightarrow\ 因此（C）主张$$
$$既然（W）理由$$

　　更进一步，在"事实"、"主张"和"理由"三个必需的成分之外，他还发现了论辩中另一个三位一体组合。即"支持"（针对论据，即理由，证明其中蕴含的假定证明材料）、"反证"（针对主张，限定主张被适用范围）、"限定"（针对主张，限定主张的力量程度）。图示如下：

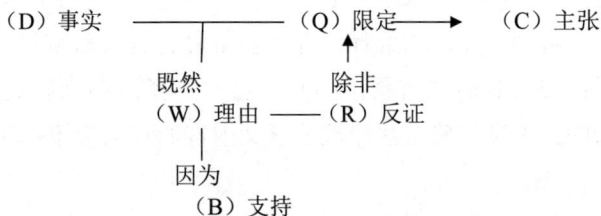

$$（D）事实 \longrightarrow （Q）限定 \longrightarrow （C）主张$$
$$既然 \qquad 除非$$
$$（W）理由 —— （R）反证$$
$$因为$$
$$（B）支持$$

---

[1] 胡曙中：《西方新修辞学概论》，湘潭大学出版社2009年版，第345页。

例示如下：

```
（D）事实 ———————┬———— （Q）限定 ——→    （C）主张

            既然            除非
          （W）理由 ——（R）反证

            因为
          （B）支持
```

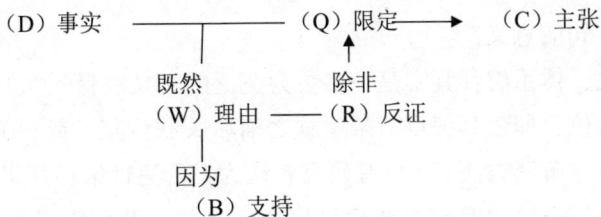

这一经验屡试不爽。

某权威说，杀人者有很大共性，几乎都穷凶极恶。

由此，我们可以看出，图尔敏论辩结构模式的最重要之处在于对修辞论据，即理由的重要性的发现和关注。这使得主张具有了可辩驳性，并相应提供了一定的技术手段。在此基础上，图尔敏对修辞论据做了进一步的研究。他将论据分为独立论据、权威性论据和动机性论据三类。独立论据大致相当于传统上的逻辑论据，依据因果（或果因）、属性和本质、小部分与大部分、本质上相似或相同、大部分与小部分等关系来进行推导。权威性论据相当于传统的伦理论据，论证由某些事实性的表述或观点组成的事实的来源的可靠性（上述事例即有权威性论据）。动机性论据，相当于传统上的感情论据，它通过阐明事实中行为的动机，将其与某种内部的价值评价、意愿和感觉等力量结合起来，从而为接受事实的主张提供动机。概括言之，三类论据类似亚里士多德在《修辞学》所说的三种劝说模式：逻辑诉诸、人格诉诸和情感诉诸。

论述至此，图尔敏的修辞论辩结构对法律解释方法的意义已初步显现。将法律条文视作立法者论辩修辞的结果，动态立体观察代替静态单一视角，对法律条文的解释便可从上述诸多论据方向入手，发现解释的视角和方法；换个角度来说，即发现现有法律解释方法和图尔敏修辞论据理论的深层暗合。

文义解释，是指依照法律规范之语言及文章用语的文义及通常使用方式而作出解释，据以确定法律的意义。[1]文义解释基本针对独立论据中依据属性和本质关系进行推导的符号论据而言。符号论据主要是对事实中符号的意

---

〔1〕　杨仁寿：《法学方法论》，中国政法大学出版社 2013 年版，第 139 页。

义或意思作出阐释。法律条文都是由"字句"组成，即一种主要用文字表述的符号，[1]文义解释就是对这种符号论据的揭示和解释，以"了解其用词遣字，确定其字句的意义"[2]。

与之相关，体系解释其实是一种更为宽泛的文义解释，"以法律条文在法律体系上之地位，即依其编章节条项款之前后关联位置，或相关法条之法意，阐明规范意旨之解释方法。"[3]有研究者认为，合宪性解释其实也可归为体系解释，因为它依据的也是整个法律秩序之体系性，我们深以为然。除符号论据外，体系解释还针对独立论据中依据某种相同或相似关系而进行推导的相似论据或类比论据。相似论据的基本思路为事实是 A（或 C 及 D、E、F 等）能够推导出 B，论据指出 C 和 A 等属于同一范畴，且具有本质上的相似性，因此主张 C 也能推导出 B。不同于相似性论据侧重某种性质的传递，类比论据侧重某种关系的传递，它的基本思路为事实 A 和 B 之间具有某种关系，而论据指出 C 和 D 之间的关系与 A 同 B 之间的关系具有相同或相似性，因此主张 C 和 D 之间具有这种关系。但不管怎样，两种论据基本都为体系解释营造了存在的可能和空间，因为它们暗示了法律体系内部整合关系的存在，而体系解释恰是基于这种关系，以维护整个法律体系的一贯性、概念用语的一致性和各个法条之连锁关系。

和此两类论据相关的，还有"举重以明轻，举轻以明重"的当然解释——"法律虽无明文规定，惟依规范目的衡量，其事实较之法律所规定者，更有适用之理由，而径行适用该法律规定而言"[4]，其实算不上一种独立的解释方法，一个事项比另一个事项更适合于某一法律"其理由或者是进行类比的相似性推理，或者在事项与该条文的立法目的关系的分析上，当然解释中的'当然'并不构成有效理由"[5]。因此，它是对相似论据和类比论据的切入。

限缩解释，是指法律规定的文义过于宽泛，需要限缩法律规定的文义，局限于核心，以便能够正确适用。[6]我们认为，这基本是针对独立论据中依

---

〔1〕 参见韩成军："论法律解释的原因"，载《政治与法律》2008 年第 3 期。
〔2〕 杨仁寿：《法学方法论》，中国政法大学出版社 2013 年版，第 139 页。
〔3〕 杨仁寿：《法学方法论》，中国政法大学出版社 2013 年版，第 143 页。
〔4〕 杨仁寿：《法学方法论》，中国政法大学出版社 2013 年版，第 120 页。
〔5〕 疏义红："法律解释方法的发现与归类"，载《法商研究》2004 年第 2 期。
〔6〕 参见杨仁寿：《法学方法论》，中国政法大学出版社 2013 年版，第 151 页。

据小部分与大部分关系而推导的概括论据而言。立法者这一论据通常假设"适用于说明构成样本中的成分，也同样适用于说明样本之外但属于同一种的成分"〔1〕，因而此处便存在可辩驳之处，这种假设有可能造成文义的扩大，需要进行限缩解释。

扩张解释，基本相反，是指法律规定的文义过于狭隘，不足以表示立法真意，需要扩张法律规定的文义，以便正确适用。这基本是针对独立论据中依据大部分与小部分关系而推导的分类论据而言。立法者这一论据通常假设适用于事实中所表述的根据一个种类已知元素情况而对该种类的概括性表达，也同样适用于说明同一种类迄今未经验证的元素。这一论据导致的主张实际是针对少量元素的表达，文义存在限缩性，因而需要进行扩张解释。

目的解释，以法律规范目的为依据，阐释法律疑义。〔2〕根据王泽鉴先生的观点，目的既有法律整体目的，也包括个别条文的规范目的。〔3〕但无论如何，目的解释基本上在探索动机性论据，如耶林所说"目的是全部法律的创造者，每一条法律规则的产生都源于一种目的，即一种事实上的动机"〔4〕。因此，法意解释也属此类，"探求立法者于制定法律时所作价值判断及其所欲实践的目的，以推知立法者之意思"〔5〕。

比较解释，"系指比较参酌外国立法及判例学说，作为诠释本国法律之参考资料，以实践其规范目的之解释方法而言。"〔6〕一般言之，比较解释是探索权威性论据，借权威论证主张。

社会学解释，将社会学的方法运用于法律解释，侧重社会效果的预测及目的考量。实际上，这是针对独立论据中的依据因果（或果因）关系而进行推导的原因论据而言。它遵循的基本思路为事实部分描述事实，论据则描述事实具有的生成性力量以及所产生的效果，因此主张把效果与事实联系起来。社会学解释虽然表面看来是对每一种解释所可能产生的社会效果的预测，但

〔1〕　胡曙中：《西方新修辞学概论》，湘潭大学出版社2009年版，第353页。
〔2〕　参见梁慧星："论法律解释方法"，载《比较法研究》1993年第1期。
〔3〕　参见王泽鉴：《法律思维与民法实例：请求权基本理论体系》，中国政法大学出版社2001年版，第142页。
〔4〕　转引自［美］E.博登海默：《法理学——法哲学及其方法》，邓正来等译，华夏出版社1987年版，第104页。
〔5〕　杨仁寿：《法学方法论》，中国政法大学出版社2013年版，第162页。
〔6〕　杨仁寿：《法学方法论》，中国政法大学出版社2013年版，第166页。

其实也是对立法论辩过程中原因论据的追溯和"回眸"。

还有一种解释方法，即反对解释，"依照法律规定之文字，推论其反对之结果，借以阐明法律之真意"[1]，它的基本思路为已知 A→B，那么非 B→非 A，显然它不过是对逻辑学中逆反推理形式的应用和说明，也算不上一种解释方法，而只能算是一种（可能）较好的证明方式。

因此，我们可以初步发现法律解释方法的存在合理性：无论是立法自身缺陷，还是仅仅是语言表述问题，法律解释方法一定程度上是在还原立法原过程，从立法论辩的论据切入，可以发现法律条文的"背景"和被省略之处，以及有争议之处，从而有利于全面正确解读法律。

不得不承认的是，现有法律解释方法和图尔敏修辞论据理论的这种暗合性绝非一种严格的函数关系，彼此之间也许存在交叉和重叠，但我们的目的主要是指出现有法律解释方法因为对修辞论据具有某种针对性，因而具有一定的存在合理性，而这种暗合性的边界并非重点。

四、法律解释规则——文本解读层面

关于法律解释的第二大争论当属法律解释规则问题。具体来说，有人认为是指法律解释活动可以遵循的准则问题，有人认为是指各种法律解释方法的先后排序问题，还有人认为是指引法律人合理、正当的思维"路径"和方法[2]。我们拟采第一种观点，"它们是由司法发展出来的经验法则"[3]，因此并非立法产生，并非强制适用；并非普通的法律规则那样具体且有较强可操作性，它相对抽象，需要"意会"。

除对法律解释规则概念认识不一外，法律解释规则内容也分类不一，争论不已，并无定论，如美国当代法学家阿德里安·沃缪勒认为"解释准则可以被划分为语言学准则（例如以反面的暗含解释为表现形式的言辞及排他'规则'）与实质性准则（例如，若无明确的相反规定，制定法应被推定为

---

〔1〕 杨仁寿：《法学方法论》，中国政法大学出版社 2013 年版，第 153 页。

〔2〕 当然也有学者对法律解释规则有不同认识，参见陈金钊："法律解释规则及其运用研究（上）——法律解释规则的含义与问题意识"，载《政法论丛》2013 年第 3 期。

〔3〕 ［美］安德瑞·马默：《解释与法律理论》，程朝阳译，中国政法大学出版社 2012 年版，第 14 页。

不适用于美国领土以外的规则)。"〔1〕而图尔敏的论辩修辞学又给我们带来什么样的启示呢？

在建立修辞论辩结构和修辞论据分类理论的基础上，更进一步，图尔敏将有争议的问题分为四个范畴：(1) 某事是否是？(某事是否存在或者某事是否是如此这般?) 这是一个关于事实的问题，通常由一个可被称为"命名性主张"来回答；(2) 某事是什么？这是一个关于定义的问题，通常由一个"定义性主张"来回答；(3) 某事有什么价值？这是一个关于价值评价的问题，通常由一个"价值性主张"来回答；(4) 应该遵循哪一种行动路线？这是一个关于政策的问题，通常由一个"提倡性主张"来回答。

不同主张和各种修辞论据之间有着不同的联系，这是一个非常有价值的发现。通常情况下，适用于命名性主张和评价性主张的论据比较广泛：动机论据，"不可以被评论性地用于命名性主张。因为价值、欲望和感情是与关于事实的问题无关。"〔2〕而原因论据和符号论据不能用来支持评价性主张。适用于定义性主张和提倡性主张的论据相对狭窄：确立定义性主张只有相似论据、类比论据和权威性论据三种；而对于提倡性主张，则有相似论据、类比论据、权威性论据和动机性论据四种。〔3〕

但上述图尔敏关于主张和论据的分类联系理论，或许会给我们新的启示。第一，法律规范〔4〕能否依据内容或所回答问题归入并划分为上述四类主张范畴？首先，法律规范也是立法者对有争议的问题作出的回答和主张，并无二致，因此理论上应该是可以的；紧接着我们需要具体到法律内部各要素来进行细致分析。

法要素的模式问题作为西方法理学的"传统问题"，理论界一直存有多种声音："命令"模式；规则模式；规则、政策、原则模式；律令、技术、理想模式等。我国法学界目前主流观点是法律概念、法律规则和法律原则三要素

〔1〕 [美] 阿德里安·沃缪勒：《不确定状态下的裁判——法律解释的制度理论》，梁迎修、孟庆友译，北京大学出版社 2011 年版，第 214 页。

〔2〕 胡曙中：《西方新修辞学概论》，湘潭大学出版社 2009 年版，第 360 页。

〔3〕 具体说明参见胡曙中：《西方新修辞学概论》，湘潭大学出版社 2009 年版，第 360~362 页。

〔4〕 需要说明的是，我们所用的"法律规范"绝非是指将法律视为法律规范单一要素，而是代指法律或法律条文之意。而之所以不用"法律"和"法律条文"，是因为前者容易引起的误解更大，后者似乎偏重类似立法体例的形式意义，而非实质意义上的法律内容。

理论。

一般认为，"法律概念有两个来源，一是脱胎于日常生活中的概念，由法律人对它的吸纳而成为法律概念；二是法律人（立法者、司法者、法学家）的创设。"〔1〕前者如法律对"故意犯罪"的界定，始于日常用语，但需经法律人的吸纳加工；后者如"法人"，则由法律人创设。我们认为，大致看来，第一类法律概念的作用主要是界定，因此我们可以称为"界定性法律概念"；而第二类法律概念的作用主要是建构，因此我们可以称为"建构性法律概念"。关于后者，我们会在后面详细论述。

更进一步，我们可以发现两类法律概念和命名性主张、定义性主张之间的某种暗合。从源头上看，"界定性法律概念"也基本是在回答第一类范畴问题，某事是否是；而"建构性法律概念"则基本在回答第二类范畴问题，某事是什么。

已有研究表明，依据不同标准和出于不同目的，也可以对法律规则做出不同分类。法理学研究上通常提到的有：依据法律规则内容，分为授权性规则、义务性规则和权义复合性规则；依据法律规则形式特征，分为规范性规则和标准性规则；依据法律规则强制性程度，分为强行性规则和指导性规则等。〔2〕而我们认为，更有启示意义的分类是：依据法律规则功能，分为调整性规则和构成性规则。"调整性规则是对已经存在的各种行为方式进行评价，并通过授予权利或设定义务来调整相关行为的法律规则……构成性规则是以本规则的产生为基础而导致某种行为方式的出现，并对其加以调整的法律规则。"〔3〕二者最重要的区别是前者行为方式产生在规则产生前，规则的作用重在评价；后者只有规则产生以后，相关行为才会出现，规则的作用重在指引。

由此，我们也可以发现它们和评价性主张、提倡性主张之间的某种暗合。从不严格意义上讲，调整性规则基本是在回答第三类范畴问题，某事有什么价值；构成性规则则基本是在回答第四类范畴问题，应该遵循哪一种行动路线。

而法律原则本身存在与否就有争议。哈特认为法律规则和法律原则的区

---

〔1〕 张文显主编：《法理学》，法律出版社2007年版，114页。
〔2〕 参见张文显主编：《法理学》，法律出版社2007年版，第118~120页。
〔3〕 郑成良主编：《法理学》，清华大学出版社2008年版，第42~43页。

别是相对的，是"程度"性的，并没有尖锐对立。[1]我们基本赞同哈特的观点，认为法律原则基本可以视为一种相对宽泛、模糊、并因此稳定性较强的规则。因此，我们也可根据其功能大致划分并归为上述两类，调整性规则（如罪刑法定原则）和构成性规则（如司法独立原则）。

总而言之，三种法律要素和图尔敏的基于四类问题范畴而提出的四类主张之间有着很大的绝非巧合的暗合性。基于但不完全局限于此，我们可以对法律要素进行重新的认识和划分。依据解决问题和发挥功用的不同，分为命名性规范、定义性规范、评价性规范和提倡性规范。法律规范的功用则主要是界定作用、建构作用、评价作用和指引作用。需要补充的是，我们需要跳出上述基于传统分类而得出的与此处四类规范的大致对应关系，而应该彻底地进行重新的归类思考，否则分类将会遗漏或重复某些规范。

关于建构性法律概念，及其产生的建构作用，可以做一个修辞学解读。如上所述，这里还需要再次提及詹姆斯·博伊德·怀特的修辞观——"建构性修辞"——"只要开口说话，我们就是将自己作为不同个体、不同社群以及不同文化加以建构"，他还从三个方面即"一个言语提供给他/她的话语；对该话语的论证性重构；一个人的言语或写作对一种修辞共同体的论证性建构"[2]论证了法律可被理解为一种修辞事实的判断。我们以为，怀特的修辞观过于宽泛和抽象，"建构性修辞"限制在建构性法律概念内更有针对性和应用价值，而建构性法律概念的"法律人的创设"来源也更能印证怀特的修辞观点。通过这些概念，法律人得以更好地表达、认识和交流，提高了法律的专业化程度，使法律共同体得以建构和独立。

更进一步，依据图尔敏各类论据和主张之间的联系理论，我们大致可以发现并归纳出各类法律规范和相应解释方法之间的某些联系。命名性规范和评价性规范适用的解释方法较多：前者，如刑法条文"明知自己的行为会发生危害社会的结果，并且希望或者放任这种结果发生，因而构成犯罪的，是故意犯罪"，主要不适用目的解释（或法意解释）；后者，如刑法条文"不可抗力和意外事件"，"行为在客观上虽然造成了损害结果，但是不是出于故意

---

〔1〕　参见［英］哈特：《法律的概念》，许家馨、李冠宜译，法律出版社 2006 年版，第 241 页。

〔2〕　［美］詹姆斯·博伊德·怀特："作为修辞之法律，作为法律之修辞：文化和社群生活之艺术"，程朝阳译，载陈金钊、谢晖主编：《法律方法》（第 11 卷），山东人民出版社 2011 年版，第 6 页。

或者过失，而是不能抗拒或者不能预见的原因所引起的，不是犯罪"，主要不适用文义解释和社会学解释。定义性规范，如民法条文"法人是具有民事权利能力和民事行为能力，依法独立享有民事权利和承担民事义务的组织"，主要适用体系解释、当然解释以及比较法解释。提倡性规范，如民诉条文"人民法院审理民事案件，应当根据自愿和合法的原则进行调解。调解不成的，应当及时判决"，主要适用体系解释、当然解释、比较法解释、目的解释和法意解释等。

五、法律解释规则——司法层面

至此得出的结论可能会令很多读者大跌眼镜，比如文义解释方法，通常被认为是所有法律解释方法的首选和必经之路，评价性规范竟不适用，岂不笑话？因此，必要的说明是必需的。

首先，法律解释不是简单的解读，如前所述，登上"台面"、引起注意的往往是在疑难案件中，即对法律的理解存在争议之时。其次，梳理思路可以发现，结论的得出源于对法律文本中省略的立法者修辞论辩过程的"回眸"，因而具有一定的主观性，如果文本清晰，并无争议，何需"回眸"；若有争议，则"回眸"成为必须。因此，所述法律解释方法和各类规范的联系，是在对法律规范的理解存在争议时，法律人针对法律规范类型，通过对此类规范过往发生的"潜在"的立法论辩修辞过程的"回眸"和忖度，而进行的法律解释方法的选择范围。它不排除主观性，提供的也只是一个参考范围，它更多的功用是引导性，即指出哪种解释方法在相应情况下更具可行性。

所以，法律解释的复杂之处还在于，当处于司法之中，它就不再限于对法律文本的解释，甚至主要不是对法律文本的解释。[1]法律解释不能再遵循传统的以文本为对象、以注解为方法的研究路径，而必须在文本与事实之间来回互动。[2]对文本的解释受制抑或得益于事实的出现，因为实际上是事实或者限缩，或者扩大，但至少都进一步明确了文本的意义。

---

〔1〕 参见苏力："解释的难题：对几种法律文本解释方法的追问"，载《中国社会科学》1997年第4期。

〔2〕 参见陈金钊："法律解释学的转向与实用法学的第三条道路"，载郑永流主编：《法哲学与法社会学论丛》（第4卷），中国政法大学出版社2001年版。

在文本和事实的互动过程中，法律解释问题基本变成了法律事实是否受某项法律规范调整的问题（或受哪项规范调整），换言之，是事实和规范的对应问题。尽管不同于单纯的文本解释，却也是在事实参照下的文本解释，而并非文本参照下的事实处理：两者的区别在于前者是规范本位，后者是事实本位（或结果本位）。我们认为，更应遵循前者，因为这是法治的内在之义，把法律作为修辞，而在后者法律似乎是一个可选择性变量。

更好的启示来自于西方法理学中法的概念的"判决说"。美国法学家格雷认为，法规、判例、专家意见、习惯等只是法的渊源，真正的法律规则不是预先存在而被法官发现的；真正的法是在只有法院作出判决时，才被创造出来的。[1]"法规无法自己解释自己，它的含义是由法院来宣布的，而且正是基于法院宣告的含义而非其他含义，法规才作为法律强加给社会。"[2]需要说明的是，我们对此的引用绝非是认可格雷等在此认识基础上而生发出来的整个现实主义法学理论。他的这一认识首先是对真实现象的描述，而现实主义法学理论是其着眼于这一现象的"司法的主观性"而继续阐发出来的，而我们认可的只是"判决说"中的描述性成分。

因此，在法律解释中，法官进行的是二次立法，由事实过渡到主张。[3]同样需要说明的是，这里所讲的二次立法，并非通常意义上所指的主观司法，或者漏洞补充，法官造法，而是指法官也需进行类似立法者的修辞论辩活动。

以荷兰"电力案"为例。1918年，海牙一个牙科医生绕开电表器试图随意用电。案发后他被指控为盗窃。最后，最高法院不得不就盗用电是否构成《荷兰刑法典》第310条所规定的盗窃"财物"的刑事犯罪作出判决。最高法院的判决（HR23-5-1921，NJ1921，564）认为盗用电就是盗窃财物。最高法院陈明，《荷兰刑法典》第310条的意图旨在保护个人的财产。

从表面上看，荷兰最高法院是在处理盗用电是否就是盗用财物的问题，但实际上处理的却是盗用电是否应该像盗用财物那样受到法律制裁的问题。因此，法官要解决的是一个评价性主张，或者是创立一个评价性规范的问题。因为，如果看成是处理盗用电是否就是盗用财物的问题，实际就是处理电是

---

〔1〕　参见李桂林、徐爱国：《分析实证主义法学》，武汉大学出版社2000年版，第17页。

〔2〕　刘星：《西方法学初步》，广东人民出版社1998年版，第79页。

〔3〕　实际上，我们的观点有些类似于建构法学的思想。

否属于财物的问题，而这个问题一定程度上无解。

如上文所述，作出评价性主张可以由概括、相似、类比、分类论据，以及权威性论据、动机性论据来支持。事实上，荷兰法学家埃维里那·T. 弗特瑞斯的分析恰是如此。他的分析论证如下：[1]

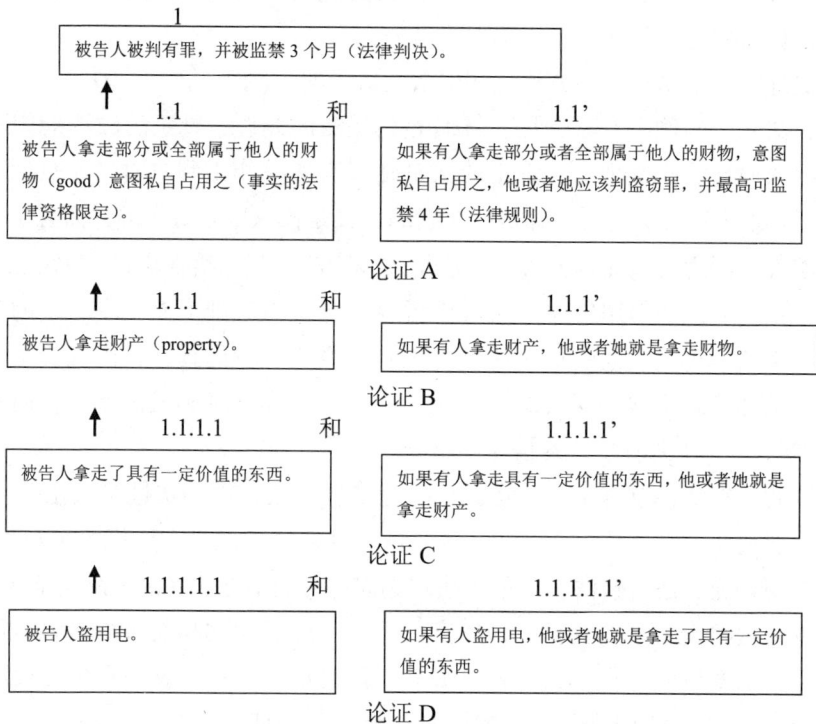

```
                    1
  ┌──────────────────────────────────────────────┐
  │ 被告人被判有罪，并被监禁 3 个月（法律判决）。      │
  └──────────────────────────────────────────────┘
        ↑      1.1              和              1.1'
  ┌──────────────────────────┐   ┌────────────────────────────────┐
  │ 被告人拿走部分或全部属于他人的财 │   │ 如果有人拿走部分或者全部属于他人的财物，意图 │
  │ 物（good）意图私自占用之（事实的法 │   │ 私自占用之，他或她应该判盗窃罪，并最高可监 │
  │ 律资格限定）。              │   │ 禁 4 年（法律规则）。            │
  └──────────────────────────┘   └────────────────────────────────┘
                                              论证 A
        ↑      1.1.1            和              1.1.1'
  ┌──────────────────────────┐   ┌────────────────────────────────┐
  │ 被告人拿走财产（property）。  │   │ 如果有人拿走财产，他或者她就是拿走财物。  │
  └──────────────────────────┘   └────────────────────────────────┘
                                              论证 B
        ↑      1.1.1.1          和              1.1.1.1'
  ┌──────────────────────────┐   ┌────────────────────────────────┐
  │ 被告人拿走了具有一定价值的东西。 │   │ 如果有人拿走具有一定价值的东西，他或者她就是 │
  │                            │   │ 拿走财产。                      │
  └──────────────────────────┘   └────────────────────────────────┘
                                              论证 C
        ↑      1.1.1.1.1        和              1.1.1.1.1'
  ┌──────────────────────────┐   ┌────────────────────────────────┐
  │ 被告人盗用电。              │   │ 如果有人盗用电，他或者她就是拿走了具有一定价 │
  │                            │   │ 值的东西。                      │
  └──────────────────────────┘   └────────────────────────────────┘
                                              论证 D
```

在每一级论证中，弗特瑞斯实际都是做出了一个评价性主张，尽管上述表格省略了评价因素。如论证 D，事实是被告人盗用电，主张是盗用电应该受到如盗用具有一定价值的东西一样的评价；依此类推，层层递进，才能推导出最后的判决——评价性规范的适用。我们将上述论证图以图尔敏修辞论辩的结构来重新建构：

---

[1] Eveline T. Feteris, *Fundamentals of Legal Argumentation*, *A Survey of Theories on the Justification of Judicial Decisions*, Kluwer academic publishers, 1999, pp. 177~178. 转引自陈金钊等：《法律解释学》，中国政法大学出版社 2006 年版，第 295 页。

（D）事实 ——————————（Q）限定 ————➤（C）主张
被告人盗用电。　　　　　　　很可能　　　　　　盗用电也要受到 A 评价。

　　　　　　　既然　　　　　　除非
　　　　　　　（W）理由 ——————（R）反证
　　盗用有价值的东西会受到 A 评价。　　电和一般有价值的东西
　　　　　而电是有价值的东西。　　　　　完全不同。

　　　　　　　　　　　因为
　　　　　　　　　　　（B）支持
（D）事实 ———┬———（Q）限定 ————➤ 盗用财产会得到 A 评价。（主张）
盗用财物　　　　　　　很可能
会得到 A 评价。

　　　　　既然　　　　　除非
　　　（W）理由 ——————（R）反证
　财物就是财产　　财物和其他财产完全不同。

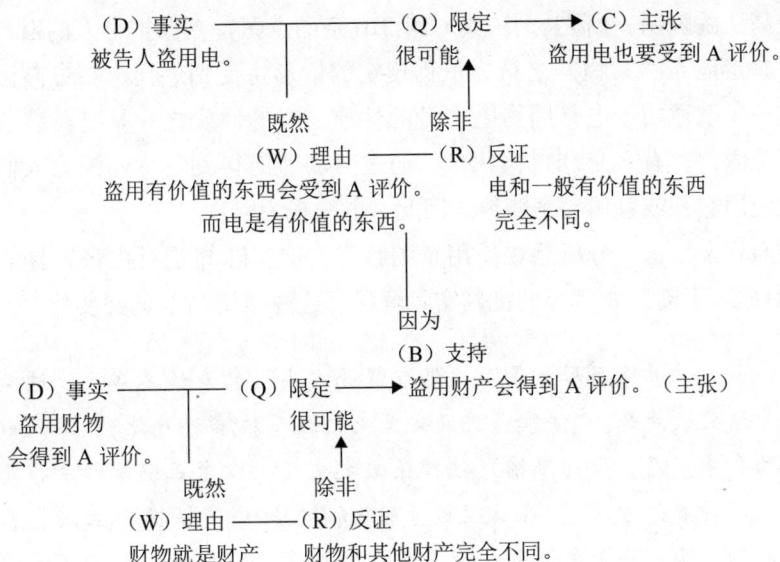

可以发现，由事实"盗用财物会得到 A 评价"到主张"盗用财产会得到 A 评价"，并进一步到"盗用有价值的东西会受到 A 评价"，使用的都是概括论据。而最后由事实"被告人盗用电"到主张"盗用电也要受到 A 评价"，使用的是分类论据。而且，论辩当中的可辩驳成分也较为清晰地展现出来了，如电和其他有价值东西可能不同等。

在论辩过程中，法律实际被当成了一种事实。借助分析实证主义制度法学的理论，即成了一种"制度事实"，如魏因贝格尔所说"制度事实——例如法律制度——是以一种特殊方式出现的复杂事实：它们是具有重要意义的规范的构成物，而且与此同时，它们作为社会现实的因素存在。只有当它们被理解为规范的精神构成物而且同时被认为是社会现实的组成部分时，它们才能得到承认"[1]。

但仅仅进行到这一论辩过程还不可以，因为我们需要把它解释为法律解释的过程，来增加它的肯定性，否则这种论辩的说服力就会大打折扣。根据这一过程所使用的论据，我们可以大致找出扩张解释方法。实际上，弗特瑞斯分析论证最后的归宿也是如此。

---

〔1〕［英］麦考密克、［奥］魏因贝格尔：《制度法论》，周叶谦译，中国政法大学出版社 1994 年版，第 136 页。

最高法院陈明，《荷兰刑法典》第310条的意图旨在保护个人的财产。鉴于此，拿走他人"财物"之行为依据规定的情形将受到惩罚。在最高法院看来，这一条款适用于电是因为电本身的性质。电的性质之一是它具有某种价值。这是因为，有人必须付出代价，通过劳动才能得到它；还因为人们可以有益地使用它，或者用它来赚钱。因此，电被视为财物。[1]

表面看来，这一分析是在使用意图解释，但实际却是对扩张解释的"掩饰"。有研究者对扩张解释的批判实际解释了这种"掩饰"的必要性。

> 首先"扩张解释方法""限缩解释方法"的表述不成立。这两种解释方法被认为是："法律条文的文义失之过于狭窄（广泛），不足以表示立法真意，乃扩张（限缩）法律条文之文义，以求正确阐释法律意义内容之一种解释方法。"在这里过于狭窄（广泛）是根据"立法真意"来判断的。而立法者意图的发现是意图解释方法的任务，我们不能没有重大并且充分的理由（这些理由往往要通过实质分析方法才能得到）就扩张或者限缩法律概念外延的范围，否则，法律就被软化了。因此将扩张解释和限缩解释作为法律解释的方法有误导的嫌疑。[2]

至此，我们基本已经论述了司法层面上法律解释的操作过程，而这也是法律解释规则问题。

六、法律解释的问题和意义

上述已经初步展示了法律解释存在的问题。在法律解释方法层面，最大的问题是法律解释方法体系因标准的不统一而存在的混乱。文义解释方法、扩张解释方法、限缩解释方法、当然解释方法是从解释的结果或最终的操作手段来提出的解释方法；目的解释、法意解释、体系解释、比较法解释、社会学解释则主要针对"解释方法"或论据的发现而言；而反对解释则是一种论据组织方式或证明方法。

但我们可以发现一个法律解释方法的层次。即在疑难案件中，我们要以

---

[1] 参见陈金钊等：《法律解释学》，中国政法大学出版社2006年版，第294~295页。
[2] 疏义红："法律解释方法的发现与归类"，载《法商研究》2004年第2期。

目的解释、法意解释、体系解释、比较法解释、社会学解释等方法来发现论据；然后以文义解释、扩张解释、限缩解释、当然解释等方法来进行具体操作；最后，可以以反对解释方法作为补充，以更好地组织论据、展开证明。

而且，现有的法律解释方法说明其实都是一个简化的产物。表面看来，法律解释面对的仅仅是事实和文本的对接问题，即事实是否是文本所规定的事项（或是哪一个），并因此受此制约。但法律解释实际是一个复杂的论辩过程，在这一过程中，主张是层层展开的，回答的问题也就不再局限于哪一个问题范畴。基于整个论辩过程，才出现法律解释方法的选择问题。这才是法律解释方法的作用路径。正因如此，法律解释（学）才颇受诟病。因为它缺乏一套关于在何种情况下选择何种解释方法的元规则。[1]

但从反面角度看，法律解释方法的功用也大概在此。它至少提供了一个范围，使得法律适用者不致太过"放肆"，或提供了一个角度或平台，使得法律论辩成为可能。可以看见的是，著名的帕尔默继承案，当时法律解释方法的争议范围实际也不过两种，格雷法官的文义解释以及厄尔法官的意图解释，尽管后续研究者对此有不同的解读。

另外，从本质上讲，我们今天所讲的形式法治和实质法治都是"服从规则治理的事业"，它们的对立"是法治主义阵营内部的对立。它们都在不同程度上信守法治主义的基本规诫，共享法治的基本价值，并接受民主、分权等与现代法治主义相连的宪政制度"[2]。而从起点来看，法治不过是一种替代"哲学王之治"的绝非最好的治理方式，人类所追求的正义的首选当然是实质正义，"在法治的发展形态上，大体经历了一个无法治（前法治）·形式法治·实质法治·形式与实质相结合的法治时代"[3]，所以，实质法治其实并非形式法治的对立物，而是它的补充和矫正。而之所以成了对立物，则是因为集体行动的困境，使得实质法治在投机者那里发生了变形。

法律解释的意义也就在于此，尤其面对疑难案件。它使得实质法治成为可能。如何实现实质法治？法律解释其实是一种技术，在无需彻底打破形式

〔1〕　参见［德］拉德布鲁赫：《法学导论》，米健等译，中国大百科全书出版社1997年版，第106~107页。

〔2〕　何海波："形式法治批判"，载罗豪才主编：《行政法论丛》（第6卷），法律出版社2003年版，第16页。

〔3〕　吴情树："形式法治与实质法治"，载《检察日报》（学术版）2011年2月10日，第3版。

合理性的基础上适当实现实质合理性。尽管，类似我们所揭示的那样，解释方法的选择很可能会在解释结果出现之后，有学者也指出了解释的这种假象，如法国学者萨勒利斯所言"一开始就有了结果，然后它找到法律原则，所有的法律解释都是如此"[1]，但不要要求太高，虽不至善，但至少不致最糟。如果法律解释是法治的必然之选，我们又能作何期望呢？能否有更好的途径既能实现形式合理性，又能保障实质合理性？尽管学者在努力，如阿列克西的法律论证理论、哈贝马斯的沟通商议理论等，但也不过是在完善它，而非取代它，当然此处我们也是如此。

---

〔1〕 Benjamin N. Cardozo, *The Nature of Judicial Process*, New Haven：Yale University Press, 1960, p. 170.

媒介的"魔力"

——对邓玉娇案涉诉舆论的传播修辞学分析

在对涉诉舆论的内容进行探讨之后，我们还不能忽视媒介的影响。这也是传播修辞学的重要意义所在。而被誉为"继牛顿、达尔文、弗洛伊德、爱因斯坦和巴甫洛夫之后的最重要的思想家""电子时代的圣人"的麦克卢汉的传播修辞学思想无疑是我们必须研究的对象。"在 20 世纪 60 年代，没有哪一个当代的传播理论评论者和理论家，像加拿大学者 Marshall McLuhan 对西方新修辞学产生如此之多的影响。"[1]

麦克卢汉被中国读者最为熟悉的思想主要有三点："媒介作为人体的延伸""媒介冷热论""媒介即讯息"。而这些思想对我们正在分析的问题也有重要的启示。

第一节 我们如何被驯服：汉字印刷媒介 VS 电子媒介

首先，不同于仅包含电视、电话、报纸、广播等传播媒介的狭义视角，麦克卢汉坚持一种广义的媒介观。他认为，媒介是人体和人脑的延伸，比如广播是嘴巴的延伸，照相机是眼睛的延伸，衣服是肌肤的延伸等，麦克卢汉仅在《理解媒介》一书中就分析了从古至今的二十多种媒介。

从文字和轮子滥觞之日起，人就在凭借技术来实现身体的延伸。人制造各种工具，刺激、放大和分割我们肢体的力量，并予以强化，以记

---

[1] 胡曙中：《西方新修辞学概论》，湘潭大学出版社 2009 年版，第 363 页。

录数据，以加快行动和交往的过程。[1]

实际上，麦克卢汉的广义媒介观在一定程度上得到了广义沟通心理学的应用——"沟通就是信息的传（刺激）与受（被刺激）——发送者凭借一定的渠道，将信息传递给接收者，并寻求反馈以达到相互理解的过程"[2]；因此，沟通不限于口头或书面交流，而是涉及人们深层的心理刺激和反应机制，一切可能刺激对方的事物，都属于沟通的要素，比如红绿灯（对交通的沟通）、闹钟（对时间的沟通）。而所有这些事物其实都是媒介，在沟通功能上延伸了我们的身体。

但媒介并非仅仅被动存在，实际上它对人类社会以及自然产生的无时不在的复杂的影响才是麦克卢汉关注的重点。他向我们重新诠释了希腊神话中的那喀索斯自恋：并非自恋，"他在水中的延伸使他麻木，直到他成了自己延伸（即复写）的伺服机制（servomechanism）。回声女郎试图用那喀索斯片言只语的回声来赢得他的爱情，竟终不可得。他全然麻木了。他适应了自己延伸的形象，变成了一个封闭的系统。"[3]借此他指出人是迷恋人体的延伸的。但更重要的是，这种自我延伸还是一种自我截除——"身体受到超强刺激的压力时，中枢神经系统就截除或隔离使人不舒适的器官、感觉或机能，借以保护自己。……这位少年的形象，正是刺激的压力所造成的自我截除或延伸。作为一种抗刺激机制，他的形象产生泛化的、难以觉察的麻木或震撼。自我截除不容许自我认识（self-amputation forbids self-recognition）。"[4]因此，这种自我截除实际上就是一种自我麻木效应；并且，总体说来，"延伸"是针对个体身体（器官）应对外界环境的功能而言，而"截除"则是针对个体中枢神经系统应对身体（器官）（刺激）而言。比如，轮子的发明延伸了人的腿脚，从而使人类更好地适应了社会的发展，帮助腿脚应对更高速度和更多负担所产生的压力；但轮子的发明也使得人的腿脚专门用以操作轮子的机能得

---

[1] ［加］马歇尔·麦克卢汉：《麦克卢汉如是说：理解我》，斯蒂芬妮·麦克卢汉、戴维·斯坦斯编，何道宽译，中国人民大学出版社2006年版，第34页。

[2] 孙科炎、程丽平：《沟通心理学》，中国电力出版社2012年版，第2页。

[3] ［加］马歇尔·麦克卢汉：《理解媒介：论人的延伸》，何道宽译，译林出版社2011年版，第58页。

[4] ［加］马歇尔·麦克卢汉：《理解媒介：论人的延伸》，何道宽译，译林出版社2011年版，第58~59页。

到更多的使用，并带来了不同于普通行走时的新的压力，因而中枢神经系统需要将腿脚"自我截除"，也即关闭麻木或感知系统，来予以应对。这是一种相互驯化的过程。

而且，不只是泛化的麻木，各种感官之间还有平衡机制，任何一种延伸"还要求其他的器官和其他的延伸产生新的比率、谋求新的平衡"[1]。比如收音机会重视文字并因而使重视视觉的人重新强化起听觉，唤起对部落生活的回忆。

还比如麦克卢汉重点分析的文字媒介和口头媒介的影响差异。在麦克卢汉看来，文字媒介强化了视觉偏向，削弱了其他感官功能，使言语和其他感知分离，并产生了一种脱离真实事件和人际交流真正同时性、不用卷入其间的感觉，而且尤其是西方拼音文字，"使理性生活呈现出线性结构，使我们卷入一整套相互纠缠的、整齐划一的现象之中"[2]，因此，时空的连续性、个体的分离性以及法典的一致性成为可能。而口头媒介则大不相同：

> 将口语词与书面词进行对比，有助于了解口语词的性质。拼音文字固然可以分离并延伸词语的视觉功能，然而它却比较粗疏和缓慢。"今晚"这个词的书写方式不多，但是，斯坦尼斯拉夫斯基曾要求他的年轻演员用五十多种不同的音调说这个词，并请在场的听众记下每次表达的思想感情有何细腻差别。洋洋洒洒的抒情散文和卷帙浩繁的记叙文，用来表达什么是饮泣、呻吟、大笑、尖叫等诸多此类的意思。书面词语用线性序列的形式详细表达了口语词汇中稍纵即逝的隐蔽的含义。[3]

除了表意的丰富和精准之外，口语词还"使人的一切感官卷入的程度富有戏剧性……我们说话时倾向于对每一种情境作出反应，甚至对我们自己说话的行为本身也用语气和手势作出反应。然而，书写倾向于一种分离和专门

---

〔1〕［加］马歇尔·麦克卢汉：《理解媒介：论人的延伸》，何道宽译，译林出版社2011年版，第61页。

〔2〕［加］马歇尔·麦克卢汉：《理解媒介：论人的延伸》，何道宽译，译林出版社2011年版，第106页。

〔3〕［加］马歇尔·麦克卢汉：《理解媒介：论人的延伸》，何道宽译，译林出版社2011年版，第99~100页。

化的行为，……就是做任何事情都抱着相当疏离超脱的态度。不识字的人或社会却事事经历感情上或情绪上的卷入"[1]。

而这种区分对我们重新认识判决书文化提供了新的启示。首先，尽管汉字是一种会意文字，音形义整体合一，但作为一种文字媒介，它依然无法承载太多的信息，并且在一定程度上仍旧会强化读者的视觉偏向。因此，更重要的是，它限制了沟通信息的表达，以及表达的精度和广度，因为符号本身没有意义，意义是读者以其经验赋予的。

其次，尽管如此，但汉字的会意性还是使其无法完全具有拼音文字所呈现出来的解构部落文化、分裂视觉经验和听觉经验的功能：

> 这些文化内涵比较丰富的文字形态却不能向人提供突然转换的手段——从部落词语充满魔力的非连续性的传统世界转入低清晰度的整齐划一的视觉媒介的手段。许多世纪以来对会意文字的使用，并没有威胁中国天衣无缝的家族网络和微妙细微的部落结构。相反，今日在非洲，只需一代人使用拼音文字——正如两千年前的高卢人一样——至少就足以初步使个人从部落网络中分离出来。这一事实与拼音文字书写的词的内容无关，它是人的听觉经验和视觉经验突然分裂的结果。唯有拼音字母表才将人的经验分裂为这样截然分明的两部分，让使用者用眼睛代替耳朵，使他从洪亮的话语魔力和亲属网络的痴迷状态中解脱出来。[2]

倘若如此，汉字媒介的理性说服力肯定会被降低。这或许也有助于我们理解判决书遭遇的问题。而西方拼音文字所造就出来的逻辑序列偏向却是有

---

[1] [加] 马歇尔·麦克卢汉：《理解媒介：论人的延伸》，何道宽译，译林出版社 2011 年版，第 98~100 页。当然也有人或许不太同意麦克卢汉的观点。李卓指出，影像正在逐步代替语言诠释现实，也因此有可能误导民众：首先，技术的进步使虚假影像泛滥，使人难辨真伪；其次，影像代替文字，使得人们对事物的认识脱离语境，止于表面；再者，影像让我们对世界的体验由亲身实践转为间接体验，感受力弱化，甚至扭曲（参照李卓："患上影像瘾的时代"，载《社会科学报》2014 年 7 月 17 日，第 6 版）。

[2] [加] 马歇尔·麦克卢汉：《理解媒介：论人的延伸》，何道宽译，译林出版社 2011 年版，第 105 页。

助于西方法官说理的，尽管麦克卢汉认为这是一种伪逻辑。[1]

另外，电子时代的舆论因其媒介属性，使得"我们的中枢神经系统延伸，它似乎偏好包容性和参与性的口语词，而不喜欢书面词"[2]，并因此有助于融入情感，扩大信息含量，增强听觉参与，以及群体"部落"性——"部落文化不可能接受独立的个体和分离的公民。它们的空间观念和时间观念既没有连续性，也没有一致性，而是有强烈的同情性和抗压性。"[3]这显然不同于判决书所依赖的文字媒介属性，法官应对舆论却也因此捉襟见肘。

而且还因此有可能导致舆论的世论化，麦克卢汉对此没有作过太多的论述。[4]而佐藤卓已则从比较媒体论的角度详细分析了舆论和世论的媒体论模式：

舆论和世论的媒体论模式[5]

舆论 = public opinion	→	世论 = popular sentiments
数据化的多数意见	定义	类似性的整体气氛
19 世纪性的布尔乔亚式公共性	理念型	20 世纪性的法西斯式的公共性
活字媒体的交流	媒体	电子媒体形成的控制

---

[1] 麦克卢汉从休谟和康德那里获得了启示，"大卫·休谟在 18 世纪已经证明，无论是自然序列或逻辑序列里都没有因果关系。序列是纯粹的相加关系，而不是因果关系（sequence is merely additive, not causative）。康德说：'休谟的论点使我从教条的沉睡中惊醒。'"但更重要的是，麦克卢汉还超越了他们，发现了西方人偏爱这种序列"伪逻辑"背后的原因。参见［加］马歇尔·麦克卢汉：《理解媒介：论人的延伸》，何道宽译，译林出版社 2011 年版，第 106 页。

[2]［加］马歇尔·麦克卢汉：《理解媒介：论人的延伸》，何道宽译，译林出版社 2011 年版，第 103 页。

[3]［加］马歇尔·麦克卢汉：《理解媒介：论人的延伸》，何道宽译，译林出版社 2011 年版，第 105 页。

[4] 可以理解的是，麦克卢汉生活的时代网络技术才刚刚起步，但麦克卢汉无疑是一位成功的预言家。他指出，"电视的后果之一是抹杀个人身份。看电视的人获得的是团体、同类人的身份，他们失去了对个人身份的兴趣"，而且"电视是一种使人上瘾的媒介"。而苏珊·桑塔格也认为"工业社会使其公民患上影像瘾，这是最难以抗拒的精神污染形式"（［美］苏珊·桑塔格：《论摄影》，黄灿然译，上海译文出版社 2008 年版，第 23 页）。

[5]［日］佐藤卓已：《舆论与世论》，汪平等译，南京大学出版社 2013 年版，第 24 页。另参见佐藤卓已：《法西斯公共性——公共性的非自由主义模式》，载大泽真幸等编：《岩波讲座·现代社会学·第 24 卷，民族·国家·种族意识》，岩波书店 1996 年版。佐藤卓已：《"国王"的时代——国民大众杂志的公共性》，岩波书店 2002 年版。

舆论 = public opinion	→	世论 = popular sentiments
理性讨论形成的合意=议会主义	公共性	情绪性的参与形成的共感=决断主义
围绕真伪的公共关心（公论）	判断基准	围绕美丑的私人心情（私情）
名望家的政治正统性	价值	大众民主主义的参与感觉
表面的言辞	内容	内心的心声

需要说明的是，舆论被定义为数据化的多数意见，是受到媒介属性的影响，因为对活字媒体的内容进行分类并计量化，相较于广播媒体更为可能。19 世纪布尔乔亚式公共性，是市民社会的公共性，也是读书人式的公共性；而 20 世纪法西斯式的公共性（即"国民通过对领导者的狂热拍手和欢呼，相互确认共同感受的极其有效的参与式的民主主义"）则是大众社会的公共性，也是广播人式的公共性。后者所造就的大众民主主义，实际上也就是媒体民主主义，"它是呼吁大众直接参加并把那种体验矮小化到视听体验水平上的民主主义"[1]，因为普通的生活者往往不会认真考虑与自己没有直接利害关系的公共性问题，广播媒体提供的具体性的意象（影像、声音）则是他们判断的基准，并因此使得他们容易受到世间的气氛的影响。实际上，哈贝马斯也曾在《公共性的结构转换》一书中讨论过公开表演的人物以及对拟人化的情绪性适应取代了对公开讨论事件的理性批判的问题。

以所谓的民意调查为例。上杉正一郎在《使舆论迷惑的舆论调查》中从三个方面分析了世论调查在提问方法上存在的问题：首先，强制接受世论，比如类似"大家都如何，你反对吗？"或"有人认为如何，你怎样认为？"的问题；其次，以抽象的形式进行提问，比如"你认为中国有必要实行计划生育吗？"与"你认为你应该只养一个孩子吗？"，前者显然更抽象，也更容易得到肯定回答；还有，将反对意见诱导向政策妥协，比如"你认为某政策好吗？"，实际上就是为了缓和政策带来的不安所设置的。另外，上杉正一郎还指出了导致歪曲解说的分析方法的问题，比如回答不知道的人并非都是漠不

---

〔1〕 ［日］佐藤卓已：《舆论与世论》，汪平等译，南京大学出版社 2013 年版，第 23 页。

关心的无知者，而很可能是对某一宣传的消极抵抗。[1]尽管上杉正一郎作为一名马克思主义者，采用了很多阶级分析法，但他也确实指出了民意调查中存在的问题。比如 CCTV 央视网曾就人们对邓玉娇案情的看法做过民意调查，问题是"女服务员刺死官员，算正当防卫吗？"三个单选项目分别是：

1. "属于正当防卫，不应该定罪"
2. "属于防卫过当，但也不能叫故意杀人"
3. "不好说，此事还有待斟酌"

投票时间从 2009 年 5 月 19 日到 6 月 18 日，为期一个月，总共 129 111 人参与投票，其中选择第一个选项占总票数的 93.42%，选择第二个选项占 5.83%，选择第三个选项的只有 0.75%。[2]

针对这一调查，结合上杉正一郎的分析，我们可以发现存在的某些问题：首先，调查结果自始至终的显性呈现一定程度上意味着间接强制被调查者接受世论；其次，选项设定明显暗示了肯定回答的倾向，因为缺少最起码的"不属于，应按故意杀人定罪"的直接否定答案，这在一定程度上属于诱导；再者，存有偷换概念之嫌，一般人并不真正了解正当防卫或防卫过当的法律含义，或许调查对象并不知道自己在回答什么；最后，更重要的是，"现在我们看到的大部分所谓民调，实际上就是网页调查。网页调查本来它就是错的。网上的调查是可控的，即使一个 IP 只允许一次调查，我也可以动员一大批水军。这样的话，谁发动人多，谁就胜了。这样做用来造势可以，但不能作为科学调查来用。"[3]当然，也不要高估大众媒体调查，处于镜头之下的被调查者被访问时不是常规心情，而且，科学结果通过媒体公布通常是没有收视率的。

所有这些问题在一定程度上都是源于其媒介属性。而且，由于所谓的邓玉娇案民意调查的进行，其结果反而是制造了"世论"——"网络舆论场尤其是天涯社区、凯迪社区、中华网等相继出现对邓玉娇抗暴行为的高度评价，

〔1〕〔日〕上杉正一郎："使舆论迷惑的舆论调查"，载《马克思主义与统计》，青木文库 1951 年版，第 167~178 页。

〔2〕参见央视网投票页面，载 http://news.cctv.com/special/badong/shouye/index.shtm，最后访问日期：2015 年 5 月 4 日；投票结果载 http://news.cctv.com/vote/see11889.shtml，最后访问日期：2015 年 5 月 4 日。

〔3〕袁岳："说说那些不靠谱的'民意'"，载《知道日报》2014 年 3 月 31 日。

主要以网民的情绪宣泄为主，舆论呈现一边倒趋势，网民对邓贵大等人的行为进行强烈的否定"〔1〕：

> 世论调查在媒体社会中所起的作用，表现为这样的制造"世论"。报社的世论调查室是制造"世论"的工厂。在这些工厂里制造出的"世论"只不过是一个商品。围绕我们的媒体交流帝国就这样最大程度地在生产着更为均一化、更为强固的铅版。〔2〕

更重要的是，电子时代电力媒介的"冷"性。麦克卢汉提出了"冷媒介"和"热媒介"理论：

> 热媒介只延伸一种感觉，具有"高清晰度"。……电话是一种冷媒介，或者叫低清晰度的媒介，因为它为耳朵提供的信息相当匮乏。……热媒介并不留下那么多空白让接受者去填补或完成。因此，热媒介要求的参与度低；冷媒介要求的参与度高，要求接受者完成的信息多。〔3〕

必须承认，麦克卢汉这一理论存在一定的模糊性。但它对于某些问题却提供了一种新的并且更有力度的解释。在麦克卢汉看来，"由于电视的图像提供的素材通常是不多的，……它都不是照片，而是扫描器不停地勾勒出来的轮廓。……电视马赛克图像的收视者，由于对图像的技术控制，下意识地将电视光点的轮廓重新构拟，以便在修拉点画法模式或鲁奥野兽派模式的基础上形成一种抽象的艺术品"，因而：

> 电视是一种冷性的、观众参与的媒介。当它被表演和刺激加热以后，它的表现功能相对减弱，因为观众参与的机会随之减少。……冷性的电视媒介促成了艺术和娱乐里的深度结构，同时又造成了受众的深度卷入。因为自谷登堡时代起，我们的全部技术和娱乐一向不是冷的，而是热的；不是深刻的，而是切割肢解的；不是面向生产者的，而是面向消费者的。

---

〔1〕 谢新洲主编：《舆论引擎：网络事件透视》，北京大学出版社2013年版，第228页。

〔2〕 参见［日］林周二："处于危机中的'舆论'"，载《自然》1952年7月号，第15、122页。

〔3〕 ［加］马歇尔·麦克卢汉：《理解媒介：论人的延伸》，何道宽译，译林出版社2011年版，第36页。

因此，在既成关系的领域里，模式和结构未受电视深刻搅扰的领域很难找到了。实际上，从家庭和教会到学校和市场等领域，都受到了电视的深刻影响。[1]

从某种意义上说，这一变化的主要原因还在于媒介所延伸的人体感知的不同。如上所述，印刷文化或书面文化延伸的是人的视觉感官，而"电视图像每时每刻都要求我们用不由自主的感知参与去'关闭'电视马赛克网络中的空间，这样的参与是深刻的动觉参与和触觉参与，因为触觉是各种感官的相互作用，而不是孤立的肌肤和物体的接触"；并因此：

> 视觉偏重连续性、同一性和连贯性，因为它是从书面文化派生出来的。这种视觉偏好是借助切割性重复来实施连续性和线条性的伟大技术手段，视觉偏好是我们面前的拦路虎。在古代世界中，这一手段表现在砖头上，无论它是用来砌墙还是筑路。重复性和同一性的砖头是筑路砌墙、修城建国需要的材料，是借助拼音字母实现的视觉延伸。砖墙不是马赛克形态，马赛克形态也不是视觉结构。马赛克能被看见，正如舞蹈是看得见的一样。但……马赛克并不是同一的、连续的，也不是重复性的，而是非连续的、歪斜的、非线性的，宛若富有触觉感的电视形象。对触觉而言，一切事物都是突然的、出乎意料的、新颖的、稀罕的、奇异的。……非视觉马赛克结构……所能容忍的超脱疏离是微乎其微的。与之对比，由于书面文化将视觉的力量延伸到时间和空间的同一组织中，包括物理的和社会的组织中，它已经赋予人疏离和超然的力量。
>
> 通过拼音文字延伸的视觉，培植了分析的习惯，它只能感知到形态力量中的一个方面。视觉的力量使我们能把事件从时空里分离出来，……从视觉上表现人和物时，要将该人和物的一种状态、一个时刻、一个方面分离出来。与之相比，图像艺术（iconographic art）与我们用手一样地用眼，以求创造一种由许多时刻、状态和侧面构成的宽泛形象。

---

〔1〕〔加〕马歇尔·麦克卢汉：《理解媒介：论人的延伸》，何道宽译，译林出版社 2011 年版，第 356~358 页。

因此，图像型艺术……是整体的、通感的，涉及一切感官。[1]

至此，我们已较为详细地说明了麦克卢汉的冷热媒介理论。在麦克卢汉生活的时代，网络和计算机尚未普及，因此其关注的电子时代的主要媒介是电视；尽管如此，但我们仍能够清晰地看到麦克卢汉理论的某种普适性，尤其针对我们当下的社会状况。首先，从宏观上讲，公众舆论深度介入诉讼，在某种程度上或许就是电子时代"电子人"的内在特性之一——"有十年电视经验的年轻人，自然吸收了深刻介入的冲动。这种深刻的介入，使日常文化中一切遥远的视像化目标看上去不但不真实，而且不相关，甚至苍白贫血。这种完全介入、无所不包的此时此刻的感知，正是电视马赛克形象给年轻人生活带来的变化"。其次，舆论介入的轰动案例大多处在形式合理性和实质合理性的交叉地带，而这正是"文字人"和"电子人"重要分歧之所在——"对'文字人'来说，凡是差异都需要根除，无论性别差异和种族差异、空间差异和时间差异都需要根除。'电子人'（electronic man）日益深入地卷入人的实际境遇中，所以他不能接受'文字人'的文化策略"[2]；而且，如上所述，法典的一致性是书面媒介的重要功用之一，而电力环境更注重多样性和独特性，这无疑对法律的制定和适用提出了挑战。

再者，具体到判决书，它是书面文字媒介和印刷媒介的产物，需要具有高清晰度，否则其表现功能将会大大减弱。以邓玉娇案判决书事实认定部分为例：

> 2009年5月10日晚上8时许，时任巴东县野三关镇招商办主任的邓贵大和副主任黄德智等人酗酒后到巴东县野三关镇"雄风宾馆梦幻城"玩乐。黄德智进入"梦幻城"5号包房，要求正在该房内洗衣的宾馆服务员邓玉娇为其提供异性洗浴服务。邓向黄解释自己不是从事异性洗浴

---

[1] [加]马歇尔·麦克卢汉：《理解媒介：论人的延伸》，何道宽译，译林出版社2011年版，第359、381页。在这些方面，麦克卢汉对电子时代的传播持较为乐观的态度，因为比如电视至少摆脱了传统媒介对人类感官接受信息的限制，一定程度上实现了"感官使用的全体性"（如触觉和听觉等）。他认为："当感知和感官没有被嵌入物质技术中或被排除在外时，比例是存在的。当被排除在外时，每一种感知和感觉成了一种封闭的系统。在没有被排除在外时，经历之间是完全相互影响的。"人类也因此可以从一个完整的思想中受益。See McLuhan Marshall, *The Gutenberg Galaxy: The Making of Typographic Man*, University of Toronto Press, 1962, p. 265.

[2] [加]马歇尔·麦克卢汉：《理解媒介：论人的延伸》，何道宽译，译林出版社2011年版，第382、361页。

服务的服务员，拒绝了黄的要求。并摆脱黄的拉扯，走出该包房。与服务员唐芹一同进入服务员休息室。黄德智对此极为不满，紧随邓玉娇进入休息室，辱骂邓玉娇，拿出一叠人民币向邓玉娇炫耀并搧击其面部和肩部。在"梦幻城"服务员罗文建、阮玉凡等人的先后劝解下，邓玉娇两次欲离开休息室，均被邓贵大拦住并被推倒在身后的单人沙发上。倒在沙发上的邓玉娇朝邓贵大乱蹬，将邓贵大蹬开。当邓贵大再次逼近邓玉娇时，邓玉娇起身用随身携带的水果刀朝邓贵大刺击，致邓贵大左颈、左小臂、右胸、右肩受伤。一直在现场的黄德智见状上前阻拦，被刺伤右肘关节内侧。邓贵大因伤势严重，在送往医院抢救途中死亡……黄德智的损伤程度为轻伤。[1]

对此有研究者指出："判决书令人感到困惑，是因为判决书文本当中的行动、事件、人物都没有得到明确的定性——邓贵大、黄德智等人案发当时针对邓玉娇的各种纠缠，主观上到底是想做什么？甚至连被告人邓玉娇的行为也没有明确定性，尽管认定了她故意伤害的罪名，然而就事实描述来看，哪一点反映出她主观上有犯罪的故意？至于防卫过当的说法，邓贵大和黄德智的行为属于什么性质，有什么值得她防卫的？"[2]实际上，这些疑惑之所以存在，在一定程度上正是由判决书的媒介属性决定的。也因此，判决书未能满足公众作为消费者的"热"的线性的叙事要求，从而引发了更多的舆论指责。

还有，与法律相关的更为直接的证据，是麦克卢汉引用的佩里·梅森电视节目影响的例子。这一根据美国作家加德纳法庭系列小说而改编的电视连续剧，是"强烈参与性的电视经验的典型，这种电视经验改变了我们与法律和法庭的关系"[3]。当然，我们在这里所说的不单纯是内容，而更是媒介形式，因为内容唯有适应媒介形式才能发挥出其相应的效果——"电视不接受形象鲜明的人物，'热'人物。因为电视是冷媒介，我们的文化正在降温，降到僵尸那样冷的程度，许多人都有这样的看法。电视媒介的性质是要求你大

---

[1] （2009）巴刑初字第82号。

[2] 刘燕：《法庭上的修辞：案件事实叙事研究》，光明日报出版社2013年版，第149页。

[3] ［加］马歇尔·麦克卢汉：《理解媒介：论人的延伸》，何道宽译，译林出版社2011年版，第357页。比如饰演佩里·梅森的雷蒙德·伯尔就曾说："如果外行人不理解你、接受你，你们运用的法律和你们断案的法庭就无法继续存在。"

量参与，它不会给你一个完整的一揽子信息，它没有一个完整的形象。你不得不一边看一边构建一个形象。"[1]

但正如上述所言，任何一种延伸又都是一种自我截除，电子时代的媒介当然也不例外。麦克卢汉以肯尼迪谋杀案为例来说明电视造成的麻木：作为刺杀肯尼迪总统的重要嫌疑犯，李·奥斯瓦尔德虽处于卫士的严密保护之下，于万人收看的电视屏幕上却仍被人刺杀。麦克卢汉对此如此解释到："电视首先是要求创造性参与的一种媒介。监护李·奥斯瓦尔德的卫士们没能保住他的性命，并不是因为他们消极被动。相反，他们一看见电视摄像机就深刻地卷入进去，所以他们失去了承担着纯实际的、专门任务的感觉。"[2]

而且，电视具有毒品般的诱惑力，麦克卢汉指出，如果你在美国全境把电视关闭 30 天，那就会出现"残酒不消、醉态不醒的样子，因为电视是一种使人上瘾的媒介。你拿走电视之后，人们就会表现出醉态难消的样子，那是很不舒服的"[3]。这种现象也出现在日本民众观看东京奥运会之时，大江健三郎写道：

> 他更信赖机器的眼睛、机器的耳朵。可以的话，也想带着电视进入观赛席吧。……因为对他而言，比起眼前正在举行的开幕式，广播的转播是更真实的所在。也就是说，他就像一个有着收音机耳朵、电视眼睛的机器人，是消费文明的机器人。媒体是使奥运会渗透全日本的最大的原动力。这个消费文明的机器人难道不是只能通过收音机耳朵听、用电视眼睛看吗？[4]

在涉及邓玉娇案的舆论中，公众又何尝不是如此？"烈女邓玉娇"成为公众竞相传颂的对象，比如以"烈女邓玉娇"为关键词在谷歌上获得的搜索结

---

[1] [加] 马歇尔·麦克卢汉：《麦克卢汉如是说：理解我》，斯蒂芬妮·麦克卢汉、戴维·斯坦斯编，何道宽译，中国人民大学出版社 2006 年版，第 28 页。

[2] [加] 马歇尔·麦克卢汉：《理解媒介：论人的延伸》，何道宽译，译林出版社 2011 年版，第 384 页。

[3] [加] 马歇尔·麦克卢汉：《麦克卢汉如是说：理解我》，斯蒂芬妮·麦克卢汉、戴维·斯坦斯编，何道宽译，中国人民大学出版社 2006 年版，第 171 页。

[4] [日] 大江健三郎："盛典的教训：现实生活中不起作用"，《星期日每日》杂志 11 月 8 日号，载《东京奥林匹克》，第 17~180 页。

果就有近 30 万条，网络上先后出现了"烈女邓玉娇传""侠女邓玉娇传"等热门网帖，而且报刊等纸质媒体也在引用这一称呼。但可以稳妥地打赌说，公众现实生活中真正接触到所谓的"烈女"的概率是微乎其微的，人们相传的"烈女邓玉娇"只不过是某个电视人物形象（或某个历史故事人物）的演绎，我们只是深刻地卷入其中，而忽略了真实的存在。而且或许我们深刻卷入的还有网络舆论（也包括大众媒体舆论）本身，并因此而失去了自我。麦克卢汉曾指出："电子环境的特点之一是，人们彼此的介入程度很深，于是就觉得失去了个人的身份。这是我们时代特殊的难题之一。在一个事件瞬间同步发生的整体场内，人们彼此的介入程度很深，所以就失去了个人的身份感，这是因为在过去的岁月里，个人身份与简单分类、分割和非介入的状态联系在一起。在深度卷入的世界里，身份似乎已经在人间蒸发了。"另外，他还以奥林匹克体育报道为例进一步说道："奥林匹克更是群体仪式，……电视能够培养而且有利于全球集体参与的仪式性节目。……电视能够培养事件中的那种集体参与模式。"[1]而网络舆论又何尝不是一场群体仪式？网络又何尝不能够培养事件中的集体参与模式？

或许有读者会质疑我们的过渡，即从电视到网络，但尼古拉斯·卡尔轰动一时的《浅薄：互联网如何毒化了我们的大脑》或许会带给我们最好的答案。他指出互联网会改变我们的大脑——"比起我以前那台茕茕孑立的个人电脑，互联网对我施加的影响要强大得多，广泛得多。这不仅表现在我花越来越多的时间紧盯着电脑屏幕，也不仅表现在我越来越习惯并依赖于互联网上的信息和服务，而且越来越多的行为习惯和做法也在改变。更重要的问题是我的大脑运作方式发生了改变。我开始对自己在一件事上的注意力无法超过几分钟的现象担忧不已……"；以及甚至我们的人性——"智力工具增强同时也麻痹了我们自然能力中最本质、最人性化的部分——用于推理、领悟、记忆和情感的能力"[2]，比如地图降低了人们领略自然风光的能力以及在头脑中为周边环境绘制地图的能力。

这一影响在当前涉诉舆论中也得到了很好的体现。比如在邓玉娇案中，

〔1〕[加] 马歇尔·麦克卢汉：《麦克卢汉如是说：理解我》，斯蒂芬妮·麦克卢汉、戴维·斯坦斯编，何道宽译，中国人民大学出版社 2006 年版，第 171 页。

〔2〕[美] 尼古拉斯·卡尔：《浅薄：互联网如何毒化了我们的大脑》，刘纯毅译，中信出版社 2010 年版，第 14、229 页。

尽管案发后巴东警方就案情进行过相关通报，之后巴东县政府还专门成立了新闻信息发布中心，但公众似乎并不止步于此，人们仍会浏览大量的网帖，需要更多的来自互联网的信息。实际上网友"屠夫"只身前往巴东的实地调查与监督，并利用博客透露案情的最新进展，所凭借的也正是公众的这一"习惯"〔1〕。当然，更不能忽视的还有舆论中的"人肉搜索"，比如2007年"死亡博客事件"中网民对第三者和王菲的"人肉搜索"，这实际上构成了一种新的网络暴力。

这些无疑都会增加法官应对涉诉舆论的难度，当然也提供了一定的启示。比如在哈尔滨市警民乱斗事件中，"当地政府和公安部门都在努力及时把真相告诉民众，不仅召开了两次新闻发布会，还播放了现场监控录像的部分画面，并且让遇害人的亲属观看了完整的证据资料。应该承认，处理案件的透明度是大幅度提高了。"〔2〕这些举措都可以给公众解压，麦克卢汉认为："谣言使人害怕，新闻报道不会使人害怕，提示和建议不会使人害怕。大量的报道使人拉近距离，并享受一种群体的情绪。就像看球赛一样，很多人分享相似的情绪。不过我想这给了我启示，新闻报道的神秘之一是，它可以减轻紧张和压力，一旦被充分报道之后，风暴的末日就注定了"〔3〕，深度介入反而容易使人接受。

这些实际上都涉及了麦克卢汉的"媒介即讯息"〔4〕论。这也是麦克卢汉认为很容易被读者误解的想法：

> 我说"媒介即是讯息"时，我的意思是：汽车不是讯息，这里的讯

〔1〕 参见谢新洲主编：《舆论引擎：网络事件透视》，北京大学出版社2013年版，第223~224页。

〔2〕 季卫东："舆情的裂变与操纵"，载《财经》2008年第22期。而上述邓玉娇案中警方和县政府的信息发布行为，虽然也能看出类似的努力，但是由于警方先后通报的信息中前后矛盾、模糊其词，因而不仅没有消除公众的疑虑，反而适得其反，并且还间接导致了后续县政府公布信息行为的失效。

〔3〕 ［加］马歇尔·麦克卢汉：《麦克卢汉如是说：理解我》，斯蒂芬妮·麦克卢汉、戴维·斯坦斯编，何道宽译，中国人民大学出版社2006年版，第171页。

〔4〕 需要指出的是，国内有学者将此介绍为"媒介即信息"（如胡曙中：《西方新修辞学概论》，湘潭大学出版社2009年版，第373~380页），但"信息"和"讯息"在传播学中实际上是两个不同的术语：信息通常被定义为"两次不确定之差"，英文词为"information"；而讯息则是传达一个具体内容的一组信息符号，是人类传播内容的具体单位，英文词为"message"。麦克卢汉的原文为"The medium is the message"，因此翻译为"媒介即讯息"更为恰当。参见胡正荣："探索符号的世界"，http://open.163.com/movie/2012/10/V/1/M8BB1MSNF_M8BG7VSV1.html，最后访问日期：2015年5月4日。

息是汽车产生的结果，比如公路、工厂和石油公司，那才是讯息。换句话说，汽车的讯息是汽车的结果。你抽掉了结果，汽车的意义就被抽掉了。作为工程客体的汽车和这些结果没有关系。汽车是许多服务背景中的外观。你改变背景，你就改变了汽车。汽车并不起讯息的作用，而是讯息的结果之一。由此可见，"媒介即是讯息"并不是一句很简单的话。我总是再三踌躇，不愿意解释这句话的意思。它说的其实是一套隐蔽的服务环境，由革新造就的隐蔽的服务环境；使人改变的正是这样的环境，使人改变的是环境，而不是技术。[1]

换言之，"人的任何一种延伸，……对整个心理的和社会的复合体都产生了影响。"[2]麦克卢汉形象地解释道，"我们对所有媒介的传统反应是：如何使用媒介至关重要。这就是技术白痴的麻木态度。因为媒介的'内容'好比是一片滋味鲜美的肉，破门而入的窃贼用它来吸引看门狗的注意力。媒介的影响之所以强烈，恰恰是另一种媒介变成了它的'内容'。一部电影的内容是一本小说、一部剧本或一场歌剧。电影这个形式与它的节目内容没有关系。文字或印刷的'内容'是言语，但是读者完全没有意识到印刷这个媒介形式，也没有意识到言语这个媒介。"[3]显然，麦克卢汉深受他的导师英尼斯的"媒介决定论"的影响。

第二节　不仅仅借鉴：中国语境的思考与应对

受麦克卢汉的启示，但不完全同于其思想，我们也将着重关注媒介修辞的影响，继续分析法官为何难以应对涉诉舆论。如前所述，涉诉舆论所坚持的"事实真相"，"其文本素材要么来自报刊、网络等媒体……要么来自法庭上被告人和辩护方提供的描述"[4]，而尤其是前者。公众不可能像法官一样

---

〔1〕　[加] 马歇尔·麦克卢汉：《麦克卢汉如是说：理解我》，斯蒂芬妮·麦克卢汉、戴维·斯坦斯编，何道宽译，中国人民大学出版社2006年版，第241页。

〔2〕　[加] 马歇尔·麦克卢汉：《麦克卢汉如是说：理解我》，斯蒂芬妮·麦克卢汉、戴维·斯坦斯编，何道宽译，中国人民大学出版社2006年版，作者第一版序第4页。

〔3〕　[加] 马歇尔·麦克卢汉：《理解媒介：论人的延伸》，何道宽译，译林出版社2011年版，第29~30页。

〔4〕　刘燕：《法庭上的修辞：案件事实叙事研究》，光明日报出版社2013年版，第8页。

直接面对所有关于案件的材料，尤其是证据；他们的来源渠道基本就是网络和大众媒体。而即便是网络，消息的第一发布者和持续跟踪报道者基本也都是一些大众媒介，私人个体很难像网友"屠夫"那样去做这样的事情。

一、公众缘何相信"媒体"？

从逻辑上讲，即便公众面对的是媒体讲述的"故事"（因而动听），但如果公众不相信媒体，也不会引发后续的判断和行动，看看西方的媒体界[1]，以及解放战争时期共产党人对公报的态度便可知晓。公众相信媒体，我们认为，首先要从我们的认知传统上去寻找原因，这或许也是另一种意义上的知识考古学。我是典型的80后，在我的成长过程中，除了课本、字典，另外一个重要的学习途径就是读报纸，从最初的识字，到后来的了解各方面的信息，报纸成了我认知过程中不可或缺的东西，甚至在某种意义上，它就是书、课本——一种知识的权威来源。这种情况当然更普遍存在于50后、60后、70后，甚至更年长者。

然而，我们并不打算仅仅停留于此，因为如果媒体和课本、字典讲述的不一样，我们自然会产生怀疑，久而久之也就不会那么相信了。这种不一样可能是某个错别字的问题。尽管必须承认这种现象的存在，但幸运的是这种情况并不多。当然，这要部分归功于相关组织的监管和市场的筛选。但不仅仅是错别字，甚至很多时候错别字是无关紧要的。因为从心理学的角度看，人的认知容忍度随着年龄的增长会不断变大，所以错别字对一定年龄之后的人而言影响不是太大，不会造成对某个媒介的质疑或反感。因此，更为重要的应该是认知话语的改变。而且，有可能但一般不会是自然知识（体系）的问题，因为它的社会共识性太强，而且很容易被生活检验出来，实际上错别字在一定意义上就属于自然知识，所以媒体也很难在这些方面有什么不一样的举动，因为它也分享着同样的知识体系，很难有什么别样的创造。留给媒体的自主空间也就仅仅存在于社科话语中，尤其是意识形态，西方媒体界在

---

[1] 胡曙中从文化传统出发，具体分析了文化传统及其形成的社会心理，如何影响中西方受众的新闻文本解读习惯，并造成二者之间出现的巨大差异。参见胡曙中：《英汉传媒话语修辞对比研究》，郑州大学出版社2007年版，第77~86页。

这一方面的分歧和竞争便足以证明。而在我国，报纸等基本传递着同一种声音。[1]这就不会跟人们已有的认知系统有太多的冲突；换言之，可以得到已有认知的接纳与证明。而且，或者可以得到一个有趣的推论，我们相信它，不是因为它客观正确，而是因为它符合我们的口味；并因此，从这个意义上来说，是我们塑造着报纸。

当然，这里面有一个时间维度。一般而言，成年人的眼光往往比较挑剔，这是思维固化的缘故。而青少年，尤其是儿童，思维观念还未成型，在这个时候往往是报纸等媒介在塑造着我们；尤其和我们来自其他方面的认知相一致时，甚至可以说我们被这种媒介皈依了。而表面上看，报纸要迎合成年人，但在更深层面上，我们只是在内容上有所挑剔，但骨子里的依赖关系却始终存在；并因此，报纸可以循序渐进地引导成年人，只要幅度不是太大。从这个意义上讲，我们也在而且一直在被报纸塑造着。这些实际上都涉及了麦克卢汉的"媒介即讯息"论。

当然，有人会说，一个声音是当权者管制的结果。我们并不打算完全否认这一点。我们可以发现，国内媒体界尽管相互之间也存在竞争，但揭露媒体自身的"短板"或腐败的报道还非常少，给人的感觉似乎媒体自律做得相当到位，媒体界是一块净土。深入了解我们可以知道事实并非如此，电影《搜索》已经向我们展示了冰山一角。那该作何解释呢？不要盲目相信自律的话语，尤其面对新媒体的激烈竞争，博弈论早已揭示了这种情况的天然不可能性。因此答案应该来源于外界，即制度的约束，也就是相关机构的监管，如某种行规的确立和实施。

但一般而言，任何人为都绝非擅断，否则可能会导致更大的不信任，甚至反抗。因此，我们将进行一个大胆的推论，受众或许有某种对同一个声音的需求，或者说有这样一个特殊的"嗜好"，而当权者的管制只是一定程度上迎合或者是维护了这种"嗜好"而已。但显然这里面有一定的地域限制，因为西方社会呈现出几乎完全不同的一面。另外可能还有一定的时间维度，后面会具体论述。

---

[1]　胡曙中认为"中国记者在不知不觉中就会偏向于新闻教化功能，表达一种共同的情感；西方记者偏向于新闻的信息功能，表达一种个体精神极强的情感"，参见胡曙中：《英汉传媒话语修辞对比研究》，郑州大学出版社2007年版，第83页。

我们不敢否定演化心理学的合理性。自秦始皇统一中国，古老的中国两千多年来在政治、文化形态上基本呈现着大一统的局面：政治上偶然会有某些分裂，但"合"基本是常态，尤其是政治制度；文化上，帝国重视意识形态和人心控制，尤其自汉武帝"罢黜百家，独尊儒术"以来，儒家思想基本成了中国封建时代的正统思想，其间虽有道家、法家，或外来佛教等，但基本都被笼罩在儒家的文化影子里，要么吸收、要么改进，或被同化。因此，这很可能会形成一种"同一"的基因，深深扎根于中华民族每个人的心里，影响着我们的价值取向和行为选择。

但我们更愿意相信历史唯物主义。尽管演化心理学的解释也并非唯心主义，但终归太强调历史和传统，而有可能忽视了地理、经济等"物"的影响。中华文明自古发源于黄河和长江；两条大江的中下游地区，地势平坦、土壤肥沃，加之来自太平洋的季风的影响，使之特别适合农业经济的发展；四面相对隔绝，东部临海，西北西南都有高原或山地的阻隔，北部还有沙漠等。也因此，中华文明基本就是在一片相对独立的广袤的平原上发展起来的，而且从事着几乎同样的生产工作。这使得我们的思维方式和行为习惯基本是一致的，因此声音往往也是同一的。这种影响不仅可以解释封建社会的情形，尽管新中国成立以后，中国发生了翻天覆地的变化，但毕竟时间不长，尤其改革开放至今才40多年，某些因素依旧存在，如还是那片地，还是大一统，并因此也可以部分解释我们对一种声音的认可。前面提到这其中可能还会有时间维度，问题就在这。

当然问题还可能更复杂。如果将两种主义结合起来看，我们对同一的需求可能还有别的解释，那就是"沙漠恐惧症"。如果地理形态上的广袤无际，以及自我世界的"一统天下"始终存在，我们或许就有理由相信公众对同一声音的需要和渴望。而欧洲大陆似乎基本呈现着相反的形态。

二、公众缘何相信"故事"？

必须承认故事好听、有悬念、有吸引力，但把故事讲给某些特殊职业的人，如法官，他们往往能比较容易地判断出这是故事。而且，我们可以发现，小孩往往喜欢听故事，哪怕前后没有丝毫逻辑，胡诌乱拼的故事也能引起他们的兴趣。因此，我们试图给出某些别的解释。

我们还是试图遵循上面的思路。在两千多年的封建时代里，普通百姓的认知途径，除了日常的生活实践外，很重要的一个途径就是"耳听"途说[1]；而且是以"故事"为载体。蒲松龄的《聊斋志异》不就是这么来的吗？因为故事具有某些娱乐的功能，所以为人们所喜爱，津津乐道。更为重要的是，在儒家文化一统天下的时代，人们的价值观念早已定型，评判故事的是非标准也基本囿于儒家伦理道德；而且，当故事被儒家化后，故事一旦承载了教育功能，就必须被夸张，人物必须被尽量对立，唯此才能更好地完成它的使命。而在西方社会，信仰上帝的存在基本改变了这些。"不论住在/任何地方/耶稣同在/就是天堂""普遍恩典"等使得故事人物不可能被完全对立起来，这不是评判的标准。而且，人们讲述的故事往往都来自《圣经》，人间善恶的故事似乎没有那么重要。而至此，我们或许应该看出，听故事已不仅仅是"基因"的问题，因为就在我们当下，听故事的背景或原因依旧存在，而且改变得很少。

也许我们还需要指出西方上帝文化的"唯物"因素才能让我们的解释从文化过渡到"物质"。西方文化的上帝拯救，及其多样性都和西方的自然环境和经济等因素有很大的关系。简略言之，欧洲大陆多山脉，各地自然环境呈现出很大的差异，这导致了邦国林立政治生态的形成；周围环境也不能和我国的相比，因此相对并不隔绝；而且，由于农业生产不发达，彼此之间争夺资源，战争不断。因此，人们需要一种文化信仰，来缓解现实的纠纷与困惑，主张普适性的上帝文化便"应运而生"了。而且，还因为政治实体控制力有限，比如"局部强大的资本力量甚至有机会获取'主义'的地位"[2]，意识

---

〔1〕 这一点也可以从古代的法律传播渠道那里得到印证。比如明代法律曾严格规定"讲读律令"——"凡国家律令，参酌事情轻重，定立罪名，颁行天下，永为遵守。百司官吏务要熟读，讲明律意，剖决事务。每遇年终，在内从察院，在外从分巡御史、提刑按察司官，按治去处考校。若有不能讲解、不晓律意者，初犯罚俸钱一月，再犯笞四十附过，三犯于本衙门递降叙用。其百工技艺、诸色人等，有能熟读讲解，通晓律意者，若犯过失及因人连累致罪，不问轻重，并免一次。其事干谋反、逆判者，不用此律。若官吏人等，挟诈欺公，妄生异议，擅为更改，变乱成法者，斩"。（怀效锋点校：《大明律》卷第三·吏律二·公式"讲读律令"，法律出版社 1999 年版，第 36 页；另外，清律在此方面几乎照搬了明律的内容，参见田涛、郑秦点校：《大清律例》卷七·吏律·公式"讲读律令"，法律出版社 1999 年版，第 157 页。）另外，关于《教民榜文》的宣传方式也有三种：张挂晓谕、聚众讲读和沿途宣讲。参见徐忠明、杜金：《传播与阅读：明清法律知识史》，北京大学出版社 2012 年版，第 169~210 页。

〔2〕 吴思：《血酬定律：中国历史中的生存游戏》，语文出版社 2009 年版，第 270 页。

形态相对多元，这为宗教的存续提供了可能；另外，还因为地域狭窄、资源紧缺的限制，人们似乎患有了"禁锢恐惧症"，人们除了需要本民族文化外，还需要它种文化。但上帝文化也无法强大到统领一切，因为毕竟并非政治实体，国王权威始终存在而且制约着宗教的发展。这实际上也解释了西方社会为什么不鼓励只有一种声音，并因此媒体呈现多样化，而使得人们不那么相信媒体。

还需要注意与之相关的自然科学（精神）的影响。中国传统社会自然科学发展缓慢，很大程度是因为农业文明的发达；而西方社会，尤其是近代以来，似乎呈现出不同的轨迹。自然科学，往往注重实证和逻辑，注重批判，这或许在一定程度上也影响着人们对故事的态度。但对今时人们的影响，我们持一种审慎的态度，毕竟已时过境迁。

所以媒体讲故事，也就不仅仅是媒体追逐自我利益的结果，可能更是受公众自身某种特质的深层次影响的结果。当然，相信媒体故事，还需要考虑到媒体相对于法院（或官方）的某些立场和技术优势。首先，不同于法院呈现给我们的法官角色，媒体直接呈现给我们的往往都是记者，传统定义上的记者往往深入一线，直接调查，呈现给我们的除了上述细节外，还有图片、视频等视觉资料，以及自己的心路历程，使人身临其境，感同身受；而且受"刻板印象"的影响，记者这个职业后来逐步被认为似乎就天然具备这个特质，并因而代表着真实性、合理性，尽管很多时候记者信息来源也不过是二手资料，或者某种意义上的"道听途说"。而且，由于某些对公共事件的报道，对社会黑暗面的揭露等，以及并非公务员体制中一员，更使得他们成了平民、正义的代表，被视为公众中的一员，容易被人们所接受、信任。其次，讲故事中较为重要的一个因素是足够多的细节支撑，但我们可以发现，官方报道在此方面比较缺乏。而公共媒体则往往对此比较擅长，如某人说了什么，什么表情，当时的场景是什么样的，等等。这不仅符合普通大众的认知习惯，而且这些细节实际上构成了说服的重要证据，我们支持最后的结论，就是因为这些细节证据的支持。

三、"法官"缘何难以应对？

针对"媒介"，法官很大程度上面临着互联网时代的"窗帘陷阱"，即随着互联网技术的发展，法官随时可能透明于这个世界，任何试图维护隐私的努力将很可能成为一句空话。也就因此，法官面对舆论，如履薄冰，因为稍有不慎，惹得众怒，便可能遭受被"人肉"的危险。有人可能会说，只要法官洁身自好，身正不怕影子斜，又有何干？但现实是，金无足赤，人无完人，任何一个小小的错误或失误都可能被曝光，然后放大，并产生足以毁坏掉一个人一生的效力。而且公众因为利器在手，并且由于网络匿名性等特点的存在，权力的天然膨胀性逐步显现出来。这些都加剧了法官的无奈和"颤栗"。除此之外，公众的利器还有信访，采用多种极端手段，引起信访部门，以及可能随之而来的媒体的关注和干预。这可能才是法官应对无力的真正原因，也应该是近年来法院或法官试图应对涉诉舆论的举措收效甚微的根源之一。而由此还可以部分解答为何早些年舆论干预司法的现象没有那么严重和普遍。

也就因此，在目前情况下我们不太赞同部分学者提出的将判决书上网的建议，因为这无疑会进一步加剧法官的困境，此时法官的姓名等很多信息都将大规模公开。如果有人想打击报复或要挟的话，这很可能会成为一个"突破点"或"把柄"。当然，如果需要，可以适当改进，比如与法官相关信息只在部分范围内公开。

实际上，互联网时代的传播模式已经由"窗帘模式"变为了"筛网模式"。这除了表现在上述的今时试图通过传统的拉死窗帘遮掩隐私（宽泛意义上）的方式已经徒劳外，还体现在个体声音难以通过传统途径传播出去（换言之，前者代表着传统阻断信息手段的失效，后者代表着传统传播信息手段的休克）。这是因为在互联网时代，公众获得了太多的如网上论坛的信息渠道，新的信息渠道往往更容易俘获人心。而"筛网模式"下的主要传播手段是关键词传播，完整原初的新闻事实已经变得不再那么重要，真正起决定作用并在舆论场内迅速传播的是事件中的某个关键词，比如"我爸是李刚""躲猫猫"[1]。但法官对此似乎并没有做好应对的准备，这不仅表现在法院在相关轰动案件中所采用的诸如新闻说明、网络直播、组织听审团等应对舆论方式的无力，更体现在组织策划访民举牌滋事并借以干预司法审判等犯罪团伙

---

〔1〕　参见罗振宇："网络时代的公关误区（一）：窗帘陷阱"，http://v.qq.com/cover/l/lqhwbb6lcp155yf.html，最后访问日期：2015 年 7 月 19 日。

的猖獗横行之中。[1]

另外，针对"故事"，法官也缺乏合理有效的修辞技艺，我们已在第一章中详细论述，此处不再赘述。

四、可能的出路

首先，我们对未来还是持一种乐观的态度，我们分析了传统媒介对我们认知的塑造。但庆幸的是技术在今天呈现出了巨大飞跃，尤其是互联网时代的到来，这几乎完全改变了我们的时空观念，因此传统的地理等因素的影响势必会大大减小。而且，认知渠道也随之拓宽了，一个尚未上学的儿童都知道如何在网上搜索自己想知道的东西，更无需再提所谓的90后。因此，有目共睹，传统媒介在日益衰落，而近年来国家提出了"媒介融合"的口号[2]，很多研究者也提出了自己的理解，其中一个非常重要的共同点就是指出传统媒介要与时俱进，但我们发现却很少有人从公众认知视角来看待和分析。还有，网络上流言蜚语及各种虚假信息的蔓延虽然会给公众带来很多误解和困惑，但实际上这也有一定的积极意义，因为它会促进公众逐步变得理性、冷静，懂得反思和辨别真伪，而且这种效果还因网络和传统媒体的家族相似性等而延伸到传统媒介上。所以，有理由相信我们对公共媒介的信任和依赖将会逐步发生某些变化。

具体到涉诉舆论，我们还需要主动介入。但实际上，我们反对对公共媒体的过度管制，尤其要促进相互竞争、批评，事实上这种情况时有发生。我们认为，要大胆披露媒体违法现象；而且如上所述，网络的出现给了我们这样的渠道，像以前那样披露媒体违法几乎不太可能。还要注意审判事后要广泛公布事实真相，尤其是轰动案件，以正视听；而且也能够适度改变公众对公共媒介的看法。实际上，英国的做法虽然目的不同，但途径相似，法律不允许事前报道，但事后会"大张旗鼓"地报道，鼓励广泛讨论。而对媒体涉诉报道要适当实行事后责任制，要追究违反相关规定的报道者的责任。

---

[1] 参见"公安部揭开'维权'黑幕 众多'访民'举牌滋事"，http://www.js.xinhuanet.com//politics/2015-07/11/c_ 128010247. htm，最后访问日期：2015年8月9日。

[2] 2014年8月18日，中央全面深化改革领导小组第四次会议通过了《关于推动传统媒体和新兴媒体融合发展的指导意见》，对深化改革、推动媒体融合具有重要的指导意义。

而且，针对公众喜欢听故事的特点，我们为何不能在事后也以故事的形式对某些媒体的错误报道及其影响进行追踪批评？我们就曾观察到，某些媒体在"我爸是李刚"案、邓玉娇案基本尘埃落定之后，向观众澄清事实，并冷静分析了之前相关媒体的歪曲报道与影响；而且这种批评并非干巴巴地陈述事实和经过，而是也展现出媒体人特有的讲故事的方式，修辞到位，引人思考，但却没有失真。对此，我们必须强调审判事后公共媒体传播的重要性。我们不反对官方媒体的报道，但就说服力、持久力和传播规模上看，官方媒体还是很难和公共媒体相比。一个很重要的原因就是报道方式的不同，如上述的缺乏足够多的细节支撑等。

而针对法官应对方面，如前所述，我们或许需要认真思考"建构性修辞"观，因为唯此"那种常被认为是一种教条式的法律表达形式的司法意见，如果不把它看作是对目的—手段合理性的一种官僚主义的表达，而把它看作是一个人或一群人的心智在履行他们的责任，去尽力裁决好案件，确定该案件在此文化语言中将具有何种意味时所作的一种陈述，亦可以更加准确、更加丰富地加以理解"[1]。当然，这也为法官制定裁判指出了方向，"仅用空洞的逻辑、道理去沟通、引导、说服公众，很难产生良好的传播效果。建立在关系认同、情感认同、立场认同基础上的传播，才有可能得到郑重对待和认可"[2]，因而要谨防仅以寻求完成裁判为最终目的的不当裁剪事实以及滥用道德修辞的行为。而且，要善于把握案件之中的"关键词"，对症下药，精准传播，"在传统媒体时代，往往是做出新闻产品，不分地区不分受众地传播。但到了以社交媒体为核心的全媒体时代，单一价值、单向度的'撒胡椒面'式的传播必然失败。精准传播是全媒体时代最有效的传播方式，针对性越强的传播效果越好。这就要求我们……根据不同人群制定有针对性的传播策略和战略。"[3]

另外，还需要努力保护法官隐私，要做到事前预防，倡导尊重法官的个

---

〔1〕 ［美］詹姆斯·博伊德·怀特："作为修辞之法律，作为法律之修辞：文化和社群生活之艺术"，程朝阳译，载陈金钊、谢晖主编：《法律方法》（第11卷），山东人民出版社2011年版，第11页。

〔2〕 陈叶军："有温度的政治传播话语才能入耳入心"，载《中国社会科学报》2014年10月15日，第A1版。

〔3〕 毛莉："精准传播是提升国际传播效果的关键——访中国传媒大学副校长胡正荣"，载《中国社会科学报》2014年9月17日，第A4版。

人隐私。尤其要加强网络监管力度，个人隐私禁止"人肉"曝光，给法官营造一个相对安全的审判空间。为此，需要认真落实《最高人民法院关于审理利用信息网络侵害人身权益民事纠纷案件适用法律若干问题的规定》，尤其要结合实际情况进一步细化和完善司法过程中侵犯法官隐私行为的认定和处理问题。当然，面对"窗帘陷阱"，法官更需要廉洁自律，克服窗帘幻觉，在互联网条件下已经没有什么绝对保密的场所，上海失足法官已经很好地为我们敲响了警钟。

第三节　法律修辞与身体经验：一个体验哲学的视角

另外，麦克卢汉对媒介的研究首先从对感知过程的讨论开始。他指出，人类通过所有感官吸收信息，感官使大脑外的材料进入中枢神经系统形成"思想"，只有当"我们个人的感知不是封闭的系统，而是在我们称为是意识的那种经历中不断地被相互转变"[1]时，人类才能从一个完整的思想中得益。如上所述，在麦克卢汉看来，文字媒介强化了视觉偏向，削弱了其他感官功能，使言语和其他感知分离，并产生了一种脱离真实事件和人际交流真正同时性、不用卷入其间的感觉。

实际上，这暗含了体验哲学的影子。如上所述，西方哲学传统始终以经验主义和理性主义为主导，而美国认知语言学家雷可夫（Lakoff）和哲学家约翰逊（Johnson）《体验哲学——基于体验的心智及对西方思想的挑战》提出了"体验哲学"这一理论，对西方哲学传统进行了严厉批评，在西方哲学界、认识科学界和语言学界引起了很大的轰动，并产生了深远的影响。

"体验哲学"最为重要的原则是心智的体验性。雷可夫二人指出："概念是通过身体、大脑和对世界的体验而形成的，并只有通过它们才能被理解。概念是通过体验，特别是通过感知和肌肉运动能力而得到的。"[2]换言之，"我们的概念、范畴、推理和心智并不是外部现实客观的、镜像的反映，而是由我们的身体经验形成的，特别是由我们感觉运动系统形成的。我们大部分

---

〔1〕　Marshall McLuhan, *The Gutenberg Galaxy：The Making of Typographic Man*, University of Toronto Press, 1962, p. 5.

〔2〕　George Lakoff, Mark Johnson, *Philosophy in the Fresh -The Embodied Mind and Its Challenge to Western Thought*, New York：Basic Books, 1999, p. 497.

推理的最基本形式依赖于空间关系、身体部位，它们为我们日常推理提供了认知基础"，并且更进一步，"概念和意义是通过体验固定下来的，根本不是基于什么符号；思维和推理也基于体验，根本不是基于符号运算。"[1]在此基础上，雷可夫二人还总结了另外两条基本原则，即认知的无意识性和思维的隐喻性。

为了更好地说明体验哲学的"体验性"观点，我们在这里引用一个心理学实验。王锃等"道德概念的垂直空间隐喻及其对认知的影响"，通过实验方法证明"道德这一抽象概念的理解，是通过垂直空间这一源域的具体概念进行映射的"，实验发现，被试倾向于将道德词（如善良、乐于助人等）放在空间位置（电脑屏幕）的上方，而将不道德词（如卑鄙、阴险等）放在下方，即做出了"道德是上，不道德是下"的判断。对此，王锃等运用体验认知理论做出了猜想式的解释，"对重要的、高尚的等有价值的人或物，人们总会抬起头来仰视，甚至顶礼膜拜；相反，对恶劣的或危害人类的事物人们会把它踩在脚下，甚至将其碾个粉身碎骨。"[2]虽然这一实验直接的证明对象是思维的隐喻性原则，但是也间接证明了心智体验观。

因此，"思维、心智、推理、范畴、意义是基于身体经验的"[3]，身体经验建构着人们的认知话语，影响着人们的认知理解。接下来，我们首先从一则古代判词开始探求这一理论对法律修辞实践的意义。

一、古代判词的"奥秘"

康熙年间，陆稼书在任某地知县时审理黄仁、黄义两兄弟争夺财产的案件，其判词如此写道：

> 判得黄仁、黄义，争执祖业遗产，久讼未决。夫鹡鸰呼雏，雌鸟反哺，仁也。蜂见花而聚众，鹿见草而呼群，义也。呼雁聚而成行，雎鸠挚而有别，礼也。蝼蚁闭塞而壅水，蜘蛛结网而罗食，智也。鸡非晨不鸣，燕非时不至，信也。彼夫毛虫蠢物，尚有五常，人为万事之灵，岂

---

[1]　马玉君："真理和体验哲学"，载《人文杂志》2007 年第 5 期。
[2]　王锃、鲁忠义："道德概念的垂直空间隐喻及其对认知的影响"，载《心理学报》2013 年第 5 期。
[3]　王寅："体验哲学：一种新的哲学理论"，载《哲学动态》2003 年第 7 期。

无一得？尔兄弟名仁而不克成仁，名义而不知为义，以祖宗之微产，伤手足之天良。兄藏万卷，全无教弟之心；弟掌六科，竟有伤兄之义。古云：同田为富，分贝为贫。应羞析荆之田氏，宜学合被之姜公。过勿惮改，思之自明，如再不悛，按律治罪不迨。[1]

与现代判词相比较，这一判词有两个特别不同的地方：

1. 大量描述了自然界的鸟、蜂、鹿、雁、雎鸠、蝼蚁、蜘蛛、鸡、燕的特定行为；

2. 没有引用什么具体的法律条文，关于法律的只说了"如再不悛，按律治罪不迨"。

然而这篇判词却取得了良好的效果，虽"不言其产之如何分配，及谁曲谁直"，却终使争吵多年的黄氏两兄弟自愿息诉服判，不再争吵。

法律修辞要达到的主要目标，就是要增强司法判决的可接受性，对"听众"实现有效说服。这份传统判决的两个特别之处，几乎完全不符合现代判决书所要求的规范性、法律性、准确性，却使得当事人"泪下沾襟，自愿息讼"，达到了法律修辞的目标，这是为何？除了类似"传统和现代不同，讲究情理法的融合"这种框架式的答案，我们还能发现什么？

借助体验哲学理论，我们来分析对这一判词的疑问。为何大量描述了自然界的鸟、蜂、鹿、雁、雎鸠、蝼蚁、蜘蛛、鸡、燕的特定行为？

第一，这是采用了类推的论证方式。不同于现代判决的逻辑演绎为主的思维方式，传统判词更多使用类比推理论证。古人对此也多有论述，如《吕氏春秋》中提出了"类同相召，气同则合，声比则应"的类推方法；《淮南子》中阐明的"以小明大""以近论远"的类推思想；王充、王符、徐干、嵇康等人也都相继提出了自己的类推理论。[2]而类推体现的就是一种经验思维方式，[3]恰恰符合体验哲学的发现——认知理解具有体验性，符合人们的认知规律。

---

〔1〕《陆稼书判牍·兄弟争产之妙判》，转引自韩秀桃：《司法独立与近代中国》，清华大学出版社 2003 年版，第 60 页。

〔2〕 参见周云之主编：《中国逻辑史》，山西教育出版社 2004 年版，第 45~77 页。

〔3〕 参见夏婷婷："论《龙筋凤髓判》中对案件事实的推理方法"，载《当代法学》2011 年第 1期。与此类似，有人将中国人的传统思维界定为形象思维，"特别依赖于感觉，重视具象的知觉"。参见楚渔：《中国人的思维批判》，人民出版社 2011 年版，第 21 页。

第二，采用自然界的鸟、蜂、鹿、雁、雎鸠、蝼蚁、蜘蛛、鸡、燕的特定行为作为类比推理的大前提，具有较好的说服力，因为这些事物通常为众人所熟知，日常生活中都或多或少地接触过，"体验"过，形象具体，人们对此有较多的"身体经验"，容易接受和理解。[1]

而为什么没有引用什么具体的法律条文，而只说了"如再不悛，按律治罪不迨"？第一，对于法律的内容，人们是不太清楚的，更没有相关的身体经验，所以论述太多的法律条文，也无法更好地得到人们的认知理解。

第二，人们对法律的身体经验，是"一阵阵响彻云霄的升堂衙鼓，一连串震慑人心的声声堂威，一排排如狼似虎的衙役，一列列夹棍刑杖"[2]，所以一句"按律治罪不迨"，有足够的身体经验基础，也足以得到人们的认知理解，产生律例的惩戒、威慑功能。

如此分析，这份判词的两个特别之处是充分关注了人们的身体经验的结果，因而能很好地发挥作用。所以，法律修辞如何使用，又如何发挥作用，需要我们充分关注法律修辞背后的主体身体经验。无论遣词造句，还是谋篇布局，抑或论证方法都受到身体经验的影响。

二、身体经验的"巨大"作用——以明清州县衙门景观为例

至此，我们已经初步分析了身体经验对法律修辞的影响，然而尽管理论也指出了身体经验作用的基础性，但也许我们还无法看到身体经验的作用路径，并因此有可能"小看"它。接下来，我们意欲以明清州县司法衙门外观为例，做一个初步探讨，指出身体经验如何作用，及作用的"巨大"。在此，我们利用部分流播广泛的，也为乡民喜闻乐见的民间俗谚来考掘和解读隐藏在其中的身体经验的作用。[3]

---

〔1〕 参见卢芸蓉："类比推理的论证性"，载《河北理工大学学报（社会科学版）》2011年第5期。

〔2〕 徐忠明：《案例、故事与明清时期的司法文化》，法律出版社2006年版，第264页。

〔3〕 有研究者从体验哲学的角度对谚语进行了研究，指出"谚语源于人类的身体体验，隐喻构成了其意义生成的条件，意象图式构成了其概念系统与身体体验的基本框架，范畴化体现了谚语语义生成过程的特征。这四个方面对于理解谚语语义至关重要"。参见寇福明、高彩凤："从体验哲学角度探讨谚语语义生成的认知理据"，载《外国语文》2013年第2期。关于俗谚的研究，还可参见徐忠明："传统中国乡民的法律意识与诉讼心态——以谚语为范围的文化史考察"，载《中国法学》2006年第6期。

1. "衙门口朝南开"

中国古代的城市建设，大多根据《周礼·考工记》的设计思想进行布局，同时受风水理论影响。《周礼·考工记》曾记载："匠人营国，方九里，旁三门，国中九经九纬，经涂九轨，左祖右社，面朝后市，市朝一夫。"这是有关古代城市规划思想的最早论述，充分体现了封建社会等级制度和宗教礼法关系。它强调以宫城为中心，宫城南北轴为主轴线，面朝后市，左祖右社，围绕宫城对称布置。风水观念有"正穴"之说，穴为聚气焦点，南向为正，居中为尊，居中而治。因此，和所有朝代一样，明清时县衙总是设在县城里，受着城墙的保护。衙门作为一座城市的主宰，通常要位于城中央，坐北朝南，居中而治，故有"衙门口朝南开"的俗谚。

2. "衙门深似海"

由于中国传统建筑采用北京四合院样式，因此体面的州县衙门一般都是由十多个四合院落组成，有着大大小小的办公厅堂房廨、密不透风的监狱、分类的仓库、讲究的牌坊亭台与城隍神坛。而依据上述古代城市建设的观念要求，主体建筑必须集中在一条南北中轴线上，整体院落布局，由南向北依次分为五个层次，由东向西分为左中右三条轴线，沿南北向三条轴线建设，县衙东轴线的建筑有：寅宾馆、土地祠、衙神庙、三班房、校场、仓门等；西轴线上的建筑有：膳厅、监狱、吏舍、主簿厅、督捕厅；中轴线的建筑有：照壁、宣化坊、大门、仪门、戒石坊、大堂、二堂、三堂、后花园等。县衙大堂位于中轴线中心点上，形成了一个以县衙大堂为中心，以中轴线为纲领的格局。复杂的布局，加上重重设置的墙壁，和各式各样的门，使人深感内外有别，深不可测，故有"衙门深似海"之说。

3. "八字墙朝南开""六扇门"

县衙有着众多的院落和围墙，是有复杂的院落套院落、围墙连围墙的布局。最重要的墙是围墙。整个衙门建筑群围绕着一圈高高的围墙，而衙门建筑群的每一个功能区域也都是大大小小的被一道道围墙围成的四合院院落。围墙或者是用砖砌的，或者是用泥土板筑的，讲究的围墙顶还覆盖顶瓦，防止雨水冲刷。最外面的外墙最高，朝南正面的外墙最重要，在大门两侧的墙面转折一个三十度的角度斜向大门，以突出大门的位置，这就是所谓的"八字墙"。

与墙相像，衙门之门也是各式各样。而作为外墙唯一出入口的大门为三开间，每间各安两扇黑漆门扇，总共有六扇门，所以州县衙门也往往被俗称"六扇门"。大门的重要性和其威严，通常由其前照壁、两侧八字墙、门口常堆放的龇牙咧嘴的石头狮子以及作为全城的制高点来突显。因此，"六扇门"也不仅仅指六扇门，实为一个集合体。

4. "官家"

衙门虽为古代行政部门，承担行政职能，但州县长官及其家属的起居活动都在县衙之内。位于中轴线最北端的内衙院落是整个衙门建筑群最尊贵的院落，在功能上是县衙长官及其家属的住宅。衙门的整体设计，对于衙门以外的人来说，犹如紫禁城就是皇帝的家一样，衙门就是州县的家。因此，衙门又被俗称"官家"。[1]

至此，人们可能会问，这些俗谚不过是对州县衙门外观近乎白描式的反映，这种身体经验仅仅这样影响人们的认知吗？首先，我们将这种简单的直接作用称为显性作用。

接下来，我们要借助现代心理学的一项研究发现——"隐性说服"来进一步分析身体经验的隐性作用。"隐性说服"是随着心理学的不断发展而被发现的一种现象，后来又被人们有意使用，成为一种说服技巧。在传统司法时代，人们虽然可能并不知道"隐性说服"的存在，但它确实在发挥着重要的作用。

如上文所述，衙门建筑及布局特点充分显示了衙门的威严。衙门均位于城市的中心地带，坐北朝南，且布局复杂，衙门建筑采取严格对称的院落布置办法，按功能分区，依用途和重要程度区别等差，有节奏地安排建筑物的体量和空间形式，大堂、二堂、三堂按使用功能区别，采用天井间隔，两侧又用回廊相连，且每座建筑台基一座比一座高一步至三步，乃"步步高升"之意，人们从大门进入后，一门又一门、一院又一院，很明显会让人感受到县衙的深邃与威严，"衙门深似海"，让人望而生畏。另外，再以墙为例，重重设置的墙壁，据郭建《帝国缩影——中国历史上的衙门》一书分析，除了防御和防止内部机密外泄外，深不可测的重重封闭性建筑格局，造成一种威严的气势，以使小民百姓自觉渺小，感到畏惧，从而烘托出身居高墙之内的

---

〔1〕　参见陶希圣：《清代州县衙门刑事判案制度及程序》，台北食货出版社有限公司1972年版；参见里赞：《晚清州县诉讼中的审断问题——侧重四川南部县的实践》，法律出版社2010年版；参见郭建：《帝国缩影——中国历史上的衙门》，学林出版社1999年版。

"青天大老爷"的威势；还有，这也象征着神圣的等级制度，每次踏入一门、进入一院，好比上一个等级。〔1〕

衙门建筑及布局其实在发挥着隐性说服的效果。这种隐性说服主要是通过恐惧效应来实现的，心理学认为"如果信息可以引起恐惧，那么，它很可能比事实或者理性辩论更为有力"〔2〕。因此，我们可以看到，传统社会普通百姓普遍的惧讼心理——"屈死不告状"，而上述俗谚往往都和"有理无钱莫进来"连用，反映的也是对传统司法的惧怕和拒斥心理。

古代国家虽说是一种集权的国家，拥有强大的权力，但对社会的干预能力却十分有限，传统社会乡野百姓的日常生活，具有一定程度上的秩序自治性，帝国衙门和帝国法律往往没有能力也不愿介入，这时说服人们自觉遵守帝国法律，安分守己，不要闹事起纠纷，或促使人们通过民间途径解决，以更好地维护统治秩序，就成了帝国衙门的必然选择。而衙门空间所发挥的隐性说服效果，对帝国衙门而言就变成了一种有意或无意的正确结果。

不仅如此，受社会经济条件的影响，乡民百姓基本生活在伦理道德、家规族法、乡规民约和契约文书之类的社会规范与民间习惯之中，大多数人对帝国法律、帝国司法的身体经验也差不多只有这些，因而其司法认知、法律意识和诉讼心理也大都建构在这些身体经验基础之上，"一辈子不见官，仿佛活神仙"，而更进一步，它也在指引着乡民建构传统的法律秩序和法律文化。

所以乡民百姓的身体经验不仅仅是对州县衙门场景的简单反映，更重要的是，还包含着被隐性说服的因素。这种身体经验不仅建构着传统乡民的话语、司法认知，也建构着传统社会的法律秩序及法律文化，并因此强烈地影响着传统的法律修辞。

其实，这和体验哲学的"思维的隐喻性"原则密切相关。不同于亚里士多德等仅将隐喻看作一种修辞方式，或传统分析哲学认为概念都是非隐喻性的，体验哲学认为，"隐喻在我们的日常生活中是无处不在的，我们赖以思维和行为的普通概念系统其本质基本上是隐喻的。"〔3〕隐喻不但是一种语言现

〔1〕 参见郭建：《帝国缩影——中国历史上的衙门》，学林出版社1999年版，第6页。

〔2〕 ［美］莫顿·亨特：《心理学的故事——源起与演变》，寒川子、张积模译，陕西师范大学出版社2013年版，第726页。

〔3〕 George Lakoff, Mark Johnson, *Metaphors We Live By*, Chicago：The University of Chicago Press, 1980, p. 3.

象，而且在本质上是人类理解周围世界的一种感知和形成概念的工具。[1]隐喻根植于体验，需基于相似性的感知，但更重要的是隐喻可以创造相似性，"在隐喻的理解过程中，喻体将其部分属性（不可能是全部，也不可能是一点不变的）映射到本体上，使本体也具有同样的属性。"而且，隐喻推理使得大部分抽象思维成为可能，"正是隐喻，使得我们能够正确理解抽象概念域；将我们的知识扩展到了新的领域。"[2]本章第三节所引用的心理学实验就很好地证明了思维隐喻性特征。源自于衙门景观的身体经验，通过隐喻认知方式，逐步建构起古代民众的司法认知、法律秩序和法律文化。

三、法律、修辞事实与制度体验

到这里，我们已经论述了身体经验对法律修辞的作用，以及这种作用之大，而因此结论是我们要充分关注身体经验的影响，那么进一步的问题是，法律修辞为何要仅仅依赖普通身体经验，法律为何不为人们创设属于自己的"法律"身体经验，即制度体验？这是一种对长期的生命成长产生深刻影响的体验，更值得注意的是，"制度与制度体验密不可分。第一，制度是制度体验的媒介：作为媒介，制度一方面促进着制度体验的不断生成，成为制度体验的生成基础，另一方面也限制制度体验的生成，规定着制度体验的内容和性质；第二，制度是制度体验的结果：从制度的起源角度讲，制度并不是如同自然界一样的纯客观自在的东西，而是一种建构性事实，一种人造事实，是行动者创造的；从制度再生产角度讲，制度不是外在于个体体验的外在之物，而是内在于个体的生命体验之中，并通过个体的生命体验而不断地再生产出来。"[3]

从法律作为修辞事实说起。如前所述，怀特提出了一种思考修辞的方式，即"建构性修辞"——"只要开口说话，我们就是将自己作为不同个体、不同社群以及不同文化加以建构"，并从三个方面即"一个言语提供给他/她的话语；对该话语的论证性重构；一个人的言语或写作对一种修辞共同体的论

---

〔1〕　参见束定芳：《隐喻学研究》，上海外语教育出版社 2000 年版，第 251 页。

〔2〕　王寅："体验哲学：一种新的哲学理论"，载《哲学动态》2003 年第 7 期。

〔3〕　杨道宇："体验：人类生命的存在方式——基于体验的实践性与时间性分析"，载《北方论丛》2012 年第 4 期。

证性建构"[1]论证了法律可被理解为一种修辞事实的判断。其实,法律作为修辞事实所起的建构性作用,正是制度体验潜在的作用空间——建构语言,建构说服技艺,建构社会共同体和文化。

更进一步,法律如何成为修辞事实,也正是制度体验建立的途径。虽然怀特没有特别论述,甚至有可能忽略了这个问题,但从其分析中还是可以寻得一点答案。

怀特反复提到"律师工作"——以及与此类似的"律师使用和重构的语言""律师的言论""律师的修辞生活"等——并从它的三个方面总结出法律的建构性作用,还有如上所述,关于针对"建构性修辞"——应该是文中的核心概念——的研究内容,他的论述"研究只要开口说话,我们就是将自己作为不同个体、不同社群以及不同文化加以建构的各种方式"。由此,我们可以发现其前设,即法律发挥作用,或修辞建构社会,需要人们,尤其是相关职业者——律师或修辞者,使用这种"修辞",哪怕仅仅只是"开口说话"。道理很简单,仅仅是一个文本的出现,不会在社会中起到建构性作用,而只有人们使用它,它才对使用它的人和相关的对象发挥作用。

也正因为被使用,有了法律实践,法律才会逐步成为人们日常生活的身体经验,可感知,可触及。很多地方,尤其是传统西方社会和当代中国,当被问及法律是什么时,常有"法律是正义的化身"等类似的表达。而这类说法有一个值得注意的地方,人类的思维是隐喻式的,身体经验的具体概念是更为抽象的概念的基础,而正义作为比法律更为抽象的概念,却诠释着法律。那么是法律太抽象了,还是太无法体验了?

其实,这正符合体验的实践性特点。"所谓体验,就是在实践中考察世界,在实践中改变世界,在实践中助长生命。"[2]法律制度体验的建立不是一朝一夕的,要让其成为人们熟悉的、并足以用来建构自己的话语体系,乃至民族文化的资源,需要让法律充分渗透到社会网络的每个节点,真正做到有法可依、有法必依,让人们在诸多场景中切实体验到法律的存在,辨析出它

---

[1] [美]詹姆斯·博伊德·怀特:"作为修辞之法律,作为法律之修辞:文化和社群生活之艺术",程朝阳译,载陈金钊、谢晖主编:《法律方法》(第11卷),山东人民出版社2011年版,第6页。

[2] 杨道宇:"体验:人类生命的存在方式——基于体验的实践性与时间性分析",载《北方论丛》2012年第4期。

的"模样"。

四、处于对接磨合地带的法律修辞

然而，问题随之出现，作为法律实践的重要部分的法律修辞该如何自我定位呢？既要以此为人们建构"法律"身体经验（制度体验），践行法律话语，然而，如上文所述，又要充分关注并尊重人们已有的身体经验，这成了一个两难选择。

至此，我们似乎发现了一个法律修辞的新维度——处于对接磨合地带的法律修辞。法律修辞学的产生源于修辞学的当代复兴和形式主义法学的失败，这促使法学家开始关注法律语言的使用问题，关注修辞学方法在法学领域的应用和转化，尤其是在法律论证方面。法律修辞的主要功用就是弥补形式逻辑的不足，以应对价值多元化问题。它的本质就是一种内涵和外延都不太清晰的方法，但具有比较明确的目的导向，即说服法律的"听众"。

而从人们认知理解的身体经验基础的视角来看，法律修辞这种方法要处理的，就是人们的普通身体经验和法律欲创设的"法律"身体经验的对接磨合问题。"我们的体验则表现为过去对我们不断产生作用的效果历史：过去滞留在我们的肉身之中，并通过我们的肉身而对体验产生作用"，而"'当前状态'则是体验的着力点"[1]。

以一则轰动案例为例。2001 年 9 月 27 日，四会市法院法官莫兆军开庭审理李兆兴告张坤石夫妇等 4 人借款 1 万元经济纠纷案，当时李持有张夫妇等人写的借条，而张辩称借条是由李与冯志雄持刀威逼其所写的。莫兆军经过审理，认为无证据证明借条是在威逼的情况下写的，于是认为借条有效，判处被告应予还钱。当年 11 月 14 日，张坤石夫妇在四会市法院外喝农药自杀身亡。案件后续的发展比较曲折，我们不再细述。[2]

这里需要关注的是，为何张坤石夫妇选择在法院门前自杀？我们以身体经验的视角进行尝试性的解答，由于身体经验作用的复杂性，这种解答只能

---

[1] 杨道宇："体验：人类生命的存在方式——基于体验的实践性与时间性分析"，载《北方论丛》2012 年第 4 期。

[2] 参见顾万明："广东四会市一被告败诉自杀 法官被判无罪"，载中国法院网，http://www.chinacourt.org/article/detail/2003/12/id/94921.shtml，最后访问日期：2014 年 3 月 2 日。

是一种猜测。这些身体经验是由许许多多的由当事人所体验过的生活场景或社会场景组成的，"'体验'可以包括个体或社团的各种实际或潜在的经历，是具有遗传结构的个体与物理、社会的交互"〔1〕，为了叙述的方便，我只是抽象出这些场景的结论。

后来公安机关立案侦查后，李兆兴道出了"借款"的真相，承认了威逼事实，可见张坤石夫妇确实蒙受了"冤屈"。在他们的身体经验里，真相肯定是会战胜"邪恶"的，正所谓"天理昭昭"；他们相信法院，"公家"自然能够还他们一个"公道"；在诉讼中，他们也无需担心什么，因为"不做亏心事，不怕鬼敲门"。

而一审的判决，告诉他们法律终究没能给他们一个"公道"，而法律之所以如此，是因为法律有自己的经验设想，"谁主张，谁举证"，用证据说话。然而，"法律"体验终究没有成为张坤石夫妇的身体经验，张坤石夫妇自然无法理解，更无法接受一审判决。而根据常理，法律人在这种情况下是不会采用这么极端的方式的，不仅是因为他们知道，更是由于他们直接或间接地体验过。

还可以从一些细节来考量两种经验的不同。庭审中，当听到被告张坤石夫妇说借条是受暴力威胁才写的时候，"法官莫兆军询问被告是否报警，他们答复没有。在法官提示其可以报警后，仍未报警"〔2〕，在这里我们可以发现张坤石夫妇的另一些身体经验：法院代表法律，跟法院说了就意味着"报警"，告诉了"公家"；或者法院和公安局是一回事，都是"公家"，跟谁说都一样，都能够也会查明真相；或者"报警"意味着抓人，这种"威逼"没有什么，不过是为了钱，何必抓人……而此时的法律体验则是法院和公安机关各司其职，公民人身权利要比公私财物的所有权更需要法律的保护和重视……

另外，张坤石夫妇的极端方式，也是身体经验的结果，如同社会弱势群体的其他强势行为——"通过跳楼、拥堵道路、自焚、进京上访或以实施跳楼、拥堵道路、自焚、进京上访等行为威胁来要挟政府和有关单位满足其目的。"而法律欲创设给人们的体验是"把弱势群体的利益诉求纳入法制化、规

---

〔1〕 孙毅："两代认知科学的分水岭——体验哲学寻绎"，载《宁夏社会科学》2012年第3期。

〔2〕 http://news.eastday.com/eastday/news/news/node4946/node23688/userobject1ai330693.html，最后访问日期：2014年3月2日。

范化的轨道,依法引导其通过法定程序表达诉求"〔1〕。

　　法律修辞要面对的恰恰就是包括但不限于这些的"疑难"问题,面对的就是人们的普通身体经验不同于法律身体经验时的"困惑"与"抗争",面对的就是在人们普通身体经验和法律身体经验之间如何游走、取舍或平衡以说服法律的"听众"。也许,这便是法律修辞的艺术所在,以及我们努力的新的切入点。〔2〕

---

〔1〕 深圳市南山区人民法院研究室:"和谐社会视角下弱势群体强势行为问题研究",载 http://nsqfy. chinacourt. org/public/detail. php? id=1660,最后访问日期:2014 年 3 月 4 日。

〔2〕 实际上暗含的可能的对策之一就是要适当增加公众对司法审判的切身体验。这不仅反映在麦克卢汉对感知过程的论述中,还体现在古代司法的传统经验里,也是体验哲学的题中之意。

非法律修辞：恐惧与报复
——对李天一案涉诉舆论的修辞心理学分析

如德沃金所言，法官是法律帝国的王侯，除了法律以外法官不服从任何别的权威，[1]法官独立审判，只服从法律，通常被认为是现代法治的重要特征，也是当前我国法治建设的主要目标之一。为此，除了要求相关的制度保障外，还要求要遵循法律发现、法律推理、法律解释等法律方法，而进一步，从话语系统上讲，需要"把法律作为修辞""在日常思维中把法律变成主流话语……克服过于强势的政治修辞和道德话语对法律思维的影响"[2]。

然而，如上所述，近年来，舆论介入司法，干预司法审判的现象越来越普遍。周安平"涉诉舆论的面相与本相：十大经典案例分析"（以下简称周文）通过对药家鑫案、许霆案等十大经典案例进行整理分析，"揭示舆论与司法十分紧张的关系，并从中发现造成这一紧张关系的原因。"[3]接续周安平对经典案例中涉诉舆论的解读，本章主要着眼于涉诉舆论中的非法律修辞，借助社会心理学等研究成果，对其形成根源和影响及出路进行进一步的挖掘。非法律修辞大致也就是政治修辞或道德话语，但它不仅仅是一种话语，更是一种思维方式。我们主要以李天一案件为例，但在分析中也适当结合其他经典案例，以此来显示涉诉舆论之间的大致相同性。

---

〔1〕 参见［美］罗纳德·德沃金：《法律帝国》，李常青译，中国大百科全书出版社1996年版，第361页。

〔2〕 陈金钊："把法律作为修辞——认真对待法律话语"，载《山东大学学报（哲学社会科学版）》2012年第1期。

〔3〕 周安平："涉诉舆论的面相与本相：十大经典案例分析"，载《中国法学》2013年第1期。

第一节　李天一案件脉络及"横行"其中的非法律修辞

一、李天一案件脉络

在所有 2013 年期间发生的轰动案件中，李天一案无疑是特殊而影响重大的。此案一经媒体报道，便引起了社会各界的高度关注，有关（或无关）案件的各种或实或伪的信息充斥网络之中，要求严惩李天一等犯罪嫌疑人（或被告人、罪犯）的声音铺天盖地，几近压倒之势。时至今日，李天一案虽已尘埃落定，但却并非就此终结。

历史的发展往往是奇特的，对某个事件进行历时性的考察或许能给研究者带来很好的启示。首先，引起我们兴趣的便是百度检索"李天一案"时推广引擎部分（即百度网页右边栏）给出的"李天一案事件脉络"具体内容前后两次的不同（第一次检索时间是 2013 年 11 月 23 日，即下述报道一；第二次检索时间是 2014 年 8 月 27 日，即下述报道二）。

李天一案事件脉络（报道一）	李天一案事件脉络（报道二）[1]
11-19 李某某案二审开庭	
10-26 李某某家提交新视频证据	
10-12 李天一等 2 被告上诉获受理	04-26 李天一斗殴视频流出
10-11 李某某等 5 人强奸案上诉	01-06 监控视频曝光细节全记录
09-29 李天一案相关律师被调查	11-27 终审维持原判
09-26 李天一被判刑 10 年 法院认定其犯强奸罪	10-11 不服 10 年判决提出上诉
08-29 李天一案 3 名被告当庭道歉	09-26 被判刑 10 年 认定其犯强奸罪
07-28 梦鸽申请公开审理案件	08-29 李某某当庭否认发生性关系
07-16 李天一案原告索赔心理治疗费 50 万	07-28 梦鸽申请公开审理案件
07-09 李天一等人轮奸行为被认定 已提起公诉	07-09 轮奸行为被认定 已提起公诉
07-02 公安局否认另外 4 名嫌犯父母有"背景"	02-23 李双江之子等 5 人涉嫌轮奸
06-29 李天一案受害人驳斥"轮流发生性关系"	被刑拘
06-26 李天一代理律师请辞	
03-07 李天一等人涉嫌轮奸已被批捕	
02-23 李双江之子等 5 人涉嫌轮奸被刑拘	

---

〔1〕　参见"李天一案"，载 http://www.baidu.com/s? wd＝李天一案 &ie＝utf－8&f＝8&tn＝baidu&bs＝媒体报道，最后访问日期：2014 年 8 月 15 日。

简单对比，我们便可以直观地感到以下两点特别之处：（1）报道二对2013年期间李天一案件事件的叙述相较于报道一已大大简化，基本都是关于案件诉讼活动自身的信息，没有涉及其他"花边"；（2）报道二对2014年李天一案件事件的报道则基本重复了报道一的"路数"。我们该对此作何解释呢？我们很可能首先想到的是新闻报道对新鲜性、趣味性、时效性等方面的要求，而其实这些特点或要求的根本目的基本上还是为了满足读者的需要。因此得出的推论是，报道的变化一定程度上反映并代表了公众读者的需求变化。这个变化过程可以基本概括为："娱乐"细节、道德及政治色彩信息总是一开始受到公众的过度关注，经过较长一段时间后，才会回归到案件本身中来。而这个过程实际暗含着案件诉讼过程中各种非法律修辞的"横行"之势。

二、"横行"其中的非法律修辞

贯穿李天一案始末的非法律修辞主要有〔1〕：

1. "身份"修辞——"李双江之子"与"陪酒女"

媒体、"围观群众"，甚至原被告，都在双方身份上做起了文章。2013年2月22日，实名认证为香港《南华早报》网站编辑的网友"王丰-SCMP"最先在微博爆料，称昨晚一叫"李冠丰"的男子被警方以涉嫌轮奸刑事拘留，并附上了李双江之子李天一的网页链接，引发网友疯狂转载。自此，关于李天一案件的报道和跟踪，无不冠以"李双江之子"的耀眼词组，表面上是"实事求是"的身份说明，而实际上无不挑动着社会情绪，并进而引起了连带的社会反应。

人们先是"沉浸在那种讨伐李双江、看'军二代'笑话、鄙视有钱人有权人的狂欢中"，对李双江展开铺天盖地的谩骂、攻击和羞辱。然而，人们似乎还是不够尽兴，开始在发掘李氏夫妇、父子的种种花絮、轶闻上着墨，因此甚至类似"李天一非李双江亲生"等的奇谈怪论开始在网上疯传；紧接着，人们似乎感觉这有点不显"高明"，于是开始对被告父母、辩护人的行为、动机进行猜测，来一个类似"心理学"的分析。

然而舆论总不止一面，人们也开始对受害人进行身份"考究"。人们不满足于"被害女子非京籍，是一家广告公司的行政秘书，23岁（2013年），是河北

---

〔1〕 为尽量保持全面客观，各种非法律修辞均为作者在综合参考新闻报道的基础上编辑而成，因而无法一一列举具体的参考文献。

人。与酒吧没有雇佣关系，只是做兼职的驻场，她们赚客人给的小费"这样的报道，于是出现了"三陪女""陪酒女""妓女"等身份标签的探寻。与之相关的，7月16日下午，清华大学法学院教授易延友发表微博评论李天一案，说到"即便是强奸，强奸陪酒女也比强奸良家妇女危害性小"，引发网民一片骂声。

2．"感情"修辞——"失足少年"与"正在接受心理治疗"

2月23日，杨澜在微博表示："劳教一年对一个因为冲动打人的未成年人来说是否惩罚过重？被贴上标签的孩子很容易破罐破摔了。真替李老师感到痛心！"此言引发网友争议，认为有替对方推卸责任之嫌。随后杨澜公开道歉。8月31日梦鸽再度接受媒体访问，梦鸽称李天一本质善良、忠义，也热爱学习，还曝光了这些日子与李天一的书信内容。

随后，媒体报道称，梦鸽将案件归结为社会环境影响和孩子交友不慎——"法官都失足，何况孩子？""上海的4个法官还是成年人，非常优秀的干部同志们，都在这样的一个环境里失足了，孩子们怎么经得起这样的诱惑？"另外，有媒体称，"74岁李双江生病入院，梦鸽探望神情恍惚"。

有媒体报道称，酒吧人员对事发第二日受害人来求助时的场景描述是"那天她来酒吧时，眼眶发青、发红，鼻梁处有瘀血，自称事发当晚被李某等人殴打，身上也有伤痕，手不停发抖，显得很惶恐"。

而对于李天一案的新任律师的公开声明，田参军称令受害人杨女士感到"极其震惊、愤怒和悲哀"，并描述到杨女士曾在"孤立无援"的情况下，被李某某肆意殴打、侮辱，并轮番施暴，身体和心灵都受到极大摧残。但李某某的家人自案发之后从未向杨女士道歉。杨女士现在精神状态很差，正在接受心理治疗。她的家人至今不知道杨女士受辱的事情。

3．"黑幕"修辞

网上出现关于另几名犯罪嫌疑人家庭背景情况的传言。2013年7月12日凌晨，李天一代理律师之一王冉所属的律所官网遭黑客攻击，黑客留言称："只为还当事人一个公道。"

网上公开李某某主辩律师陈枢"关于对李某某被控强奸案辩护的辩护——对所有深度质疑的回复"，称"明显案中有案，怀疑张某某及所谓被害人是有组织有预谋的布套设局"。与之相关的，梦鸽到北京市公安局报案，正式提交《关于对张光耀（化名张伟）等人涉嫌介绍卖淫和敲诈勒索犯罪事实的控告函》，恳请警方对相关人员犯罪事实立案侦查。

网上频频曝出"李天一案件真实内幕""李天一案件最新版内幕"等标题的文章，令案件真相更加扑朔迷离。

与之相关，梦鸽曾向法庭提交申请，要求公开审理李天一案，"让所有的事实、证据和办案过程一律公开化，接受全社会的监督，去除神秘感，消除公众对其家庭和司法的双重误会"。

有消息称，被告人父母暗箱操作，托人花钱、找关系走后门，甚至雇用了76人律师团，其领队是法律大学副校长张爱国教授。此消息一出，立刻引来众多网友围观，让人深感"内幕重重"。

第二节　修辞背后：报复与恐惧

"横行"其中的非法律修辞，其实包含了大量的政治信息和社会信息。"网民在发表舆论时往往将自己的社会地位与案件中的具体场景结合在一起，这种感同身受对于其情绪的催生起着强化的作用。"[1]舆论针对的虽然是具体的司法案件，但表达的往往是对社会问题的不满。周文通过对药家鑫案、许霆案等整理分析，指出这些不满主要包括对道德现实的不满、对官员作风的不满、对富人行为的不满、对司法不公的不满等。人们过多使用非法律修辞，就是这些社会不满情绪的宣泄。

当然，这还可以运用社会心理学中的归因理论进行进一步的解释。归因"指的是我们在生活或他人行为中就有关事件的起因所进行的推理过程"[2]。归因理论认为，"比起客观现实来，不管其正确与否，推因过程在我们如何思想、感觉及行动方面，起着更大的作用""我们不是在对实际的刺激产生反应，而是在对我们认为引起这些现象的原因产生反应"[3]——需要注意的是，反应不是取决于某种行为的真实原因，而是取决于我们所理解的原因。由此，我们可以发现，人们对涉诉案件的反应，实际也是受到归因心理的影响，比如公众将药家鑫犯罪行为归因于"富二代"等因素，因此公众不是围绕案件本身

---

〔1〕 周安平："涉诉舆论的面相与本相：十大经典案例分析"，载《中国法学》2013 年第 1 期。

〔2〕 ［美］莫顿·亨特：《心理学的故事——源起与演变》，寒川子、张积模译，陕西师范大学出版社 2013 年版，第 494 页。

〔3〕 ［美］莫顿·亨特：《心理学的故事——源起与演变》，寒川子、张积模译，陕西师范大学出版社 2013 年版，第 494~495 页。

"就事论事"，而是对"原因"社会不公等作出"反应"，进行"讨伐"。而非法律修辞的运用就是典型的归因过程。而且，伴随归因过程出现的问题还有人们的"认知懒惰"的本能。社会心理学家苏珊·菲斯克（Susan Fiske）和雪莱·泰勒（Shelley Taylor）用"认知懒惰者"概念来形容一种保存认知资源、仅关注重要事宜的倾向，这种认知倾向源于人类认知容量的有限性，具体可表现为人类认知的刻板印象、凭借有限信息得出偏颇结论等。[1]简单而"粗暴"地归因于"富二代"等因素一定程度上正是受"认知懒惰"本能的驱使。而由此导致了非法律修辞中的标签思维（或话语），如"富二代""官二代"等。

而为什么归因于社会不公？如上述分析，这和人们的日常生活经验有关，如在邓玉娇案和杨佳案中，网民的痛快情绪一定程度反映了百姓日常生活受凌辱欺压的体验与经历。而吊诡的是，在社会心理学归因理论的研究过程中，曾有著名案例表明，"人们对穷人、嗜酒者、事故受害者、强奸受害者等其他不幸者的反应大多以'公平世界'假说进行解释——人们相信，这个世界是有秩序的，也是公正的，善有善报。这就导致人们认为，受害者的不幸是自己的不小心、懒惰、冒险、易受诱惑等类似原因造成的。"[2]这和我们所面对的涉诉舆论显然很不相符，该如何进行解释？我们认为，这可能和社会心理学研究存在的缺乏外部有效性的缺点有关，一定程度上只是对一些符合某个特定时间和某个特定文化背景的既定人群的抽样现象进行了解释，而这恰恰说明了我们当前社会的特殊性——社会不公问题严重。"贫富分化日益突出，社会治安日益恶化，恶性案件不断发生，群体事件愈演愈烈，归根到底，就是社会不公，这种不公平的现象如同急性传染病，迅速扩展到整个社会的方方面面，逐渐成为一个严重的社会问题。"[3]

李天一案件也大致遵循着这些"规律"，非法律修辞呈现极端对立的特点：当事人一方是"富二代""星二代"，拥有"特权"，一方是普通女职员，没有北京户口，且半工半读；一方从未向受害人道歉，声称"嫖娼"而已，

---

〔1〕　参见 http://www.360doc.com/content/14/0719/10/18613796_ 395451864.shtml，最后访问日期：2014 年 7 月 19 日。

〔2〕　[美] 莫顿·亨特：《心理学的故事——源起与演变》，寒川子、张积模译，陕西师范大学出版社 2013 年版，第 496 页。

〔3〕　"怒：社会不公之八大现象"，载 http://club.china.com/data/thread/1011/2718/75/74/6_ 1.html，最后访问日期：2014 年 7 月 19 日。

一方"受害人身心受到极大摧残，需要接受心理治疗"；等等。这极大地挑动并迎合了社会不满情绪——主要有对富人行为的不满、对道德现实的不满，而"内幕"修辞则是对司法不公的不满——也"催生了舆论的两极对立的思维。舆论对于诉讼当事人这种两极对立的思维，反映在立场上，要么肯定一切，要么否定一切，两者很难相容"〔1〕。

尽管与以往案件类似，李天一案件一方舆论呈压倒性之势，而不大相同的是，李天一案件舆论的另一方也在努力使用反映"社会不公"的另一种对立的非法律修辞，并且也逐步获得了一些支持。一方是未成年的孩子，一方是陪酒女和酒吧经理；一方只是一时失足，并非蓄意为之，一方则是布套设局，企图敲诈勒索等，舆论的另一方似乎也在努力寻找能够"突出当事人之间强烈反差"的非法律修辞，试图激发起社会公众对因贪图钱财而采用色诱、敲诈等违法犯罪行为危害社会的不满情绪，以此来改变舆论的走向。显然，这种尝试有一定效果，但它还不属于主流的社会不满情绪，因此到目前为止，效果还不太明显。〔2〕

案件中非法律修辞的运用与流行，表达的是对社会问题的不满情绪。而这种现象背后的深层原因便是公众的复仇心理。从社会生物学角度，复仇制度是人的生物性决定的，是人的一种本能，凡是没有复仇本能，就会被淘汰。〔3〕当社会弱势群体难以对抗社会利益集团，而社会不公问题又是国家公权力无法深入或不能有效应对的地方，借助具体案件进行舆论上的"讨伐"，贴上引人注目的非法律修辞标签，便成了一种出于本能但却十分理性的选择。"虚拟世界的舆论力量往往扮演了改变现实身份不平等的角色，而发挥着越来越重要的作用，从而，网络舆论的力量恰好与现实身份的力量构成了倒置的关系，在现实世界中的强势在网络舆论中则为弱者，其正当的诉求也容易遭到公众的否定。"〔4〕

这种复仇行动，其实十分有效。不仅仅是因为比如在邓玉娇案和杨佳案

---

〔1〕 周安平："涉诉舆论的面相与本相：十大经典案例分析"，载《中国法学》2013年第1期。

〔2〕 由此，我们也可以发现当今社会的主流矛盾，也许不一定就是犯罪，尽管它危害着社会的和谐稳定。当然，这或许也和首因效应有关系，因为之前发生过李天一被拘的事件。

〔3〕 参见苏力："复仇与法律——以《赵氏孤儿》为例"，载《法学研究》2005年第1期。

〔4〕 周安平："涉诉舆论的面相与本相：十大经典案例分析"，载《中国法学》2013年第1期。还可参见邹军："虚拟世界的民间表达——中国网络舆论研究"，复旦大学2008年博士学位论文。

中，"网民对于邓玉娇和杨佳行为的强烈支持，是因为，他们的行为直接宣泄了老百姓对于作威作福的官员的愤懑情绪，或者说，网民从这两个'英雄的壮举'中获得了一种心理慰藉"〔1〕；更重要的是，它在一定程度上发挥着威慑作用，"受激情驱使而不计后果地实施报复行动，可以有效削弱侵犯者的侵犯意图并阻止侵犯者逃避报复的侥幸心理，正因为如此，向潜在的对手展示自己的报复激情是一种有效的威慑策略。"〔2〕具体到司法案件中，涉诉舆论中舆论非法律修辞的强烈报复，对社会强势群体无不起着一种威慑作用。它如同弱势群体的其他强势行为，诸如跳楼、拥堵道路、自焚、进京上访等，对社会强势群体进行着威胁，一定程度上能够促使他们出于对后果的担忧，而改变行为方式，并进一步扩展到司法外的日常生活当中。

　　然而，值得注意的是，也有很多在一般意义上看来并非属于社会弱势群体，甚至属于社会利益集团中的个体参与其中，同社会弱势群体一道对社会不公现象进行着"口诛笔伐"，因此复仇动机也许并不能完全概括并解释上述现象；而且，社会弱势群体激情报复的背后又是什么呢，难道仅仅笼统地归结为本能吗？我们以为，更为根本的原因应是恐惧的作用，即自我保护、寻求安全感。"按照认知心理学的观点来看，情绪和认知均服务于同一目的，即自我保护。"〔3〕马斯洛曾说，"几乎一切都不如安全需要重要（甚至有时包括生理需要）。"〔4〕换言之，一切行为之根本基础几乎都是为了获得一种安全感。〔5〕

〔1〕　周安平："涉诉舆论的面相与本相：十大经典案例分析"，载《中国法学》2013 年第 1 期。还可参见罗娟："网络舆情热点事件中的网民行为研究——以邓玉娇事件为例"，华中科技大学 2011 年硕士学位论文。

〔2〕　桑本谦："报复的激情"，载《博览群书》2006 年第 2 期。

〔3〕　［美］莫顿·亨特：《心理学的故事——源起与演变》，寒川子、张积模译，陕西师范大学出版总社有限公司 2013 年版，第 582 页。

〔4〕　［美］马斯洛：《动机与人格》，许金声等译，华夏出版社 1987 年版，第 44 页。

〔5〕　"安全感是指人在摆脱危险情境或受到保护时所体验到的情感，是维持个体与社会生存不可缺少的因素，它表现为人们要求稳定、安全、受到保护、有秩序，能免除恐惧和焦虑等。"［英］阿瑟·S. 雷伯：《心理学词典》，李伯黍等译，上海译文出版社 1996 年版，第 273 页。而且安全感还可细分为个体安全感和社会安全感，社会安全感是指"公众对社会安全状况的主观感受和评价，是公众在一定时期内的社会生活中对人身、财产等合法权益受到或可能受到侵害/保护程度的综合心态反应，也表示公众对社会治安状况的认知，对社会发展的信心水平"，参见李雪、万惠仪："变迁社会中的社会安全感测量——基于北京、东莞、阜阳三市的调查分析"，载 http://www.docin.com/p-844972699.html，最后访问时间：2015 年 9 月 20 日。显然，本书所指是社会安全感。

第三节　修辞后果：过度、消解与反报复

由于网络、媒体等媒介的特殊性，涉诉舆论中非法律修辞所体现的"复仇"已不再是以往的"单打独斗"，而更多呈现出一种集体性、公开性特点。而社会心理学研究表明，"小组可能比个人更易作出更冒险或更保守的决定，因为在集体讨论和公开表达意见的场合，一些人往往采取比独自一人时更极端的立场"[1]，因此，如上所述，涉诉舆论往往要么肯定一切，要么否定一切，因而更加过度。更为深刻、全面的解释来自于古斯塔夫·勒庞《乌合之众——大众心理研究》[2]（前已论述，此处不再展开）。而信息化时代的到来还使得复仇表达得以快速铺开，集体"串联"因此获得前所未有的优势和便利，网络社交媒体的匿名性特点更是进一步加剧了这种危险。[3]

如上所述，实际上，报复的"激情、偏差与过度"是不安全感（即恐惧[4]）作用的产物。"很多哲学家承认：恐惧比理性的力量更为强大。蒙田写道：除恐惧以外，'没有任何情绪能更迅速地使我们丧失判断力'。"[5]美国学者凯斯·R·桑斯坦在其专著《恐惧的规则——超越预防原则》中，通过借鉴行为经济学和认知心理学等方面的研究成果，较为详细地指出了人类在产生恐惧方面（并因此影响到对恐惧的应对）所存在的"愚昧"（桑斯坦称之为"野火一般的恐惧"）：（1）社会连锁反应，即"参与其中的人们同时放大他们受到影响的社会信号。通过他们的参与，那些参加连锁反应的人

---

〔1〕［美］莫顿·亨特：《心理学的故事——源起与演变》，寒川子、张积模译，陕西师范大学出版社 2013 年版，第 486 页。

〔2〕美国社会心理学泰斗奥尔波特（Gordon W. Allport）曾说："在社会学这个领域已经写出的著作当中，最有影响者，也许非勒庞的《乌合之众》莫属。"See Gardner Lindzey, ed., *Handbook of Social Psychology*, New York, Macmillan, 1954.

〔3〕参见王馥芳："话语权力：社会改善的重要力量"，载《社会科学报》2014 年 7 月 31 日，第 5 版。

〔4〕恐惧通常被作为一种情绪，一直受到心理学家的关注。无论精神分析心理学，还是行为主义心理学，抑或后近的人格心理学等都对此有很多重要的论述。而更为系统、独到的研究当属挪威著名学者拉斯·史文德森的《恐惧的哲学》。它运用神经生理学和现象学等方法，研究指出"大体而言，恐惧是一种受文化影响的'习惯'"，参见［挪］拉斯·史文德森：《恐惧的哲学》，范晶晶译，北京大学出版社 2010 年版，第 17 页。

〔5〕［美］凯斯·R. 桑斯坦：《恐惧的规则——超越预防原则》，王爱民译，张延祥校，北京大学出版社 2011 年版，第 88 页。

扩大了它的规模，使其他人也可能参加。不幸的是，连锁反应可能导致人们走向错误的方向，一些'早期行动者'激起了与现实不符的社会恐惧"；（2）在恐惧的背景下，群体极化（即"当想法类似的人相互商讨时，他们通常以接受观点中更极端的看法告终"[1]）不可避免地发生；（3）媒体、利益集团与政治家的影响；（4）基于"获取性启发"[2]所产生的个人或社会倾向的影响。而这些恐惧愚昧也进一步向我们暗示了非法律修辞所暗含的过度报复后果。

也许，正因如此，舆论中非法律修辞作为复仇心理的一种表达，强烈带有了复仇制度的弱点，消解着法治精神。第一，非法律修辞违背了法律面前人人平等原则。复仇心理驱使下的非法律修辞立场极端：比如"对于邓玉娇所伤害的对象邓贵大来说，由于其官员的特殊身份以及其行为的道德污点，公众极尽妖魔化之能事，而绝无同情之必要，因而对于其是否受法律所保护的问题也就可以忽略了"[3]；而在李天一案件中，根据法律规定，任何组织和个人不得披露未成年人的个人隐私，然而，在该案尚未最终裁决，李天一涉案的信息就遭到非法泄露，媒体亦大张旗鼓报道案件细节，侵犯了其隐私权等。而法治需要的是理性、专业，遵循罪刑法定，防止报复过度，任何人的正当权利都平等地受到法律的保护。第二，非法律修辞消解着司法公信力和司法权威。这点尤其体现在"内幕"修辞上。从人类历史的角度看，随着公权力和法治对复仇制度的逐步取代，人们对复仇的意识观念发生了变化，不再是鼓励，而是更多的限制，这是因为复仇相较于公权力和法治很容易酿成社会的灾难，带来更多的不稳定、不正义。因此，人们开始追求公权力参与的规则之治——法治。法治根源于复仇，但却在功能和理念上发生了超越和转变，代表着社会的稳定、效率与正义，而作为法治最后一道防线的司法也因此被赋予和要求了公信力和权威。我们并不否认，司法自身时有发生的腐败、专横等现象对司法公信力的消释。但问题的关键是，公众为了干预司法，滥用所谓司法"内幕"的修辞，一方面"内幕"修辞本身就消解着司法的公信力和权威；另一方面，"内幕"修辞煽动起了公众对司法的不满，造就

---

　　[1]　[美]凯斯·R. 桑斯坦：《恐惧的规则——超越预防原则》，王爱民译，张延祥校，北京大学出版社 2011 年版，第 91 页。

　　[2]　主要是指人们获取对某种危险的认知的难易程度，这会影响个体对这种危险严重程度的判断。

　　[3]　周安平："涉诉舆论的面相与本相：十大经典案例分析"，载《中国法学》2013 年第 1 期。

了新的复仇关系，彻底解构着司法的存在缘由和正当性基础，也因此进一步消解了司法的公信力和权威。

还必须注意有可能产生的反报复问题，而反报复在公众非法律修辞的报复过程中似乎显得并不好捉摸。尽管公众的非法律修辞会产生报复过度的问题，但反报复却并不那么明显。也许，正因为如此，过度报复往往有增无减，舆论浪潮一波未平，一波又起，到后来添油加醋，变本加厉。并进而"当舆论将公众的社会不满情绪倾泄到司法身上时，司法判决也在舆论的压力下经常发生变化"[1]。然而，反报复不明显，并不代表完全没有。在药家鑫案中[2]，当药家鑫在接受电视记者采访，被问到杀人理由时，药家鑫回答，"害怕撞到农村的，特别难缠"。而此后，2012年2月8日，受害人张妙之父张平选、张妙丈夫王辉、代理人张显到达药家鑫父亲药庆卫家中，索要在2010年案件审理期间药庆卫赠与张家并被张家退还的20万元钱。因为张家收到50万元以上的捐款，药庆卫不认为自己有支付20万元的义务，派出律师马延明交涉。双方发生肢体冲突，被警方带走。张家此举被网民认为证实药家鑫关于农村人难缠的判断正确。不容否认，尽管药家鑫后来被证实并非典型的"富二代"，但他的看法一定程度上代表了富人对农村人等穷人的态度和认识。司法案件中公众的非法律修辞的过度报复其实在强烈地刺激着一些人的心理，他们往往被贴上许多类似"富二代""官二代"等代表社会强势群体意义的标签，并受到不分青红皂白地连带指责和谩骂。殊不知，这种过度报复，也在"逼迫"并影响着所谓社会强势群体的对立思维，并因而有可能影响着他们的行为，形成反报复，药家鑫的行为也许就暗含这种"影子"。另外，从更普遍的意义上讲，舆论干预司法，影响司法独立，甚至带来司法公信力的危机，也会间接影响到社会公众"自食其果"，尽管不是在这一具体案件中。或许，这也是一种间接的反报复。

第四节　可能的出路

尽管"目前法院各种主动与被动应对舆论的努力，非但不能消减舆论的

---

〔1〕　周安平："涉诉舆论的面相与本相：十大经典案例分析"，载《中国法学》2013年第1期。

〔2〕　关于药家鑫案的情况，参见"药家鑫案"，载 http://zh. wikipedia. org/wiki/%E8%8D%AF%E5%AE%B6%E9%91%AB%E6%A1%88，最后访问时间：2014年8月13日。

攻势，相反却可能助长舆论介入司法的热情"[1]，但从非法律修辞的视角切入，我们或许可以探索出某些出路来。

首先，从非法律修辞背后的复仇情绪产生来源上看，需要有效解决社会问题，进一步促进社会公平，缓解公众的社会不满情绪。而对于公权力自身而言，要做到运行的合法合理化，防止权力膨胀，防止公权力属性的自我利益化。

其次，从替代复仇的角度上讲，公权力必须得到很好的提供：相关部门逐步加强对报刊、网络等媒体的监管和规制，以及近年来逐步受到重视的新举措——官方借助媒体公布信息、澄清事实等，无不体现着公权力对涉诉舆论的引导和矫正。当然还需要进一步规范言论表达，加强相应的法律法规和行业规范的建设，加强引导——"可以在分散无序的网络言论环境中建立若干具有某种权威和信誉的言论中心，它们在一定程度上可以代表社会的主流意见，能够将围绕某一问题的讨论吸引到自己周围，从而对这些言论加以引导"[2]，这实际上也是在建立一种"权力"；当然这个角度也要求公权力的合理使用，"公权力不能为坏人或一方当事人把握"，不能出现类似"当局对信息进行过滤和选择性公布，诱导舆论向预期目标发展"[3]的人为操纵。

而更为重要的是，要在全社会推行法治思维与法治方式，"把法律作为修辞"，引导公众将不满情绪和利益诉求以合理的方式表达出来，尤其是社会弱势群体的强势方法的改变；具体到司法审判，涉诉舆论的表达，也要尽量遵循法治理念，把法律语言作为沟通手段，并以此来推进法治文化建设，因为"我们全部理解可以归结为领会我们语言的广度与限度的能力，以及理解我们语言的文化疆域的能力"[4]。而正如面对李天一案件，有些人所指出的"法律的归法律"[5]"李天一案注意力该回到案子本身了"[6]。

---

[1]　周安平："涉诉舆论的面相与本相：十大经典案例分析"，载《中国法学》2013 年第 1 期。

[2]　刘君："网络言论与网络舆论导向"，第五届全国因特网与音视频广播发展研讨会会议论文，海南，2005 年 4 月。

[3]　季卫东："舆情的裂变与操纵"，载《财经》2008 年第 22 期。

[4]　[英] 沙龙·汉森：《法律方法与法律推理》，李桂林译，武汉大学出版社 2010 年版，第 11 页。

[5]　肖方："寻找舆论狂欢背后的法律理性"，载《法律与生活》2013 年第 6 期。还可参见江德斌："跳出娱乐思维看李天一轮奸案"，载《基础教育论坛》2013 年第 12 期。

[6]　陶短房："李天一案注意力该回到案子本身了"，载 http://star.news.sohu.com/s2013/shenpan/，最后访问时间：2014 年 8 月 4 日。

　　而针对非法律修辞报复背后的恐惧的"愚昧"，"或许最重要的就在于：在涉及恐惧问题时，大众媒体、政府当局和利益团体都必须承担更多的社会责任……不能对危险过于夸大其词……也不能为了宣传效应，就对当下的某个危险夸夸其谈"〔1〕；而且"自由主义家长式作风是极有前景的理论。在无数领域，私人与公共机构可以引导人们朝着更好的方向前进"〔2〕。具体到个体，需要清醒地意识到人类似乎更倾向于相信坏的结果，更倾向于不幸与糟糕的存在，这种"恐惧文化破坏了人们之间的相互信任，从而导致了恐惧范围的不断扩大。当信任感普遍降低，人际关系就会变得更冷漠"〔3〕，阻碍进步的观念和行动；更好的选择也许来自于恩斯特·布洛赫的《希望的原理》：

　　　　关键在于学会去希望。希望的光芒还没有隐去，它伴随着成功而非失败。希望高于恐惧，原因在于：它不会消极，也不会堕入虚无。希望能开阔人们的心胸，而非限制他们的视野。〔4〕

　　而实际上，学会希望还会影响到我们对法律修辞话语的认识、理解和运用。充满希望，积极面对，开阔视野，或许我们就可以达到怀特"作为修辞之法律，作为法律之修辞：文化和社群生活之艺术"所畅想的用一种文学的和修辞的方式去看待和思考法律的"艺术"：

　　　　一项法规……不是把它理解为一套命令、指示或指令，而是把它理解为是在确立一组话题，确立一组那些话题可被谈论的术语，一些就该法规应该如何施用进行思考和论证之过程作出的一般性指导……司法意见，如果不把它看作是对目的——手段合理性的一种官僚主义的表达，而把它看作一个人或一群人的心智在履行他们的责任，去尽力裁决好案件，确定该案件在此文化语言中将具有何种意味时所作的一种陈述，亦可以更加准确、更加丰富地加以理解……律师自身的工作……远非像通

---

〔1〕 〔挪〕拉斯·史文德森：《恐惧的哲学》，范晶晶译，北京大学出版社 2010 年版，第 142～143 页。

〔2〕 〔美〕凯斯·R. 桑斯坦：《恐惧的规则——超越预防原则》，王爱民译，张延祥校，北京大学出版社 2011 年版，第 211 页。

〔3〕 〔挪〕拉斯·史文德森：《恐惧的哲学》，范晶晶译，北京大学出版社 2010 年版，前言第 4 页。

〔4〕 〔德〕恩斯特·布洛赫：《希望的原理》（第一卷），梦海译，上海译文出版社 2012 年版，第 32 页。

常模式那样充满操控性、自私自利或那么以目的为导向，而是更加具有创造性、社群性和智识上的挑战。[1]

当然还不止这些，怀特所述的还包括法律共同体、法律教学方法等方面理念和视角的革新。而这些都正是当前我国法治建设，尤其是法律意识和法律文化变革所亟需的。

第五节 法治时代法律修辞的特性——一个司法视角的考察

上述对涉诉舆论中的非法律修辞的关注与研究实际上还暴露了我们在法律修辞研究过程中存在的一个问题，即对法律修辞特性的忽略。也因此表明了这一问题的重要性。否则非法律修辞就有可能悄悄乔装潜入，干预司法。因此，我们将在此处重点展开。

总体而言，法律修辞是一种不同于道德修辞、文学修辞、政治修辞等其他修辞类型的特殊修辞。但由于人们对其特殊性重视不够，实践中混淆法律修辞与其他修辞类型的做法大量存在。从司法视角考察，不同于亚里士多德和伯克的修辞认知，法律修辞是指司法活动参与者有助于法律效果实现的修辞活动，包括言语和行为。界定法律修辞的特性需要遵循实然和应然两个层面的标准：（1）有助于正确区分不同修辞类型，防止其他修辞类型的权力异化和思维制约；（2）有助于提升司法活动参与者自身的修辞认知和实践能力，促进司法审判的良性运行。法律修辞的特性主要有：修辞背景上的强制说理性；修辞权限上的日趋独立性；修辞目的上的有限多元性。

一、问题的提出

司法改革是当今中国法律实践与法学研究的核心主题，不同的学科、理论、方法与视角纷纷涉足其中，贡献着各自的经验与智慧，法律修辞学研究自然概莫能外，如深入诠释"法治思维与法治方式"，强调"把法律作为修辞"，探索"社会主义核心价值观融入法治建设"的路径，警惕"修辞在法

---

〔1〕〔美〕詹姆斯·博伊德·怀特："作为修辞之法律，作为法律之修辞：文化和社群生活之艺术"，程朝阳译，载陈金钊、谢晖主编：《法律方法》（第11卷），山东人民出版社2011年版，第11页。

律论证中的作用限度"，产生了积极的社会影响[1]。在实践方面，最高人民法院《关于加强和规范裁判文书释法说理的指导意见》（2018年6月）（以下简称《意见》）的及时出台也再一次表明了法律修辞的重要意义。

　　然而，实践中混淆法律修辞与其他修辞类型的做法依然大量存在，致使一些改革令人担忧。以2018年4月17日上海市一中院"温馨的创新"为例。作为以当事人为中心的司法改革创新举措之一，有别于传统的离婚判决书而仅载明双方当事人基本信息的"离婚证明书"，因其保护当事人隐私的制度功能受到了人们的称赞。这项改革开始于2017年温州中院出台的《关于出具离婚证明的实施细则（试行）》。上海一中院则尝试了进一步的"创新"，在离婚证明书中加入法官寄语："人生得失无常，凡是路过的，都是风景；能占据记忆的，都是幸福。只有从过去转身，看得开放得下，才能从容地活在当下，幸福才会在明天迎接你。"但迥异于"离婚证明书"改革后相对一致的公众褒扬，"温馨寄语"引发的社会评议则复杂多样。虽然不乏将其理解为体现柔性司法理念的认识，但称其"华而不实""为改革而改革"的尖锐批评也不绝于耳。[2]究其原因，将法律修辞与道德修辞、文学修辞混为一谈当属其中，2016年重庆市巴南区人民法院在民事判决书中引用《圣经》引发诸多争议也正是因为混淆了法律修辞与宗教修辞。[3]

　　此种现象折射出对"法律修辞及其特性"这一基础问题的漠然。在现实世界中除法律修辞外还广泛存在着多种修辞类型，如道德修辞、战争修辞、政治修辞、小说修辞等。回答"什么是法律修辞"是与其他修辞类型进行区分的前提。而特性就是"该种类所有、其他种类所没有、并在一切可能世界所具有的性质"[4]，是此物区别于彼物的依据。因此，如何界定法律修辞及其特性理应受到重视。

　　但"法律修辞及其特性"并没有引起应有的关注。以往研究大多从法律

---

　　[1]　相关成果可以参见近几年陈金钊、焦宝乾、孙光宁等发表在《山东大学学报（哲学社会科学版）》的中国法律方法论研究报告中对法律修辞学研究的总结。

　　[2]　参见"这样的'法官寄语'不要也罢——评上海一中院'离婚证明书'"，载 https://kuaibao.qq.com/s/20180418GIU7TB00？refer＝spider，最后访问时间：2019年1月8日。

　　[3]　参见刘伊戈："判决书引用《圣经》并不妥当"，载 http://www.cqlsw.net/lite/legislative/2016070519660.html，最后访问时间：2019年1月8日。

　　[4]　张家龙："论本质主义"，载《哲学研究》1999年第11期。

修辞与逻辑的关系角度出发，论述法律修辞及其相关性质，且整体呈现出从（修辞与逻辑）二元对立到有机统一的研究转向。前者往往聚焦于法律修辞的主观性和不确定性，强调要注重逻辑对法律修辞的限制和规范作用[1]；后者则认为法律的逻辑命题和法律的修辞命题是两类不同的命题形式，二者都可以参与法治秩序的建构[2]，甚至指出逻辑与修辞是法学研究的两种范式，中西不同，中国法治建设需要妥善处理二者的关系[3]。总体而言，相关研究分析维度相对单一，对法律修辞的界定模糊，对法律修辞的特性总结也基本围绕某一要素展开，缺乏系统性，很难对实践问题形成有效回应。本书则在吸收和批判针对法律修辞的典型定义基础上，从司法视角重新回答"什么是法律修辞"，并由此从实然和应然两个层面讨论如何界定法律修辞的特性；在此基础上，最后从修辞背景、修辞权限和修辞目的三个方面全面总结法律修辞的特性。

二、什么是法律修辞

西方修辞学发展至今已有两千多年的历史，其中亚里士多德和伯克通常被认为是西方修辞学的两座高峰，前者代表着古典修辞学，后者则是新修辞学的领军人物。两者的分歧主要体现在对修辞及其目标的界定上。亚里士多德将修辞术定义为"在每一事例上发现可行的说服方式的能力"[4]，修辞的目标在于劝说；伯克则坚持"同一观"，即修辞的目标是"为了增进理解，研究人们相互误解和消除误解的良方……把隔绝的人们联系起来"[5]。有学者将二者的差异概括为"旧修辞学是'劝说'，其有意识的目的性很强；而新修辞学是'同一'，既包括有意识的目的也包括无意识的影响"[6]。此外，亚里士多德的修辞学实为演讲学，因此修辞方式在于言语；而由于受后现代主义的影响，伯克将人类一切具有沟通意义的符号都看作是修辞。

---

〔1〕参见曹晟旻："逻辑的限制：法律修辞正当性的实现"，载《法律适用》2012 年第 12 期。

〔2〕参见谢晖："论法律的逻辑命题与修辞命题——制度性修辞研究之四"，载《法学评论》2014 年第 3 期。

〔3〕参见焦宝乾："逻辑与修辞：一对法学研究范式的中西考察"，载《中国法学》2014 年第 6 期。

〔4〕Aristotle, *The Art of Rhetoric*, Trans. H. C. Lawson-Tancred, London: Penguin Books, 1991, p. 74.

〔5〕Ehninger, Douglas, *Contemporary Rhetoric: A Reader's Coursebook*, Glenview: Scott, Foresman & Company, 1972, p. 9.

〔6〕鞠玉梅：《社会认知修辞学：理论与实践》，外语教学与研究出版社 2011 年版，第 5 页。

　　法律（学）和修辞学的"联姻"由来已久，"在希腊、罗马、中世纪与现代，法律与修辞学携手共进……随着法律概念的专制色彩日趋淡化、民主意味日益增强，修辞学越来越变得不可或缺。"[1] 但法律修辞并非西方修辞学必然的研究对象，实际上伯克的论述主要针对的仍是普通修辞。而法律修辞的特殊性是不可否认的，这点从西方对法律修辞现象较为关注的如亚里士多德、佩雷尔曼、图尔敏等学者的论述中便可窥见。

　　从司法视角考察，应将法律修辞界定为司法活动参与者有助于法律效果实现的修辞活动，包括言语和行为。从修辞范围上讲，必须指出亚里士多德言语修辞研究的局限性。沟通心理学研究表明："人与人之间的沟通，58%通过视觉，35%通过听觉，也就是声音信息来实现，只有7%是我们声音中的特定词汇"[2]；但伯克的符号修辞研究未免又过于宽泛，使人们产生"还有什么不是修辞"的疑问，很可能成了"一个泛指任何东西的空名"[3]。因此，本书将修辞范围限定在包括言语和行为的修辞活动上，甚至行为比言语更重要。[4] 并且，法律修辞的活动场域主要是司法过程，不同于部分学者"在所有涉及法律应用的场景中所使用的修辞都是法律修辞"[5]的观点，因而也过于宽泛，缺乏针对性，难以深入，有些时候司法修辞和立法修辞之间的差异并不比它和道德修辞之间的差异小。

　　从修辞目标上看，无论亚里士多德的"劝说"还是伯克的"同一"都是普通修辞的产物，无法体现法律修辞的特殊性。美国法律与文学运动中提出的一种建构主义修辞观——"只要开口说话，我们就是将自己作为不同个体、不同

　　〔1〕 ［比］Ch. 佩雷尔曼："法律与修辞学"，朱庆育译，戚渊校，载陈金钊、谢晖主编：《法律方法》（第2卷），山东人民出版社2003年版，第148页。

　　〔2〕 孙科炎、程丽平：《沟通心理学》，中国电力出版社2012年版，第8页。

　　〔3〕 参见［美］理查德·A. 波斯纳：《超越法律》，苏力译，中国政法大学出版社2001年版，第604页。

　　〔4〕 如美国最高法院前首席大法官莫里森·R. 韦特在审理雷诺兹诉美国案（Reynolds v. U. S.）所述，举止比言谈更真实："在许多情况下，陪审员作证时的举止比他的证言更能说明其成见的真实性质。那种情况初审法官看在眼中，却没有反映在卷宗里面。因此，复审法院应当小心谨慎，不要推翻下级法院关于此类事实问题的判决，除非案情一目了然。"（《美国判例汇编》第98卷，第156~157页。转引自赵刚：《公开与公平的博弈——美国最高法院如何平衡新闻自由与审判公正》，法律出版社2012年版，第15页）尽管国内对法律修辞（学）的研究日趋多样化，但令人遗憾的是，很多研究者对修辞的认识基本还是囿于言词。

　　〔5〕 陈金钊："把法律作为修辞——认真对待法律话语"，载《山东大学学报（哲学社会科学版）》2012年第1期。

社群以及不同文化加以建构"[1]，则一方面使得"修辞不仅变成了理性和表达的同义词，而且还是善的同义词……这就会使这个术语失去了效用"[2]，另一方面其理论自身又太过抽象和理想化，因而缺乏实证性与可操作性，但也必须肯定其中的部分合理性，尤其是对构建法律职业共同体的启示性。因此，本书将法律修辞（学）的目标界定为实现法律效果[3]，这符合法治时代司法过程的整体属性和目标。其中，法律效果是指通过法律实施从而实现法律的社会目的、价值或社会功能及其程度。[4]我们可以将以上分析比较总结如下表：

类型 \ 要素	场域	对象	目标
古典修辞学（亚里士多德）	演讲	言语	劝说

---

　　[1]　[美]詹姆斯·博伊德·怀特："作为修辞之法律，作为法律之修辞：文化和社群生活之艺术"，程朝阳译，载陈金钊、谢晖主编：《法律方法》（第 11 卷），山东人民出版社 2011 年版，第 6 页。

　　[2]　[美]理查德·A. 波斯纳：《超越法律》，苏力译，中国政法大学出版社 2001 年版，第 603 页。

　　[3]　陈金钊教授指出："法律修辞要达到的目标有：要尽量用法律术语、概念、语词证立所有的判决；法律人的思维方式要用法言法语作为关键词，即使是需要转换也应该表达法意；对案件事实的定性需要把法律作为修辞；每一个判决尽量要用法律言辞说明理由；把法律作为修辞是在开启法律的功能，而不是故作姿态把法律作为装饰。"（陈金钊："把法律作为修辞——认真对待法律话语"，载《山东大学学报（哲学社会科学版）》2012 年第 1 期）对此笔者基本认同，但这一分析更多停留在"术"的层面。倘若从"道"的层面（即实现法律效果）思考，陈氏的总结又难免会失之僵化。

　　[4]　朱景文：《现代西方法社会学》，法律出版社 1994 年版。显然，这里的法律效果是一种广义上的，在此层面上，社会效果统一于法律效果。参见周建军、董桂武："法律效果与社会效果：厘清概念再谈关系"，载《检察日报》2009 年 4 月 9 日，第 3 版。因此，《意见》强调裁判文书释法说理的目的是实现法律效果和社会效果的有机统一，与本书观点并不矛盾，《意见》所提法律效果是在狭义层面使用的。之所以最高院先前众多指导性文件所提"社会效果"这一概念遭受批判，部分原因就在于批判者其实是在另一个层面上使用"法律效果"的概念，其实最终观点并无本质差异。苏力也指出，"社会效果"指向的就是"一些法官过分迷信法律教义或法律通说而不关心真实世界的倾向"，不应被有意误解。参见苏力："司法如何穿过错综复杂"，载[美]理查德·A. 波斯纳：《波斯纳法官司法反思录》，苏力译，北京大学出版社 2014 年版，译者序。

续表

类型 ＼ 要素	场域	对象	目标
新修辞学 （伯克）	人际交流	一切修辞符号	同一
法律修辞 （学）	司法过程	修辞活动 （包括言语和行为）	实现法律效果

三、如何界定法律修辞的特性：实然与应然

从逻辑上讲，定义与特性一脉相承。亚里士多德在集中反映其本质主义思考的四谓词理论中，就把事物特性中表现本质的那个部分称为定义[1]。通过法律修辞的定义，我们可以从两个层面探讨如何界定法律修辞的特性。

首先，在实然层面，面对实践之中的混淆现状，对法律修辞特性的界定需要有助于区分不同的修辞类型，这是实现法律效果的基本要求。如新修辞学所示，修辞无处不在，亚里士多德也曾将修辞大致划分为法律修辞、议政修辞、宣德修辞等三种类型。但正如话语社会权力论所言："话语是一种社会行动，一种社会权力，一股重要的社会建构和改善力量"[2]，不同的修辞类型实际上代表着不同的权力模式和社会后果，意味着相互之间的权力竞争和建构分化。对法律修辞特性的界定能够帮助我们正确区分不同的修辞类型，针对不同场合区别运用，防止其他修辞类型的权力异化，维护社会结构的稳定性和合理性，促进法治建设，尤其是对抗近年来司法过程中非法律修辞入侵的日益猖獗。以涉诉舆论为例，舆论介入司法，干预司法审判的现象越来越普遍。涉诉舆论中大量充斥着诸如"身份"修辞、"感情"修辞、"黑幕"修辞等非法律修辞，宣示并因此加剧了公众的复仇情绪和恐惧心理，消解着

---

〔1〕 亚里士多德认为："本质特性被设定为与其他所有事物相关且又使一事物区别于其他所有事物的东西。"当然，他将特性进行了本质特性与一般特性的区分。但从功能上分析，本书所说特性就是亚里士多德笔下的本质特性；一般特性更准确的说法应是"性质"，而非"特性"。参见苗力田主编：《亚里士多德全集》（第一卷），中国人民大学出版社 1990 年版，第 356~440 页。

〔2〕 王馥芳："话语权力：社会改善的重要力量"，载《社会科学报》2014 年 7 月 31 日，第 5 版。

司法公信力和法律权威，严重影响了法律效果的实现。[1]

其次，在应然层面，面对法治建设的未来目标，对法律修辞特性的界定需要有助于提升司法活动参与者的修辞认知和实践能力，这是实现法律效果的重要保证。修辞的重要性还在于它形塑着我们的认知与行动。如果能够认识到"每一种具体的语言都是这样的一种'世界观'，它源于人，反过来又作用于人，制约着人的思维和行动"[2]，那么说"修辞学为产生和理解知识、真理及现实提供了最好的模式，是负责建构人类全部真理的主要实践"[3]就绝非夸大其词。托克维尔在很多年前就曾见证并为我们生动地描述了法律修辞对美国人思维习惯和行为方式的影响。与之不同，传统中国作为一个熟人社会，"农业文明异常发达和成熟，传统、习俗、习惯、经验、常识、天然情感等自在的文化因素十分强大"[4]，逐步形成了曾经占据主导地位并在当代中国并未彻底消退的自然主义和经验主义的文化模式。同时，由于当代中国推行法治建设时间较短，很多司法活动参与者对法律修辞特性的认识不够明确。种种原因致使诉讼过程中参与者混淆修辞、随意修辞的现象十分普遍，这也正是很多涉诉信访问题的症结所在。曾经轰动一时的李兆兴、张坤石（夫妇）经济纠纷案[5]已经向我们清晰地展示了相关问题的严重性。事实上，即使是法律职业者，任意解释法律、违背法律逻辑的现象也时有发生。这在一定程度上造成了司法资源的浪费，缠讼现象普遍。同时，由于修辞不仅仅是一种积极的用语现象，其实也是一种"通过语言等媒介符号传递信息，影响和改变他人的情感、态度、思想、观念乃至于行为的传播行为"[6]，参与者的此类修辞活动也将对其他社会公众产生"社会连带反应"，这必将严重阻碍"法治思维和法治方式"在全社会的推广。因此，法律修辞的特性界定也不能忽略这一

---

〔1〕 参见张西恒、施延亮、徐慧："涉诉舆论中的非法律修辞——以李天一案为例"，载《甘肃政法学院学报》2015 年第 3 期。陈绍松："司法裁判的评价与认同"，载《法学杂志》2018 年第 1 期。

〔2〕 参见［德］威廉·冯·洪堡特：《论人类语言结构的差异及其对人类精神发展的影响》，姚小平译，商务印书馆 1997 年版，第 47~48 页。

〔3〕 John Lucaites, Celeste M. Condit, Sarry Caudill, *Contemporary Rhetorical Theory*：*A Reader*, The Guiford Press, 1999, p. 129.

〔4〕 杨昌宇："当代中国法治进程中的文化阻滞力"，载《北方法学》2011 年第 5 期。

〔5〕 顾万明："广东四会市一被告败诉自杀 法官被判无罪"，载中国法院网，https://www.china-court.org/article/detail/2003/12/id/94921.shtml，最后访问时间：2019 年 4 月 1 日。

〔6〕 陈汝东："国家修辞，国家实力较量的另一'战场'"，载《社会科学报》2011 年 9 月 8 日，第 5 版。

发展需要。

因此，界定法律修辞的特性需要遵循以下两个标准：（1）有助于正确区分不同修辞类型，防止其他修辞类型的权力异化和思维制约；（2）有助于提升司法活动参与者自身的修辞认知和实践能力，促进司法过程的良性运行。这也正是以实现法律效果为目标的法律修辞的题中之意。

四、法律修辞的特性

基于上述标准，本书主要从修辞背景、修辞权限和修辞目的三个方面总结法律修辞的特性。现代本质主义权威克里普克提出了两个论点："一是认为一个个体的起源（或它由以构成的材料）对于该个体是本质的；二是认为一类个体的本质是那个种类里的一切个体所具有的内在结构，它使得那个种类的成员资格在本质上依赖于具有这种适当的内在结构。"[1]大体而言，修辞背景对应于克里普克所言之"起源"。从法学角度看，了解起源问题对弄懂法理学问题至关重要，以萨维尼、梅因和霍姆斯为代表的历史法学派对其重要性也早已给出了精彩纷呈的论断。事实上，基于修辞背景的特性反映出这一特性：历经时间的检验，而"时间的检验"却正是一种不容忽略的实践理性的机制——一种促使"不轻信者对无法为逻辑或精密观察证实之事物形成种种确信时使用的方法"[2]（即修辞），这不得不说是一种令人兴奋的巧合。修辞权限和修辞目的则针对主体而言（权限针对政治方面，目的针对主观方面），对应于克里普克所言之"内在结构"，这是由于司法虽被宣扬为规则之治，但最终的标准仍是主观的和政治的。对此，波斯纳说得最为精彩——"在确定法律权利义务时，规则只是掩盖了，而不是排除，甚至也不能减少，主观的作用和政治的作用。"[3]

1. 修辞背景：强制说理性

法律被认为起源于人类的复仇制度，从社会生物学角度来看，复仇制度源于人的生物性本能，凡是没有复仇本能的，就会在自然竞争中遭到淘汰；[4]但

---

〔1〕张家龙："论本质主义"，载《哲学研究》1999年第11期。

〔2〕[美]理查德·A.波斯纳：《法理学问题》，苏力译，中国政法大学出版社2002年版，第91页。

〔3〕[美]理查德·A.波斯纳：《法理学问题》，苏力译，中国政法大学出版社2002年版，第61页。

〔4〕苏力："复仇与法律——以《赵氏孤儿》为例"，载《法学研究》2005年第1期。

由于复仇制度本身存在诸如不够稳定、过于残酷等缺点，公权力逐步介入私人纠纷的处理，法律和法治也随之逐步形成。因此，法律修辞不同于战争修辞等，反对"暴力最强者说了算"的"丛林法则"，坚持和平解决纠纷的社会理念。不仅如此，建立现代主权的根本目的就是要强制说理，摆脱以力服力的暴虐循环，"自我合理化是现代世俗化国家的必然归宿，也是现代国家体系建立和稳固的必然保证"〔1〕。为此，现代国家要不断践行现代价值规范，尊重每个人的言论自由，其中法律修辞要遵循"理由优先于结论"的规则，充分展现说理性，因为"正当性建立在充分说明理论的基础上，只有建立在充分说理基础上的裁判结果才是正当的"〔2〕。

法律修辞的强制说理性主要体现在两个方面。第一，法律至上。"与普通的政治性演讲相比，法律原则只准许我们在一个更为狭窄的范围内提供可以用来辩护的论据。"〔3〕这是法治的基本要求之一。司法审判中，尽管法律修辞的大前提呈现一定的开放性，除司法意见外，还有"各种准则、一般理解、传统智慧以及一名律师在界定其立场并说服他人接受其立场时可能使用的所有其他专业性的和非技术性的资源"〔4〕，但一切修辞基本都要围绕法律（主要指制定法）展开，法律具有至上性，裁判必须依法作出，在解释和重新塑造法律的过程中应该始终坚守法律的基本属性，尊重制定法的权威，警惕并拒绝把重新塑造变成任意的创造。〔5〕因此，法律修辞反对诸如道德、文化、习惯、政策等因素的随意加入，反对政治权力、潜规则打着"特色化"和"地方化"的旗号肆意淡化甚至驱逐法治目标〔6〕的修辞企图。这一点明显反映在《民法总则》对使用习惯法据以裁判的严格限制上：以法律没有明文规定为前提；适用习惯不违背公序良俗；以及生活或交易习惯为当事人所知悉、

---

〔1〕 陈德中："国家通过强制说理体系分配社会善"，载《中国社会科学报》2014年9月19日，第B1版。

〔2〕 雷磊："法律论证何以可能？——与桑本谦先生商榷法律论证理论的基本问题"，载《政法论坛》2008年第4期。

〔3〕 James E. Herget, *Contemporary German Legal Philosophy*, University of Pennsylvania Press, 1996, p.70.

〔4〕 ［美］詹姆斯·博伊德·怀特："作为修辞之法律，作为法律之修辞：文化和社群生活之艺术"，程朝阳译，载陈金钊、谢晖主编：《法律方法》（第11卷），山东人民出版社2011年版，第5页。

〔5〕 参见陈金钊：《法治思维及其法律修辞方法》，法律出版社2013年版，第204页。

〔6〕 参见李晓辉："理性认识'中国问题'：从比较法出发的考察"，载《比较法研究》2012年第2期。

实践并形成确信。而道德修辞往往是道德至上、情感至上、伦理至上，有别于法律修辞的法律至上。第二，逻辑主导。以无矛盾性为核心特征的逻辑上的正确，是所有学科，甚至是每一个对话的基本前提。无论法学是否可以称其为一种科学，也不能回避合乎逻辑的基本要求。[1]其中，法律修辞中的逻辑主要集中反映在法律修辞与逻辑的统一性上，"即逻辑是修辞，是最具说服力的一种修辞；修辞也是逻辑，是在无法直接进行演绎推理时所备选的逻辑"[2]。因此，在法律修辞过程中，法律发现、法律推理、法律解释等法律方法被认为是法律职业者必备的工具。而这正是逻辑的要求，以保证法律修辞的合法性和客观性。但在其他类型修辞活动中，往往呈现着明显不同的一面：如权力修辞"讲的是权术，讲的是潜规则，讲的是'你再不闭嘴我就收拾你'"[3]；道德修辞讲的是夸张，讲的是煽情，讲的是"辛酸血泪史"。

2. 修辞权限：日趋独立性

随着社会分工的日益细化，法律人的专业化已成为社会共识，并成为现代社会所必需，从而使得法律日益体现为一种技术，法律的运行逐步疏离于道德和政治性因素以及直接的社会生活的波动性变化。[4]其中，诉讼过程基本都是由法律人主导，很多时候他们甚至成为唯一的修辞主体，因为法律（活动）日益呈现为如果不经过严格的专业训练就很难掌握，因而让普通人望而生畏的领域，"法律运行变成了一部分人的事，对大多数人来说，只有最后的结果是真实的，可接触的，而整个法律运行的其他过程则是不可知的，无法控制的"[5]。这种专业化还尤其表现在法律职业道德的形成及其特殊性上，如"社会道德的基本规范之一是要说真话；但司法实践上采取的抗辩制，则要求律师在一些特定情况下不能说真话——如果说真话有害于他的当事人的话，说真话反而违反了他/她的职业道德"[6]。这显然不同于任何人都可能充当"道德家"的道德修辞。

因此，法律修辞权限日趋独立，法律修辞逐步成为法律职业者特有的活

---

〔1〕 ［美］劳伦斯·索伦：《法理词汇——法学院学生的工具箱》，王凌皞译，中国政法大学出版社 2010 年版，第 124 页。

〔2〕 张传新："法律修辞与逻辑"，载《求是学刊》2012 年第 3 期。

〔3〕 曹林："讲理精神的缺失"，载《领导荟萃》2013 年第 4 期。

〔4〕 参见赵震江主编：《法律社会学》，北京大学出版社 1998 年版，第 268 页。

〔5〕 参见赵震江主编：《法律社会学》，北京大学出版社 1998 年版，第 271 页。

〔6〕 苏力：《制度是如何形成的（增订版）》，北京大学出版社 2007 年版，第 64 页。

动，不受其他外部组织或人员的干预。不同于往往容易导致"多数人暴政"的恶果的群体修辞决策，独立一般被认为有助于促进法律修辞（尤其是审判者的修辞活动）的客观公正。当然，在法律职业群体中律师具有一定的特殊性，作为代理人，往往受制于当事人；但是随着律师执业道德准则等相关规范的不断明确，以及其他配套制度的逐步完善，律师的修辞活动也呈现出越来越强的独立性。其他修辞类型则不同于法律修辞，比如政治修辞往往强调集体讨论，诚然它具有体现民主、可能会最大限度调动人们的积极性等优点，然而有时"在集体中，人们的思想相互传染，相互影响，其结果往往使集体智商变低"[1]。

　　法律修辞的日趋独立性还得益于程序的保障。从程序工具论到程序独立价值论的转变，标志着现代程序理念的建立。这也通常被认为是现代法治精神的主要体现和要求之一。在司法过程中，修辞活动的展开和运行基本都要求严格遵循程序的限制，程序优先，警惕"正是那种打着实质正义的旗号、占领了所谓道德高地的意识形态语言编码最容易导致人们发言能力的非对称化。这样的特定价值观一旦获得超越于程序性要件的话语霸权，势必使整个公共性话语空间逐步变得一锤定音、鸦雀无声"[2]。司法过程中，程序限制的典型表现之一便是诉讼时效。这完全不同于"君子报仇，十年不晚"的道德修辞，也迥异于"自古就如何如何"的外交修辞或政治修辞。当然也最令普通百姓所不解——"明明欠我钱，凭啥就无效了"。然而，这种因程序限制产生的差异恰好保障了法律修辞的独立性，维护着不止于个体权利的法律的权威和社会的稳定，真正实现着更大的法律效果。

　　3. 修辞目的：有限多元性

　　众所周知，司法过程中法律修辞的主要功能是解决纠纷。法律修辞的主要目的与此紧密相关，正如法国社会学家迪尔凯姆所说"一种社会事实的功能应该永远到它与某一社会目的的关系之中去寻找"[3]。尤其是双方当事人，更是以维护自身利益、消除利益纠纷为己任。然而在法治时代，法律被赋予了新的使命，公民们甚至法学家们已不再满足于仅仅将法看作单纯的解决纠

　　[1]　刘远举："中国会出现'劣质民主陷阱'吗?"，载《领导荟萃》2013年第2期。
　　[2]　季卫东："法律程序的形式性与实质性——以对程序理论的批判和批判理论的程序化为线索"，载《北京大学学报（哲学社会科学版）》2006年第1期。
　　[3]　[法] E. 迪尔凯姆：《社会学方法的准则》，狄玉明译，商务印书馆1995年版，第125页。

纷的手段，而是逐渐视其为可用以创造新型社会的工具。[1]与此同时，纠纷解决至上的单一目的模式也着实令人担忧，落实规则让位于化解社会纠纷成了附带完成的目的，"基层法官为求案结事了，常常要为当事人考虑各种各样与涉案法律争议无关的世俗事务的细节，甚至忽略不告不理的被动司法原则，主动干预实质性争议。"[2]由此，法律修辞目的逐步呈现出有限多元性，司法审判者的修辞目的除了解决纠纷外，还要适当培养全社会的规则意识[3]——"一种通过对判决文本的润色和判决推理以及判决形成过程的程序加工得到'合法性'并借此获得人们普遍、一致的信仰与服从的策略"[4]。然而，司法的边界性告诉我们法律修辞的目的也不可无限扩张，否则将成为司法"不能承受之重"，这显然不同于一般包含教化、规劝、调解等多元目的的道德修辞。

有限多元性体现在对法律修辞的三个要求上。其一，客观原则。尽管法律怀疑主义或后现代法学质疑法律的客观性，基于反实证、反教条、反形式态度展开的批判导致了对传统方法论的"解构"[5]；但是，"惟法学既称之为学，自应具有某种程度之客观性，对人类一般生活之实践，始克有济"[6]，这种客观性具有多个层面的意义——规范意义与客观世界的关系层面；运用法律商谈程序中达成的主体间共识；主体运用法律的客观姿态等。[7]事实上，法律修辞的客观性也大体具有这三个层面的意义：修辞活动要尽量反映客观现实，具有现实依据；修辞活动要以程序为基础，以追求主体间共识的形成；修辞主体要坚持客观的修辞立场等。惟有如此，法治才具有了某种可能，有限多元的目的方能实现。因此，法律修辞反对随意修辞，任意夸大或歪曲客观现实，限制主观能动性的肆意发挥；反对强权修辞，以及对其他修辞主体修辞活动的曲解或蔑视。这既不同于重视想象、充满个人情感的文学修辞；

---

〔1〕 参见［法］勒内·达维德：《当代主要法律体系》，漆竹生译，上海译文出版社1986年版，第378页。

〔2〕 耿莉："基层司法中的第三类理性——以'规则之治'与'纠纷解决'为视角"，载《法律适用》2008年第10期。

〔3〕 参见侯学勇："解决纠纷还是培养规则意识——法律修辞在司法中的作用定位"，载《法商研究》2013年第2期。

〔4〕 洪浩、陈虎："论判决的修辞"，载《北大法律评论》（第5卷第2辑），法律出版社2004年版，第425页。

〔5〕 Jerzy Stelmach, Bartosz Brozek, *Methods of Legal Reasoning*, Dordrecht：Springer, 2006, p. 2.

〔6〕 杨仁寿：《法学方法论》，中国政法大学出版社2013年版，第47页。

〔7〕 参见陈金钊：《法治思维及其法律修辞方法》，法律出版社2013年版，第191页。

也区别于以暴力为基础，弱肉强食的战争修辞。

其二，结果封闭。尽管修辞前提呈现某种开放性，但法无二解，针对一个案件最终有效力的结果只能有一个，法律修辞的"结论必须具有封闭性、规范性、确定性等特点，能够从众多可能的选项中筛选出唯一确定的答案"[1]。不仅如此，就是争讼双方在提出自己的诉讼意见时，也必须保持一定的封闭性，不能执两可之词"要么这样要么那样"，这是现代法治的要求，是实现法律修辞有限目的的重要保障。与之相比，道德修辞的结果则往往呈现着很大的波动性：比如舆论，其转向几乎可在瞬间完成，舆论的情绪化致使评判结果飘忽不定；而文学修辞也通常以设置悬念、引人联想为艺术手段，似乎追求"一千个读者就有一千个哈姆雷特"的修辞效果，引发诸如"胡斐那刀究竟有没有砍"（金庸《雪山飞狐》的悬念）的诸多联想与追问。这显然不同于法律修辞。

其三，相对保守。倘若以历史视角来观察法律修辞，法律修辞发生的变迁是有目共睹的，大致说来，传统社会中的法律修辞是侧重于文学性的积极修辞，而现代社会中的法律修辞与推理论证结合得更加紧密，以理性化的消极修辞为主。[2]然而，一般认为，促使社会秩序和行为规则保持不变并制度化是法律的基本功能，即使是实质性的、根本性的法律变革也往往不得不采用"旧瓶装新酒"的藏身策略。[3]为了实现自身的有限目的，法律修辞概莫能外，其变迁也基本呈现出一定的保守性，法律修辞强调遵循既有规则及先例，一定程度上反对创新和变革。而文学修辞的特点则基本不同，由于一定程度上"国家不幸诗家幸，赋到沧桑句便工"（赵翼《题元遗山》），因此乐于追求"语不惊人死不休"（杜甫《江上值水如海势聊短述》）；大多数自然科学修辞活动更是相反，因此哥白尼、克卜勒、牛顿、爱因斯坦、哈柏等科学家才能在历史上盛极一时，闻名遐迩。

五、结语

法律修辞及其特性决定了法律修辞不同于其他的修辞类型，由此我们便

---

[1]　张传新："法律修辞与逻辑"，载《求是学刊》2012年第3期。

[2]　参见李晟："社会变迁中的法律修辞变化"，载《法学家》2013年第1期。

[3]　参见苏力：《制度是如何形成的（增订版）》，北京大学出版社2007年版，第153页。

可以理解缘何上海一中院的温馨创新会引来诸如"法官说的应该是法理""法官对别人的人生和感情无权也不宜置喙"等种种批评，也可以理解为何《意见》开篇就强调"通过阐明裁判结论的形成过程和正当性理由，提高裁判的可接受性"。

但法律修辞的确立并非一蹴而就，法律修辞的特性在一定程度上具有某些应然色彩，尤其以"法治时代"来作目标限定，正如苏力所指出的"制度形成的逻辑，并不如同后来学者构建的那样是共时性的，而更多是历时性的。制度的发生、形成和确立都在时间流逝中完成，在无数人的历史活动中形成"[1]。

因此，法律修辞并非单纯的单向受制，它对法治建设以及法律文化的建构也将起到某种促进作用，使得"不仅法律语言'很好地融入到了普通的言语之中'，而且一种法律的精神似乎也蔓延及整个社会"[2]，而这恰恰也是研究法律修辞及其特性的部分意义所在。

---

〔1〕 苏力：《制度是如何形成的（增订版）》，北京大学出版社 2007 年版，第 53 页。

〔2〕 ［美］玛丽·安·格伦顿：《权利话语——穷途末路的政治言辞》，周威译，北京大学出版社 2006 年版，第 3 页。

重复的"诱惑"与"陷阱"
——对崔英杰案涉诉舆论的重复修辞学分析

至此，我们已较为详细地从多种不同修辞学视角探析了法官为何难以应对涉诉舆论。但总而言之，上述视角都有一个相近的切入点，即将涉诉舆论（及其与法官的关系，下同）视为一个静态、统一的整体。而实际上，如果深入其中，我们会发现涉诉舆论是一个动态的并呈现多样性的事物。因此，接下来我们会对涉诉舆论做一个纵向的考察，我们试图解决的问题是为何法官难以应对涉诉舆论的问题会持续存在（长时间的众多轰动案例足以证明此点），不同涉诉舆论之间又有何关联；同时，我们还会把一个具体的涉诉舆论拆开来看，而我们试图解决的问题是不同社会个体或媒体之间是如何相互影响（舆论往往"一边倒"便可证明），从而引发舆论（更确切地讲，或许应该是世论）生成并发挥出让法官难以招架的"威力"的。也因此，我们接下来主要探讨的是"相互之间"的问题。

第一节　事实的流变：涉诉舆论与重复

一、问题的提出

我们可以对上述问题做一个转换。从药家鑫案、李天一案及"我爸是李刚"案等，我们看到"军二代""富二代"等共同影子无处不在。更细致的分析来自周安平"涉诉舆论的面相与本相：十大经典案例分析"，涉诉舆论有相似的思维特点，即"我们可以发现涉诉舆论的思维具有强烈的对立性质。舆论的每一个支持的观点总是与一个反对的观点联系在一起。可以这样说，如果案件没有对立性，根本就激活不起舆论的兴趣。一个缺乏对立性的案件不会进入舆论市场，而成为公共舆论关注的中心"；而且涉诉舆论隐含了相似的社会情绪，而这些舆论情绪"之所以能够借助网络而占据优势，其原因在于其拥有的舌战优势"；另外，从最后的结果来看，"当舆论将公众的社会不满情绪倾泄到司法身上时，司法判决也在舆论的压力下经常发生变化。"〔1〕因此，涉诉舆论之间呈现着惊人的重复——舆论话语及思维特点的重复、舆论话语对社会问题的重复、舆论对司法干预后果的重复等。

深入到一个涉诉舆论的生成、发展过程之中，我们也可以发现大量重复的存在。如上文所述的，一个案件从立案、侦查到最后的起诉、审判，整个过程之中针对案件材料等虽会进行不同的修剪调整，但重复往往是主流。因此，以此为原型的法律职业者及相关受众的声音呈现着重复。而如王斌余案，大众媒体的报道及其受众则呈现着另一种重复。但绝非迥异，两种重复之间实际上也存在着大量重复，因为至少王斌余杀人的事实是重复的。

而如果将一场舆论视作一场由众多主体参与的对话，其实舆论还是一部"现实"小说——不同人物出场又散场。尼采《悲剧的诞生》把柏拉图因其对话视为小说的创立者：

> 如果说悲剧吸收了一切早期艺术种类于自身，那么这一点在特殊意义上也同样适用于柏拉图的对话。它通过混有一切既有的风格和形式而产生，游移在叙事、抒情与戏剧之间，散文与诗歌之间，从而也打破了统一语言形式的严格古老的法则。……柏拉图的对话犹如一叶扁舟，拯救了遇难的古老诗歌和她所有的孩子；他们挤在这弹丸之地，战战兢兢地服从那无与伦比的舵手苏格拉底。现在他们驶入了一个新的世界，沿途的梦中景象令人百看不厌。柏拉图确实给世世代代的后人留下了一种新艺术形式的原型：小说的原型——它可看作是无限提高了的伊索寓言。〔2〕

〔1〕 周安平："涉诉舆论的面相与本相：十大经典案例分析"，载《中国法学》2013 年第 1 期。
〔2〕 [德] 尼采：《悲剧的诞生》，沃尔特·考夫曼译，纽约：凡的奇出版公司 1967 年版，第 90~91 页，德文本见其三卷著作集第一卷；卡尔·斯莱希塔编，慕尼黑：卡尔·汉森出版社 1966 年版，第 79~80 页。转引自 [美] J. 希利斯·米勒：《小说与重复：七部英国小说》，王宏图译，天津人民出版社 2008 年版，第 17~18 页。

尽管尼采侧重的是艺术形式，但他的真知灼见却也表明对话与小说打破的不仅是传统的艺术风格，更是打破了真假虚实的严格界限。米勒的重复观就很好地揭示了这一点，因此也佐证了舆论的"小说"性。

二、理论基础：米勒的重复观

实际上，"重复"是一个受到诸多学者关注并拥有较长学术传统的问题：

> 西方有关重复思想的历史和我们的文化一样，一般地说，它有两个源头：一个是《圣经》，另一个是荷马史诗、前苏格拉底的哲学和柏拉图。《圣经》阐释学经历了多少个漫长的世纪的发展（人们借助它研究《新约》，或多或少觉得《新约》重复着《旧约》），它还预先制约了《亨利·艾斯芒德》或《亚当·比德》中《圣经》式象征的运用。现代有关重复思想的历史发展经历了由维柯到黑格尔和德国浪漫派，由基尔凯郭尔的"重复"到马克思（体现在《雾月十八日》中），到尼采永恒轮回的思想，到弗洛伊德强迫重复的观念，到乔伊斯《为芬内根守灵》，一直到当代形形色色论述过重复的理论家：雅克·拉康、吉尔·德鲁兹、米尔恰·伊利亚德和雅克·德里达。[1]

我们在此主要关注 J. 希利斯·米勒的重复观，在后文会论及基尔凯郭尔、弗洛伊德、吉尔·德鲁兹等人的观点。米勒首先借助吉尔·德鲁兹的论述区分了两种不同的重复：

> 让我们思索一下这两个命题："仅仅那些与自身相像的事物之间才有差异"（"seal ce qui ressemble diffine"）；"只有存在差异，事物才彼此相像"（"seules les differences se ressemblent"）。这是一个对世界进行两种不同解释的问题：一方面要求我们在预先设定的相似或同一的基础上思考差异；另一方面正相反，它恳请我们将相似、甚至同一看作是一个本质差异（d'une disparite' de fond）的产物。前者精确地将世界定义为摹本或表现，它将世界视为图像；后者与前者针锋相对，将世界定义为幻影，

---

〔1〕〔美〕J. 希利斯·米勒：《小说与重复——七部英国小说》，王宏图译，天津人民出版社 2008 年版，第 5~6 页。

它将世界本身描绘成幻象。〔1〕

因此，存在着两种不同的重复：柏拉图式的重复和尼采式的重复。前者具有一个未受重复效力影响的纯粹原型，而其他“重复”实例都是这一原型的摹本。这是现实主义的重要前提，即只有在真实性上吻合于被模仿的对象，模仿物才具有效力。这是一种规范化的“重复”理论。后者尼采式重复则假定任何事物都存有本质差异，相似只是本质差异的对立面，世界不是摹本，而是“幻象”——“它们是些虚假的重影，导源于所有处于同一水平的诸因素间的具有差异的相互联系”〔2〕。这是一种缺乏原型或根基的重复。

米勒还以瓦尔特·本雅明《普鲁斯特的意象》中对两种记忆的论述来进一步阐明两种差异的区别。第一种记忆是白日里理智的、受意志支配的自觉的记忆，它构筑了一个清晰的模型，消除了生活的丰满姿态，而仅仅是以时间顺序对事实进行干巴巴的叙述。这种记忆与柏拉图式的重复相对应，都以事物的（貌似）同一性为基础，合乎逻辑。第二种记忆是不自觉的，如同梦境，主观虚构了一种不曾存在的“逼真的生活”，但又让人感觉到那么现实。它和尼采式重复相对应，重复的事物之间迥然不同但又惊人相像，但这种相像是一种“不透明的相似”，重复因而产生于不透明的相似事物之间的相互影响。关于这种不透明的相似以及两种重复的关系，米勒给出了精彩绝伦的论述：

> 重复的每种形式常使人身不由己地联想到另一种形式，第二种形式并不是第一种形式的否定或对立面，而是它的“对应物”，它们处于一种奇特的关系之中，第二种形式成了前一种形式颠覆性的幽灵，总是早已潜藏在它的内部，随时可能挖空它的存在。如果说合乎逻辑的、光天化日下的相似有赖于一个第三者，有赖于一个先于它们存在的同一性原则，那么梦中不透明的相似则无根无基，如果说有，也建立在两事物差异的基础上。它们在差异的裂缝中创造了一个第三者，本雅明称之为意象

---

〔1〕［法］吉尔·德鲁兹：《弗兰西斯·培根：感觉的逻辑》，广西师范大学出版社2007年版，第302页。转引自［美］J. 希利斯·米勒：《小说与重复——七部英国小说》，王宏图译，天津人民出版社2008年版，第7页。

〔2〕［美］J. 希利斯·米勒：《小说与重复——七部英国小说》，王宏图译，天津人民出版社2008年版，第8页。

（image）。两种不相同的事物在重复的第二种形式中相互重复，衍生了这意象的内涵，它既不存在于第一种形式中，也不存在于第二种形式以及先于两者存在的某种根基中，它存在于它们之间，存在于不透明的相似涉足的空寂的所在。[1]

以袜子的形象为例。它既是袜子，又是一只空袋子；"但同时又是袋中的礼物，装满了袋子，但又是一只袜子"[2]。但"口袋与礼物间相似的含糊之处在于这一事实：人们无法从深处把握这种相似。这是确切无疑的，因为相似的根基（即那只袜子）确确实实表明了两种看似对立的事物（容器和容器中盛纳的东西、空的口袋和礼物）并存的可能性。即便再一次由外向内折叠，将口袋和它盛纳的东西变为一个第三者（即一只长袜子），这种不透明性依然如故。从一到二，从形象到事实的根基，这一关系处于持续不断的互逆之中，事物的各种状态既是其他状态事实的根基，又是它的形象"[3]。在这里，空口袋和礼物对立而相似，这种相似的根基在于袜子（或更确切地说，是袜子的形象）；换言之，袜子的形象是二者重复的意象，它既不存在于空口袋之中，也不属于礼物，而是存在于二者的关系之中。

更重要的是两种重复之间的关系问题——两种重复缠结交叉。米勒以托马斯·哈代的作品《心爱的》为例作了进一步的阐释。在哈代看来，"自然界不存在重复；对个体来说，任何事物都是一次性出现的，人与人之间，上代人与下代人之间也不存在重复，然而哈代作品世界中的人物都有这样一种强烈的意愿：从相异中找出相似来。他小说的叙述者和作品中的人物一样，同样具有这一倾向，这样的探寻存在于新旧两个系列中，往往新中见旧。这一习惯是'无意识的'，它出自人的本能，呈现出非理性的倾向。它似乎是知觉活动的一个主要方面；它并不向外投射，而在观照自身。"[4]因而，哈代作品

---

〔1〕［美］J. 希利斯·米勒：《小说与重复——七部英国小说》，王宏图译，天津人民出版社2008年版，第11页。

〔2〕［美］J. 希利斯·米勒：《小说与重复——七部英国小说》，王宏图译，天津人民出版社2008年版，第11页。

〔3〕［美］J. 希利斯·米勒：《小说与重复——七部英国小说》，王宏图译，天津人民出版社2008年版，第12~13页。

〔4〕［美］J. 希利斯·米勒：《小说与重复——七部英国小说》，王宏图译，天津人民出版社2008年版，第15页。

中的人物角色和叙述者话语在进行着第一种形式的重复，然而实际上它们却只不过是由于人们无意识的错觉而产生的第二种形式的重复。

再比如上述所引尼采对柏拉图对话的认识。就柏拉图对话对古老诗歌及其"孩子"的"拯救"而言，它不过是在重复早期的文学形式及其相关旨趣，这属于第一种形式的重复；然而柏拉图的对话却实际上衍化着新的艺术形式，也因此在毁灭着早期的文学信仰，这就表明了这种重复实为第二种形式的重复。尽管如此，但我们却不能天真地以为第二种形式的重复就是绝对的"真理"。米勒认为：

> 重复的各种形式必然使人想起它幽灵般的伙伴——另一种形式。尽管一种形式瓦解另一种形式，但你不能取此舍彼，从这一角度看，一个文本和另一个文本间的差异在于两种重复现象的缠结交叉有着种种不同的形式。柏拉图身上有着反柏拉图主义的因素，尼采的语言根本无法祛除形而上学这一大敌，而本雅明其他著作中的马克思主义和他的犹太救世主观念与我上面论述的那一段中有关重复"第二种"形式的精妙绝伦的阐述显得格格不入。……要想在拥有重复的一种形式的同时舍弃另一种形式，看来是不可能的，纵然这种或那种形式在一个特定作家身上占有明显优势时，情形也是这样。[1]

因此，第二种重复也无法离开第一种重复而单独存在，它似乎也需要以一种原型为依托。在阐明这种相互缠结交叉的关系之后，米勒作了进一步的推论——"重复两种形式间的关系公然违背了逻辑的基本原理——不矛盾律：'A 或非 A'。……我力图表明这重复的系列既具备根基，同时又缺乏根基。……尽管重复的两种形式显得互不相容，但它们又同时并存。"[2]至此，米勒借助对重复修辞的关注在理论上基本完成了对文本意义单一性和确定性的解构。随后他又以七部小说为样本具体分析了重复究竟如何作用的——颠覆有机形式、"神秘莫测"还是作为推断等。

---

〔1〕［美］J. 希利斯·米勒：《小说与重复——七部英国小说》，王宏图译，天津人民出版社2008年版，第18~19页。
〔2〕［美］J. 希利斯·米勒：《小说与重复——七部英国小说》，王宏图译，天津人民出版社2008年版，第19~20页。

三、重复视角的涉诉舆论——以崔英杰案为例

回归到涉诉舆论的主题。其实是否将舆论视为一部小说并不重要，尽管我们完全可以如此。我们更关注的是，从重复视角来看待舆论，涉诉舆论的确定性意义又该如何探寻？还是否存在某个原型？公众又如何识别这舆论中存在的重复并根据重复来阐释事件意义？

以崔英杰案为例。刘燕《法庭上的修辞——案件事实叙事研究》认为根据崔英杰案的证据材料可以给出至少四个不同版本的故事：

版本一：2006 年 8 月 11 日下午，崔英杰在北京市海淀区中关村科贸大厦西北角路边摆摊售卖烤香肠，崔英杰没有营业执照，属于非法经营。北京市海淀区城市综合行政管理大队巡查员以无照经营为由予以查处，并没收其三轮车、烤炉等摆卖工具。查处过程中崔英杰暴力阻碍、抗拒城管人员的正常执法活动，且持刀威胁。城管将非法经营工具没收，崔英杰因此怀恨在心，意图报复，持刀冲向准备收队离开的城管人员，猛刺海淀区城管队副队长李志强颈部和锁骨之间的要害部位，伤及李志强右侧头臂静脉及右肺上叶，致使李志强死亡。

版本二：2006 年 8 月 11 日下午，崔英杰在北京市海淀区中关村科贸大厦西北角路边摆摊售卖烤香肠，崔英杰没有营业执照，属于非法经营。北京市海淀区城市综合行政管理大队巡查员以无照经营为由予以查处，并没收其三轮车、烤炉等摆卖工具。查处过程中崔英杰与城管争夺三轮车，崔手中一直握有切香肠用的小刀。在三轮车等工具被收走之后，崔英杰跑向城管专用卡车，此时遇到城管人员追赶，崔英杰逃跑时用刀刺伤海淀区城管队副队长李志强，李被送往医院之后死亡。

版本三：河北省保定市阜平县平阳镇各老村农民崔英杰，家境贫寒，在北京市中关村科贸大厦某娱乐场所充当临时保安。从 2006 年 4 月起，雇主已拖欠四个月工资，崔英杰生活窘困，遂以摆摊售卖烤香肠的方式谋生。2006 年 8 月 11 日下午，海淀区城管巡查队以无照经营为由予以查处，并没收其经营工具。由于三轮车是崔英杰借钱购买的，崔哀求城管把车留下，城管不予理睬，没收了全部工具。崔英杰离开现场后又返回，寻找一同摆摊的女孩赵某，此时看见三轮车已经装上城管的专用卡车，

试图在最后关头尝试夺回自己的财产。崔英杰跑向卡车时遇到城管队员的阻拦，混乱之中崔害怕人身受到强制，急于逃脱，顺手将切香肠的小刀向身边一划，刺伤海淀区城管队副队长李志强，李被送往医院之后死亡。

版本四：河北省保定市阜平县平阳镇各老村农民崔英杰，家境贫寒，在北京市中关村科贸大厦某娱乐场所充当临时保安。从2006年4月起，雇主已拖欠四个月工资，崔英杰生活窘困，遂向工友借钱购买三轮车、烤炉等工具，以摆摊售卖烤香肠的方式谋生。2006年8月11日下午，海淀区城管巡查队以无照经营为由没收崔的工具，当时城管队员没有穿制服，没有出示证件，没有出示包括行政处罚决定书在内的任何文件，也没有作任何口头说明。崔英杰误以为遇到抢夺或勒索，哀求无果之后离开现场。其后返回寻找一同摆卖的女孩赵某，这时看见三轮车被装上卡车，崔英杰试图在最后关头尝试夺回自己的财产，混乱中崔用一直握在手里的切香肠的小刀刺伤海淀区城管队副队长李志强，李被送往医院后死亡。[1]

显然，这四个版本的故事之间存在着大量的重复。这种重复首先是柏拉图式的重复，因为它们的案件事实"来源于同一批证据材料、同一份案情线索列表（年代记）以及同一份核心事件条目（编年史）"[2]。然而故事版本之间终究呈现巨大差异，引发的法律后果、更重要的是产生的社会效果更是存在很大不同。涉诉舆论的争执对抗也往往产生在不同的故事版本之间。那究竟哪一个才是原型？答案是没有原型。也因此，这又是第二种形式的重复，没有根基。

在同一场舆论之中，两种形式的重复尽管互不相容，但又同时并存着，因此事件的真实意义（更确切地讲，没有真实意义）令人捉摸不定，呈现多样性，绝非简单的逻辑结果。而这似乎从根本上确定了法官应对涉诉舆论的难度。

我们还不能忽视米勒在论述第二种重复时所隐含的对过度重复的担

〔1〕 刘燕：《法庭上的修辞——案件事实叙事研究》，光明日报出版社2013年版，第107~109页。
〔2〕 刘燕：《法庭上的修辞——案件事实叙事研究》，光明日报出版社2013年版，第110页。

忧——"人类'无意识'的错觉状态成了产生重复的原因，正是这一原因驱使这些角色如此这般地生活，如此这般地理解他们经历的生活；与此同时，也正是这一原因诱使叙述者将他讲述的故事解释为一连串的重复，尽管事实上不存在重复：每个人、每件事或事物都顽固地自我封闭，保持着自身的特性。"〔1〕而这种担忧投射到不同涉诉舆论之间，似乎也不为过，我们在一定程度上可以看到舆论干预司法现象的强化之势，至少如上所述，"套路"之间呈现着巨大的重复。

实际上，过度重复有着强烈的心理根源，即安全感的缺失。心理学上过度重复的典型表现即为强迫症，如作家狄更斯，据说他每天要梳上几百次的头发，同时他喜欢接触某样东西三次以求得好运。钟友彬教授认为："强迫症的核心就是恐惧和不安全感，如对传染病恐惧的强迫性洗手，对门锁的强迫性检查等，均是出于对生命和财产安全的担心，也就是缺乏安全感。"〔2〕具体到一般的过度重复表现，如频于总结规则，规则依赖感强，也是出于对确定性的追寻，试图通过某个规则来保证确定性和安全性；进一步，教条主义、过分关注形式和细节、繁琐重复等也都是如此，恐惧因变化而可能产生的不确定性和其他风险，对个体对自我和外在环境的控制力缺乏信心，深受"习得性无助"（因过去的某些失败经历而形成的自我否定或悲观预测习惯或性格）的影响。〔3〕

我们还可以从精神分析学中进一步寻找根源。被称为精神分析学的中心的抑制作用学说是弗洛伊德的独创和发明。〔4〕由于原初欲望毫无约束，有些和现实世界格格不入，因此对可能产生的现实危险的预见导致个体产生高度焦虑感，为避免这种冲突以自我保护，个体便选择通过抑制这种本能欲望来

---

〔1〕　[美] J. 希利斯·米勒：《小说与重复——七部英国小说》，王宏图译，天津人民出版社2008年版，第16页。

〔2〕　参见钟友彬：《中国心理分析》，辽宁人民出版社1998年版。转引自于世刚："确定感、安全感、控制感——人的安全需要的三个层次"，载《社会心理科学》2011年第2期。

〔3〕　"随后大量的重复实验证明，人和动物一样都容易受习得性无助的影响，习得性无助者都容易表现出被动消极、绝望悲观、坐以待毙、学习某些成功行为极为缓慢、体重减少和社会性退缩等行为，并且导致心理抑郁和身体健康状况下降等不良后果"，于世刚："确定感、安全感、控制感——人的安全需要的三个层次"，载《社会心理科学》2011年第2期。另参见 [美] 罗杰·霍克：《改变心理学的40项研究》（第5版），白学军等译，人民邮电出版社2010年版，第282~291页等。

〔4〕　参见高宣扬编著：《弗洛伊德传》，作家出版社1986年版，第95~110页。

使焦虑消失，从而抑制成为一种基本的自卫方法。然而有机体内存在着某种使大脑内部兴奋保持为常量的倾向〔1〕，被压抑的欲望中的能量必须通过其他途径宣泄出去，以保持正常的兴奋平衡。这些途径中有些会变成精神病症，有些则成为正常个体的常见选择，而过度重复就是一种替代途径的选择。它的根源就是焦虑与自卫。

我们还可以从弗洛伊德《图腾与禁忌》中找到具体的解释——"让我们仔细概括原始禁忌的习俗和强迫性神经症症状之间的相同点：（1）它们都没有可以归因的动机。（2）它们都由一种内在的需要所维持。（3）它们很容易替换，而且都有一种可经由禁忌而产生禁忌的物体而传染的危场。（4）它们责令人们做出一种等于或类似于仪式的行为。"〔2〕这里的内在需要就是一种安全感的需要，即认为"任何触犯都将导致令人无法忍受的灾祸"〔3〕。这种安全感的需要来源于本能欲望和外在禁忌之间的冲突，并由此导致焦虑、自责和自卫心理。因此，这种"仪式"作为一种强迫性的干扰行为，"毫无疑问地具有补偿、赎罪、防御和净化的作用"〔4〕。"无论是反复洗手还是具体而又奇怪的什么重复，其实都有一个基本的核心，那就是生怕人体乃至是灵魂、思想受到污染，所以，唯一能够正确的方法就是划定界线或清洗掉那存在于内心的种种污染，也就是'仪式'。"〔5〕

过度重复背后的恐惧心理也着实反映在涉诉舆论之中。涉诉舆论非理性修辞背后所暗含的就是民众的恐惧心理。〔6〕因此，如上所述，引发了涉诉舆论中的种种过度重复现象，〔7〕进一步加剧了法官的应对难度。

---

〔1〕 参见［奥］弗洛伊德、布罗伊尔：《歇斯底里症研究》，金星明译，米娜贝尔出版社2000年版。

〔2〕 ［奥］西格蒙德·弗洛伊德：《图腾与禁忌》，文良文化译，中央编译出版社2005年版，第32页。

〔3〕 ［奥］西格蒙德·弗洛伊德：《图腾与禁忌》，文良文化译，中央编译出版社2005年版，第30页。

〔4〕 ［奥］西格蒙德·弗洛伊德：《图腾与禁忌》，文良文化译，中央编译出版社2005年版，第31~32页。

〔5〕 西西弗斯之石："关于强迫症的传说（2）"，载 http://news.xkb.com.cn/shishang/2010/1031/99301_2.html，最后访问日期：2016年5月5日。

〔6〕 参见张西恒等："涉诉舆论中的非法律修辞——以李天一案为例"，载《甘肃政法学院学报》2015年第3期。另参见李松：《中国社会病》，华夏出版社2013年版；王俊秀、杨宜音主编：《2011年中国社会心态研究报告》，社会科学文献出版社2011年版。

〔7〕 或许，一个不太恰当的、间接的佐证就是近年来组织策划访民举牌滋事并借以干预司法审判等犯罪团伙的出现与猖獗，由此可见某种可重复的"套路"的存在。参见"公安部揭开'维权'事件黑幕"，载 http://www.xinhuanet.com//politics/2015-07/11/c_128010247.htm，最后访问日期：2016年3月5日。

事实上，涉诉舆论重复的典型表现就是舆论学研究的经典命题之一即"沉默的螺旋"。这不仅体现在提出者诺依曼对"最后一刻的跟风者"的细致描述中，还体现在他研究"作为动机的孤立恐惧"过程中对模仿的认真观察上，因为模仿即为重复。[1]这一命题涉及以下五个假设：

（1）社会向有偏离的个体施加被孤立的威胁。

（2）个体能不断感觉到被孤立的恐惧。

（3）出于对被孤立的恐惧，个体不断努力估计意见气候。

（4）估计的结果影响了他们的行为，首先是在公共场合下的行为，尤其是通过他们表现或隐藏自己观点的方式，比如交谈或沉默。

第五条假设与这四条联系在一起，解释了公共舆论由此形成、得到保护和改变。[2]

前两条假设表明了诺依曼兼及个体主义与整体主义，也是"沉默的螺旋"现象的心理基础，也即双重恐惧，尽管这只是个体被孤立的恐惧。这种恐惧使得公共舆论不再仅仅发挥着民主政治里在意见的形成和作出决定的过程中起到合理化作用的显功能，而更是发挥着社会控制的潜功能。这主要体现在后三条的假设中，也是舆论重复的典型表现。潜功能是更为实际的功能，这是因为显性功能的道德推理对道德情感不产生任何作用，它"缺乏使得一个社会实现并维护必要的一致性的力量。在富有争议的问题上能被公众从情感上接受的观点，可以作为潜在功能的公共舆论，它能够实现凝聚社会的功能"[3]。但也因此，舆论的合理化功能变得表面而不太真实，理性化成为一厢情愿，论辩的质量并不是公共讨论的中心，沉默的螺旋理论反而更为真实，更具解释力，这实际上便是过度重复，因其阻碍了理性选择。

---

〔1〕尽管诺依曼将目标锁定在孤立恐惧上，但他还是注意到模仿的动机根源还有学习。这在一定程度上也印证了前述的重复的两种根源及其分类：先天本能重复与后天学习重复。当然，基于对过度重复的关注，我们也将目标锁定在了恐惧与重复的关系上。参见［德］伊丽莎白·诺尔-诺依曼：《沉默的螺旋：舆论——我们的社会皮肤》，董璐译，北京大学出版社2013年版，第40页。

〔2〕［德］伊丽莎白·诺尔-诺依曼：《沉默的螺旋：舆论——我们的社会皮肤》，董璐译，北京大学出版社2013年版，第216页。

〔3〕［德］伊丽莎白·诺尔-诺依曼：《沉默的螺旋：舆论——我们的社会皮肤》，董璐译，北京大学出版社2013年版，第244页。

因此，我们可以清晰地看到，舆论、恐惧与（过度）重复三者不可分离的关系。（过度）重复是舆论的典型特点，恐惧是其重要的心理根源。此外，一个或许成立的悖论是已然成为公众关注的案件很难出现司法腐败、司法不公，但公众却会过度干预，影响司法审判的正常运行；而一些真正存在问题的司法案件却因无法进入公众视野而"大行其道"。

四、余论

还可以提及的是，米勒的"重复"不同于戴维·洛奇《小说的宣言》中的结构性重复，也不同于汉语修辞中的重复。[1]汉语中的重复修辞主要有复叠和反复两种。[2]复叠是"把同一的字接二连三地用在一起的辞格"。复叠有两种："一是隔离的，或紧相连接而意义不相等的，名叫复辞；一是紧相连接而意义也相等的，名叫叠字。"[3]反复则是"用同一的语句，一再表现强烈的情思"[4]，也有隔离反复和连接反复两类。但无论是复叠还是反复，其所达到的基本都是表意的效果[5]，如鲁迅小说中重复就有：在平实不变中，加倍渲染氛围、深刻揭示环境；在前后对比中，动态刻画性格、立体塑造人物；在回环呼应中，巧妙联缀情景，支撑指示结构；在多重变幻中，生发多元信息，开拓无穷意蕴等诸多修辞表意的效果。[6]尽管如此众多，但我们更关注的是其"注意强化"的一面：吴礼权《修辞心理学》指出，复叠的建构"都是建立在修辞文本建构者（表达者）力图通过增加刺激物的刺激次数来强化文本接受者的注意，从而实现其交际目标的心理基础的"[7]；而反复也是"建立

---

〔1〕 有研究者认为，"洛奇的重复模式是'结构性'分析方法，具体来说，就是对一些重要的重复出现的成分在全文范围内进行追踪"，这有助于阐释作品的意义。以及上述三者之区别，均可参见张青岭："解构批评家米勒小说'重复'论：兼论戴维·洛奇的'重复'及汉语中的复叠"，载《世界文学评论》2010年第2期。

〔2〕 当然，也有研究者认为反复和重复是两种不同的修辞格，应该分而视之。参见徐强："论重复的修辞意义"，载《贵州教育学院学报（社会科学）》2004年第3期。

〔3〕 陈望道：《修辞学发凡》，上海教育出版社1982年版，第169页。

〔4〕 陈望道：《修辞学发凡》，上海教育出版社1982年版，第199页。

〔5〕 这种表意性实际上从对复叠的定义中便可窥知——"作品根据表达需要，有意将具有特定表达作用的文章内容，如词语、句子、段落甚至情节等作必要的重复，在重复使用的过程中达到作者的某种表达意图"（倪宝元主编：《大学修辞》，上海教育出版社1994年版，第265页）。

〔6〕 参见雷冬梅："鲁迅小说的重复艺术探赏"，载《语文教学与研究》2010年第4期。

〔7〕 吴礼权：《修辞心理学》，暨南大学出版社2013年版，第86页。

在表达者在激情状态下通过反复使用同一语句来强化接受者在修辞文本接受时大脑皮层受刺激频率从而引发其文本接受过程中的'不随意注意'的心理基础之上的"[1]。

这种"注意强化"的效果因其心理学基础便可使其摆脱文本限制而延伸到舆论话语与社会行为之上。除此之外，重复修辞还具有增强说服力的效果——"研究发现，沟通双方随着交谈次数的减少，对方被说服的可能性也在减少。如果彼此交谈的次数比较多，即使交谈的时间不长，说服对方的可能性也相对要大一些。这就是沟通心理学中的频率原理，反映的是人们往往更喜欢或偏向自己熟悉的东西的心理。"[2]如果如此，在同一场涉诉舆论之中，或不同涉诉舆论之间，大量重复的存在使得公众不仅被强化着注意，还容易被说服，甚至"洗脑"，因而法官应对更显困难。

困难还不止一面。复述固然可以强化，但复述的信息却容易"走样"。英国心理学家费雷德里克·巴特利特（Frederic Bartlett）曾进行过这样一个实验：请一位被试临摹一副猫头鹰画，然后再请另一位被试临摹第一位被试的画，第三位被试临摹第二位的画……多次重复之后，"猫头鹰"变成了"猫"，而且非常形象化。[3]这实际上有些类似于第二种形式的重复。这种"走样"又何尝不存在于涉诉舆论之中？当然，我们还可以给出进一步的解释，人们进行的只是一种"选择性记忆"——"对刺激信息的一种取舍，是人们往往只记忆对自己有利的信息，或者只记自己愿意记的信息而忽略或者遗忘了其余的信息。"[4]

第二节　可能的出路

论述至此，我们或已陷入绝境。但这也不过是世界风险社会的"中国国情"——一个由"我饿"转变到"我怕"的地域指征。[5]也就因此，否认与

---

〔1〕　吴礼权：《修辞心理学》，暨南大学出版社 2013 年版，第 91 页。

〔2〕　孙科炎、程丽平：《沟通心理学》，中国电力出版社 2012 年版，第 144 页。

〔3〕　参见孙科炎、程丽平：《沟通心理学》，中国电力出版社 2012 年版，第 111 页。

〔4〕　孙科炎、程丽平：《沟通心理学》，中国电力出版社 2012 年版，第 79 页。

〔5〕　参见［德］乌尔里希·贝克：《风险社会》，何博闻译，译林出版社 2004 年版，第 57 页。

漠视都将无济于事，转型则势在必行〔1〕——部分可能在于这种现象背后还一定程度上反映着更深刻的心理特征，即对法官的依赖（甚至是过度依赖）。不要简单地以为，批评责骂就意味着视之如草芥；而也许恰恰相反，越是批评就越是需要，"恨之深爱之切"。而这和我国的传统法律文化不无联系。中国古代司法行政不分，法官被视为"父母官"，最直观的体现就是衙门即为州县的家，"当衙门和家（即管宅）并非划然相别的时候，州县的权力就如家长的权力，是一种自主的支配力量，更何况这种权力的基础是一种承载了如同父母的责任。当权力与责任混合在为人父母这一特定身份上时，州县的自主性不仅获得了道德上的正当，而且也变成了压力，多少显得沉重。"〔2〕因此，在传统文化里，法官不能仅仅以断案息讼为最终目的，还必须以维护礼教秩序、造福一方百姓为己任。如汪辉祖就曾明确指出了审判要注意教化百姓：

> 不知内衙听讼，止能平两造之争，无以耸旁观之听。大堂则堂以下，伫立而观者，不下数百人，止判一事，而事相类者，为是为非，皆可引申而旁达焉。未讼者可戒，已讼者可息。故挞一人，须反复开导，令晓然于受挞之故，则未受挞者，潜感默化。纵所断之狱，未必事事适惬人隐，亦既共见共闻，可无贝锦蝇玷之虞。且讼之为事大，既不离乎伦常日用，即断讼以申孝友睦姻之义，其为言易入，其为教易周。〔3〕

如今虽已时过境迁，但这种法律文化的基因似乎还残留在当下公众心里，并悄然发挥着作用。而实际上，近年来某些轰动案件的后续处理却为我们提供了某种启示。比如邓玉娇案后，邓玉娇的去向受到了很多人的关注，也得到了很好的处理（在电视台上班，领取省级财政工资，签的是无固定期限合同），没有再产生别的不良后果。〔4〕因此，我们需要给司法减压，法律的归法

---

〔1〕 参见〔德〕贝克、邓正来、沈国麟："风险社会与中国——与德国社会学家乌尔里希·贝克的对话"，载《社会学研究》2010年第5期。

〔2〕 里赞：《晚清州县诉讼中的审断问题——侧重四川南部县的实践》，法律出版社2010年版，第33~34页。

〔3〕 （清）汪辉祖：《学治臆说》卷上，《亲民在听讼》，收入《官箴书集成》（第2册），黄山书社出版社1997年版，第275页。

〔4〕 参见百度百科"邓玉娇案"，载 https://baike.baidu.com/item/%E9%82%93%E7%8E%89%E5%A8%87/5266994? fr=aladdin，最后访问日期：2015年5月8日。

院，而对于法律之外的，我们需要构建"一种开放、畅通的熔炉式利益表达和实现机制"[1]，比如社会团体，使少数获得尊重、安全和保护，使不同群体的利益获得有效实现和保障，实现多元利益的纵向沟通和横向协调，至少使得社会不满情绪获得一个新的发泄通道和抚慰途径，从而为建构起法律自身独立的理性空间和规则"领地"创造条件。

另外，布斯、伯克和米勒等的修辞学观点为我们理解所谓的"司法虚饰论"命题提供了新的启示。基于法官在判决书中陈述的判决理由根本不是其作出某一判决的真实根据（即判决理由与判决原因相分离）这样一种司法现象，司法虚饰论命题直接否定了判决书的真诚性，"说谎是司法活动的本质"[2]。有研究者认为，尽管学界也存在对司法虚饰论命题的反击，但由于反击者也采取同论敌一样的命题，即判决理由与判决原因一致，否则就是虚伪的，因而基本都比较无力。[3]

实际上，判决理由与判决原因的分离具有某种修辞学上的必然性。

首先，如上所述，任何文本都有一个隐含作者，不同于真实作者。我们在判决书中所能读到的判决理由，代表的只是隐含作者的声音，而并非真实作者的彻底披露，即判决原因的展示。与此类似，波斯纳在分析司法传记时指出，本质论传记暗含着每个人都有三重人格的心理，即第一层自我——"我们在努力同他人进行有利的商业或个人交易时呈现给这个世界的面目"，第二层自我——"我们对除了自己最亲密的人之外的所有人都隐藏的那些人格特征"以及本我——"产生前面两个更高层次自我的、那个包含着理解此

---

〔1〕　马长山：《国家、市民社会与法治》，商务印书馆 2002 年版，第 250 页。

〔2〕　Martin Shapiro, *Judges as Liars*, in Harvard Journal of Law and Public Policy 17, 1994, p. 156.

〔3〕　参见杨贝："论判决理由与判决原因的分离——从司法虚饰命题的批判开始"，载《"中国法律学术的社会构建及其方法"学术研讨会论文集》（上海，2014 年 9 月），第 379~388 页。杨贝基于判决原因与判决理由的四点差异认为二者是可分的：二者对应不同的哲学范畴——事实意义与规范意义；二者使用不同的评价标准——正确性与正当性；二者的功能不同——揭示判决成因与证成判决；二者源自不同的思维方式——法律论证与司法决定。并因此建议，应将判决原因从判决书中剥离出去，以让判决书更好地专注阐述判决理由。实际上，这一判断并非十分公允，焦宝乾很早就为判决理由与判决原因的分离（他称之为法的发现与证立之二分）寻找了哲学（尤其是科学哲学）上的依据，并指出这一划分对于维护司法决定客观性、确定法律论证的目标和范围有着重要意义。（焦宝乾："法的发现与证立"，载《法学研究》2005 年第 5 期）而原因和理由的关系也是近几十年哲学上行动理论中颇受关注的议题。参见陆丁："行动的理由与行动的原因"，载《同济大学学报（社会科学版）》2013 年第 5 期。

人及其著作的关键点的自我"。波斯纳认为，本我实际上就类似于一部文学作品的隐含作者，这是由传记作者而非其他的对象建构的。[1]

其次，修辞场景的转换，即实现不同的同一。判决理由的听众是当事人和公众，要实现的是对他们的有效说服；[2]而判决原因的听众则是法官自己，意在劝说自己做出某个判决。波斯纳认为，法官对他们如何决定案件不坦诚，许多法官宣称唯有正式法律文本影响他们的司法投票，而实际上，"明白事理的人知道，这就是说给公众听的；而真诚这么说的人则是自我愚弄"[3]。比如帕尔默继承案，厄尔法官的真实目的与判决原因无论"多么现实多么有说服力，如果不能装扮成一个'法律的理由'也无法派上用场"[4]，不能公开抛头露面。

再其次，从动机角度出发，二者也具有分离性。判决理由展现的是伯克修辞学的动机，这是一个语言学概念；而判决原因展现的则是作者的真实动机，这是一个心理学概念。对法官来说，这种真实动机很可能涉及了许多超出司法范围的考虑因素，比如对诉讼或对诉讼人的各种党派的和个人的反应，判决理由及其所反映的语言动机则通常不包含政策分析，即"大多数法官在处理棘手案件中实际使用的、尽管常常是未明示的推理过程"[5]。

最后，作品和作者之间只是第二种形式的重复。米勒认为："作家的自我并不是作品解释的根据，那根据……是另一个更真实的自我。这个自我是由作品创造的，这自我仅仅存在于作品之中，只有当作品与作家的'真实生活'分离时，它才存在。"[6]因此，判决原因与判决理由之间不是第一种形式的重复，二者具有本质的差异。"法律者，尤其是法官，虽然向外从制定法那里证

---

〔1〕 参见［美］理查德·A·波斯纳：《法律与文学》（增订版），李国庆译，中国政法大学出版社 2002 年版，第 480 页。

〔2〕 戈尔丁认为："法律说理不是在抽象中作说理，它是一种法官尝试使其判决正当化，并对败诉的一方和受其判决影响的社会大众说理的过程，因此法律说理应是社会说理的一种形式，其强度与社会上所能接受的法律论点和法律命题所决定。"廖义铭：《佩雷尔曼之新修辞学》，唐山出版社 1997 年版，第 315 页。

〔3〕 ［美］理查德·A·波斯纳：《波斯纳法官司法反思录》，苏力译，北京大学出版社 2014 年版，第 150 页。

〔4〕 桑本谦："法律解释的困境"，载《法学研究》2004 年第 5 期。

〔5〕 ［美］理查德·A·波斯纳：《法理学问题》，苏力译，中国政法大学出版社 2002 年版，第 168 页。

〔6〕 ［美］J. 希利斯·米勒：《小说与重复——七部英国小说》，王宏图译，天津人民出版社 2008 年版，第 14 页。

立他的具体的应然决定，并因此显得满足了执法的合制定法性原则，但是，经常发现，实际上是在大多数情况下，他的决定所依据的完全是另一种方式，即直觉地、本能地求助于是非感，实践理性，健全的人类理智（gesunder Menschenverstand）"[1]，主张心理学至上论的德国学者伊赛的这一论述清晰地表明了判决原因与判决理由并非简单的重复。

或许，从人性角度讲，判决理由与判决原因分离所代表的"谎言"还具有某种正当性与必然性。[2]电影《罗生门》曾说，"撒谎是人的本性，大多数时间里我们甚至不能对自己诚实。人们太脆弱所以才撒谎，甚至对自己撒谎"。而且，"在法律当中已经存在着足够的虚构。……那些由诉讼当事人和证人讲述的、被忠实记录下来的自私自利的、常常具有欺骗性的故事，它们能够出现在上诉法院的意见当中是因为它们被轻信的陪审员接受，或者出于程序或权宜原因而没有受到质疑"[3]。但也因此，无所谓谎言，因为"真相不是一个惟一的客观的结论，而是一个立体的丰富的耐人寻味的空间……所谓真相，不是他们用语言告诉你的所谓事实，而是他们通过描述所表达出来的这个民族中的男人、女人或者说不同阶层的隐秘的想法"[4]。

---

〔1〕　[德]卡尔·恩吉施：《法律思维导论》，郑永流译，法律出版社 2004 年版，第 51 页。

〔2〕　关于说谎可能是人性固有的部分的论述，可参见"人为什么要说谎"，载《广州日报》2009 年 10 月 30 日，第 B7 版。

〔3〕　[美]理查德·A·波斯纳：《法律与文学》（增订版），李国庆译，中国政法大学出版社 2002 年版，第 469~470 页。

〔4〕　魏智渊："罗生门，无人说谎"，载 http://blog.sina.com.cn/s/blog_ 4eaeff5b0102dx0a.html，最后访问日期：2015 年 11 月 26 日。也难怪凯瑟琳·麦金农强调，"我们时代的主要冲突是有关真正事实的冲突，其次才是关于事实的不同版本以及理解事实的各种方法的冲突"。MacKinnon, "Law's Stories as Reality and Politics", *Stories*: *Narratives and Rhetoric in the Law 14, 17* (Peter B Rrooks and Paul Gewirtz eds. 1996), p.235, 转引自 [美]理查德·A·波斯纳：《法律与文学》（增订版），李国庆译，中国政法大学出版社 2002 年版，第 470~471 页。

参考文献

一、译著＼文类

[1]［奥］弗洛伊德、布罗伊尔:《歇斯底里症研究》,金星明译,米娜贝尔出版社2000年版。

[2]［奥］西格蒙德·弗洛伊德:《图腾与禁忌》,文良文化译,中央编译出版社2015年版。

[3]［奥］西格蒙德·弗洛伊德:《自我与本我》,林尘等译,上海译文出版社2011年版。

[4]［比］马克·范·胡克:《法律的沟通之维》,孙国东译,刘坤轮校,法律出版社2008年版。

[5]［德］伯恩·魏德士:《法理学》,丁晓春、吴越译,法律出版社2007年版。

[6]［德］恩斯特·布洛赫:《希望的原理》(第一卷),梦海译,上海译文出版社2012年版。

[7]［德］弗里德里希·尼采:《古修辞学描述:外一种》,屠友祥译,上海人民出版社2001年版。

[8]［德］哈贝马斯:《公共领域的结构转型》,曹卫东等译,学林出版社1999年版。

[9]［德］黑格尔:《法哲学原理》,范扬、张企泰译,商务印书馆1961年版。

[10]［德］威廉·冯·洪堡特:《论人类语言结构的差异及其对人类精神发展的影响》,姚小平译,商务印书馆1999年版。

[11]［德］卡尔·恩吉施:《法律思维导论》,郑永流译,法律出版社2004年版。

[12]［美］A.L.考夫曼:《卡多佐》,张守东译,法律出版社2001年版。

[13]［德］拉德布鲁赫:《法学导论》,米健、朱林译,中国大百科全书出版社1997年版。

[14]［德］拉伦茨:《法学方法论》,陈爱娥译,商务印书馆2003年版。

[15]［德］伊丽莎白·诺尔-诺依曼:《沉默的螺旋:舆论——我们的社会皮肤》,董璐译,北京大学出版社2013年版。

[16]［法］E.杜尔干:《宗教生活的初级形式》,林宗锦、彭守义译,林耀华校,中央民

族大学出版社 1999 年版。

[17] ［法］E. 迪尔凯姆：《社会学方法的准则》，狄玉明译，商务印书馆 1995 年版。

[18] ［法］古斯塔夫·勒庞：《乌合之众——大众心理研究》，冯克利译，中央编译出版社 2000 年版。

[19] ［法］勒内·达维德：《当代主要法律体系》，漆竹生译，上海译文出版社 1986 年版。

[20] ［法］卢梭：《社会契约论》，何兆武译，商务印书馆 2003 年版。

[21] ［法］托克维尔：《论美国的民主》，董果良译，商务印书馆 1984 年版。

[22] ［古希腊］亚里士多德：《修辞学》，罗念生译，生活·读书·新知三联书店 1991 年版。

[23] ［加］马歇尔·麦克卢汉：《理解媒介：论人的延伸》，何道宽译，译林出版社 2011 年版。

[24] ［加］马歇尔·麦克卢汉：《麦克卢汉如是说：理解我》，斯蒂芬妮·麦克卢汉、戴维·斯坦斯编，何道宽译，中国人民大学出版社 2006 年版。

[25] ［美］理查德·A·波斯纳：《法律与文学》（增订版），李国庆译，中国政法大学出版社 2002 年版。

[26] ［美］苏珊·桑塔格：《论摄影》，黄灿然译，上海译文出版社 2008 年版。

[27] ［美］G.H·鲍尔、E·R·希尔加德：《学习论：学习活动的规律探索》，邵瑞珍等译，上海教育出版社 1987 年版。

[28] ［美］J. 希利斯·米勒：《小说与重复——七部英国小说》，王宏图译，天津人民出版社 2008 年版。

[29] ［美］L·A·珀文：《人格科学》，周榕等译，华东师范大学出版社 2001 年版。

[30] ［美］M·P·德里斯科尔：《学习心理学——面向教学的取向》（第三版），王小明等译，华东师范大学出版社 2008 年版。

[31] ［美］阿德里安·沃缪勒：《不确定状态下的裁判——法律解释的制度理论》，梁迎修、孟庆友译，北京大学出版社 2011 年版。

[32] ［美］安德瑞·马默：《解释与法律理论》，程朝阳译，中国政法大学出版社 2012 年版。

[33] ［美］E. 博登海默：《法理学——法哲学及其方法》，邓正来等译，华夏出版社 1987 年版。

[34] ［美］W. C. 布斯：《小说修辞学》，华明等译，北京大学出版社 1987 年版。

[35] ［美］韦恩·C. 布斯：《修辞的复兴：韦恩·布斯精粹》，穆雷等译，译林出版社 2009 年版。

[36] ［美］弗朗西斯·福山：《信任：社会美德与创造经济繁荣》，彭志华译，海南出版社 2001 年版。

[37] [美] 弗洛姆：《爱的艺术》，赵正国译，国际文化出版公司 2004 年版。

[38] [美] 凯斯·R. 桑斯坦：《恐惧的规则——超越预防原则》，王爱民译，张延祥校，北京大学出版社 2011 年版。

[39] [美] 劳伦斯·索伦：《法理词汇——法学院学生的工具箱》，王凌皞译，中国政法大学出版社 2010 年版。

[40] [美] 理查德·A·波斯纳：《波斯纳法官司法反思录》，苏力译，北京大学出版社 2014 年版。

[41] [美] 理查德·A·波斯纳：《超越法律》，苏力译，中国政法大学出版社 2001 年版。

[42] [美] 理查德·A·波斯纳：《法理学问题》，苏力译，中国政法大学出版社 2002 年版。

[43] [美] 利昂·费斯汀格：《20 世纪心理学通览：认知失调理论》，郑全全译，浙江教育出版社 1999 年版。

[44] [美] 罗杰·霍克：《改变心理学的 40 项研究》（第 5 版），白学军等译，人民邮电出版社 2010 年版。

[45] [美] 罗纳德·德沃金：《法律帝国》，李常青译，中国大百科全书出版社 1996 年版。

[46] [美] 马斯洛：《动机与人格》，许金声等译，华夏出版社 1987 年版。

[47] [美] 马斯洛：《马斯洛人本哲学》，成明编译，九州出版社 2003 年版。

[48] [美] 玛丽·安·格伦顿：《权利话语——穷途末路的政治言辞》，周威译，北京大学出版社 2006 年版。

[49] [美] 曼瑟尔·奥尔森：《集体行动的逻辑》，陈郁、郭宇峰、李崇新译，上海人民出版社 1995 年版。

[50] [美] 美国不列颠百科全书编著：《不列颠百科全书（国际中文版）》（第 14 卷），中国大百科全书出版社不列颠百科全书国际中文版编辑部译，中国大百科全书出版社 2002 年版。

[51] [美] 莫顿·亨特：《心理学的故事——源起与演变》，寒川子、张积模译，陕西师范大学出版总社有限公司 2013 年版。

[52] [美] 尼古拉斯·卡尔：《浅薄：互联网如何毒化了我们的大脑》，刘纯毅译，中信出版社 2010 年版。

[53] [美] 普赖斯：《传播概念·Public Opinion》，邵志择译，复旦大学出版社 2009 年版。

[54] [美] 沃尔特·李普曼：《公众舆论》，阎克文、江红译，上海人民出版社 2006 年版。

[55] [挪] G. 希尔贝克、N. 伊耶：《西方哲学史：从古希腊到二十世纪》，童世骏、郁振华、刘进译，上海译文出版社 2012 年版。

[56] [挪] 拉斯·史文德森：《恐惧的哲学》，范晶晶译，北京大学出版社 2010 年版。

[57] [日] 佐藤卓已：《舆论与世论》，汪平等译，南京大学出版社 2013 年版。

[58] [意] 恩里科·菲利：《实证派犯罪学》，郭建安译，中国人民公安大学出版社 2004

年版。

[59]［英］雷蒙·威廉斯:《文化与社会:1780-1950》,高晓玲译,吉林出版集团有限责任公司2011年版。

[60]［英］阿瑟·S.雷伯:《心理学词典》,李伯黍等译,上海译文出版社1996年版。

[61]［英］H.A.L.哈特:《法律的概念》,许家馨、李冠宜译,法律出版社2006年版。

[62]［英］霍布斯:《利维坦》,黎思复、黎廷弼译,商务印书馆1985年版。

[63]［英］洛克:《人类理解论》(上册),关文运译,商务印书馆1983年版。

[64]［英］麦考密克、［奥］魏因贝格尔:《制度法论》,周叶谦译,中国政法大学出版社2004年版。

[65]［英］尼尔·麦考密克:《修辞与法治:一种法律推理理论》,程朝阳、孙光宁译,程朝阳审校,北京大学出版社2014年版。

[66]［英］沙龙·汉森:《法律方法与法律推理》,李桂林译,武汉大学出版社2010年版。

[67]［英］休谟:《人性论》,关文运译,郑之骧注,商务印书馆2016年版。

二、著作类

[68] 蓝纯编著:《修辞学:理论与实践》,外语教学与研究出版社2010年版。

[69] 常怡主编:《民事诉讼法学》,中国政法大学出版社2013年版。

[70] 陈金钊、焦宝乾:《中国法律方法论研究报告》,北京大学出版社2012年版。

[71] 陈金钊:《法治思维及其法律修辞方法》,法律出版社2013年版。

[72] 陈金钊等:《法律解释学》,中国政法大学出版社2006年版。

[73] 陈力丹:《舆论学——舆论导向研究》,中国广播电视出版社1999年版。

[74] 陈弱水:《公共意识与中国文化》,新星出版社2006年版。

[75] 陈望道:《修辞学发凡》,上海教育出版社1982年版。

[76] 程世寿:《公共舆论学》,华中科技大学出版社2003年版。

[77] 楚渔:《中国人的思维批判》,人民出版社2011年版。

[78] 邓志勇:《修辞理论与修辞哲学——关于修辞学泰斗肯尼思·伯克研究》,学林出版社2011年版。

[79] 高宣扬编著:《弗洛伊德传》,作家出版社1986年版。

[80] 何海波:《实质法治:寻求行政判决的合法性》,法律出版社2009年版。

[81] 罗豪才主编:《行政法论丛》(第6卷),法律出版社2003年版。

[82] 胡曙中:《西方新修辞学概论》,湘潭大学出版社2009年版。

[83] 胡曙中:《英汉传媒话语修辞对比研究》,郑州大学出版社2007年版。

[84] 胡曙中:《英汉修辞比较研究》,上海外语教育出版社1993年版。

[85] 怀效锋点校:《大明律》,法律出版社1999年版。

[86] 江伟主编：《民事诉讼法学原理》，中国人民大学出版社 1999 年版。

[87] 焦宝乾等：《法律修辞学导论——司法视角的探讨》，山东人民出版社 2012 年版。

[88] 鞠玉梅：《社会认知修辞学：理论与实践》，外语教学与研究出版社 2011 年版。

[89] 李桂林、徐爱国：《分析实证主义法学》，武汉大学出版社 2000 年版。

[90] 刘建明、纪忠慧、王莉丽：《舆论学概论》，中国传媒大学出版社 2009 年版。

[91] 刘建明：《基础舆论学》，中国人民大学出版社 1988 年版。

[92] 刘星：《西方法学初步》，广东人民出版社 1998 年版。

[93] 刘燕：《法庭上的修辞：案件事实叙事研究》，光明日报出版社 2013 年版。

[94] 刘亚猛：《追求象征的力量：关于西方修辞思想的思考》，生活·读书·新知三联书店 2004 年版。

[95] 马长山：《国家、市民社会与法治》，商务印书馆 2002 年版。

[96] 马立诚：《当代中国八种社会思潮》，社会科学文献出版社 2012 年版。

[97] 倪宝元主编：《大学修辞》，上海教育出版社 1994 年版。

[98] 李树德、冯奇：《英语修辞简明教程》，复旦大学出版社 2006 年版。

[99] 李松：《中国社会病》，华夏出版社 2013 年版。

[100] 王俊秀、杨宜晋主编：《2011 年中国社会心态研究报告》，社会科学文献出版社 2011 年版。

[101] 里赞：《晚清州县诉讼中的审断问题——侧重四川南部县的实践》，法律出版社 2010 年版。

[102] 郭建：《帝国缩影——中国历史上的衙门》，上海学林出版社 1999 年版。

[103] 廖义铭：《佩雷尔曼之新修辞学》，唐山出版社 1997 年版。

[104] 余友辉：《修辞学、哲学与古典政治——古典政治话语的修辞学研究》，中国社会科学出版社 2010 年版。

[105] 张纯辉：《司法判决书可接受性的修辞研究》，法律出版社 2012 年版。

[106] 张晋藩主编：《中国司法制度史》，人民法院出版社 2004 年版。

[107] 张维迎：《信息、信任与法律》（第 2 版），生活·读书·新知三联书店 2003 年版。

[108] 张文显主编：《法理学》，法律出版社 2007 年版。

[109] 赵震江主编：《法律社会学》，北京大学出版社 1998 年版。

[110] 郑成良主编：《法理学》，清华大学出版社 2008 年版。

[111] 周云之主编：《中国逻辑史》，山西教育出版社 2004 年版。

[112] 朱景文：《现代西方法社会学》，法律出版社 1994 年版。

[113] 中华人民共和国最高人民法院刑事审判第一庭主编：《刑事审判参考》（第 6 辑），法律出版社 2000 年版。

[114] 《大清律例·诉讼·越诉》条例。

［115］ 徐向红：《现代舆论学》，中国国际广播出版社 1991 年版。

［116］ 韩秀桃：《司法独立与近代中国》，清华大学出版社 2003 年版。

［117］ 赵刚：《公开与公平的博弈——美国最高法院如何平衡新闻自由与审判公正》，法律出版社 2012 年版。

［118］ （清）汪辉祖：《学治臆说》卷上，《亲民在听讼》，收入《官箴书集成》（第 2 册），黄山书社出版社 1997 年版。

［119］ 陶希圣：《清代州县衙门刑事审案制度及程序》，台北食货出版社有限公司 1972 年版。

［120］ 田涛、郑秦点校：《大清律例》，法律出版社 1999 年版。

［121］ 童庆炳主编：《文学理论教程》（第四版），高等教育出版社 2008 年版。

［122］ 王苹：《汉语修辞与文化》，浙江大学出版社 2007 年版。

［123］ 王泽鉴：《法律思维与民法实例：请求权基础理论体系》，中国政法大学出版社 2001 年版。

［124］ 吴礼权：《修辞心理学》，暨南大学出版社 2013 年版。

［125］ 吴思：《血酬定律：中国历史中的生存游戏》，语文出版社 2009 年版。

［126］ 徐忠明、杜金：《传播与阅读：明清法律知识史》，北京大学出版社 2012 年版。

［127］ 谢晖：《法律的意义追问——诠释学视野中的法哲学》，商务印书馆 2003 年版。

［128］ 谢新洲主编：《舆论引擎：网络事件透视》，北京大学出版社 2013 年版。

［129］ 徐忠明：《案例、故事与明清时期的司法文化》，法律出版社 2006 年版。

［130］ 许文濬：《清末民初的县衙记录：塔景亭案牍》，俞江点校，北京大学出版社 2007 年版。

［131］ 杨仁寿：《法学方法论》，中国政法大学出版社 2013 年版。

［132］ 时蓉华：《社会心理学》，浙江教育出版社 1998 年版。

［133］ 束定芳：《隐喻学研究》，上海外语教育出版社 2000 年版。

［134］ 苏力：《制度是如何形成的（增订版）》，北京大学出版社 2007 年版。

［135］ 孙科炎、程丽平：《沟通心理学》，中国电力出版社 2012 年版。

三、外文类

［136］ Aristotle. *Rhetoric*, Trans. W. Rhys Roberts, *Oxford*, 1924. —*this is the translation reproduced in the Modern Library edition of the Rhetoric and Poetics*, Trans. John H. Freese, Loeb Classical Library（Cambridge, Mass., 1947）, trans. Lane Cooper, Appleton- Century- Crofts paperback ed. New York, 1960.

［137］ Aristotle, *The Art of Rhetoric*, Trans. H. C. Lawson, Tancred. London：Penguin Books, 1991.

[138] Benjamin N. Cardozo, *The Nature of Judicial Process*, New Haven: Yale University Press, 1960.

[139] Black, Edwin. *Rhetoric Criticism: A Study in Method*, New York: The Macmillan Company, 1965.

[140] Blumer. H. , "Public Opinion and Public Opinion Polling", *American Sociological Review*, Vol. 13, No. 5. , 1948.

[141] Booth, Wayne. C. , The *Rhetoric of Fiction*, Chicago University Press, 1961.

[142] Burks D. M. , *Rhetoric, Philosophy and Literature: An Exploration.* West Lafayette: Purdue University Press, 1978.

[143] Campbell, A. and H. Schuman, *Racial Attitudes in Fifteen American Cities, in Supplemental Studies for the National Advisory Commission on Civil Disorders*, edited by National Advisory Commission on Civil Disorders, Washington, D. C. , U. S. Government Printing Office. 1968.

[144] Campbell, K. K. & Burkholder, *T. R. Critiques of Contemporary Rhetoric*, New York, Wadsworth Publishing Company, 1997.

[145] Cantril, H. , *Gauging Public Opinion*, Princeton, New Jersey: Princeton University Press, 1944.

[146] *Rhetorica ad Herennium*, Harry Capla, trans, Loeb Classical Library, Cambridge, Mass, 1954.

[147] Chaim Perelman, *The Idea of Justice and the Problem of Argument*, Routledge & University of Notre Dame Press, 1982.

[148] Christensen, Francis, "A Generative Rhetoric of the Paragraph", *College Composition and Communication*, 1965.

[149] Cicero, *De Inventione*; *De Optimo Genere Oratorum*, Topica, all three texts Trans. H. M. Hubbell, Loeb Classical Library. Cambridge, Mass. , 1949.

[150] Cicero, *De Oratore*, Books I and II Trans. E. W. Sutton and H. Rackham, Books III Trans. H. Rackham. 2 vols. Loeb Classical Library. Cambridge: Mass. 1942.

[151] Combs, Slovic, "Causes of Death: Biases Newspaper Coverage and Biased Judgments." *Journalism & Mass Communication Quarterly*, 1979 (56).

[152] Corbett, E. P. J. "The Rhetoric of the Open Hand and the Rhetoric of the Closed Fist", *College Composition and Communication*, 1969.

[153] Corbett, E. P. J. , *Classical Rhetoric for the Modern Student.* , Oxford University Press, 1965.

[154] D. S. Bailis, R. J. MacCoun, "Estimating Liability Risks with The Media as Your Guide:

A Content Analysis of Media Coverage of Tort Litigation", *Law and Human Behavior*, 1996 (20).

[155] D. W. Minar, "Public Opinion in the Perspective of Political Theory", *Western Political Quarterly*, Vol. 13, No. 1. , 1960.

[156] David L. Sills (ed), *International Encyclopedia of Social Sciences*, Vol. 7, the Macmillan Company, 1968.

[157] Ehninger, Douglas. *Contemporary Rhetoric: A Reader's Coursebook*, Glenview: Scott, Foresman & Company, 1972.

[158] English, C. and J. Ray, *Latin Americans Least Likely to Feel Safe Walking Alone at Night*, Washington, DC: Gallup. Poll Briefing, 2010.

[159] Eveline T. Feteris, *Fundamentals of Legal Argumentation*, A Survey of Theories on theJustification of Judicial Decisions, Kluwer Academic Publishers, 1999.

[160] F. R. Leavis, *Mass Civilization and Minority Culture. Cambridge*, Minority Press, 1930.

[161] Flanagan, T. J. , "Guest Editor's Comments", *Journal of Research in Crime and Delinquency.* 1988 (25).

[162] Garber, "Product Liability, Punitive Damages, Business Decisions and Economic Outcomes", *Wisconsin Law Review*, 1998 (11).

[163] Garth Jowett & Victoria O' Donnell, *Propaganda and Persuasion*, London and Newbury Park, Sage Publications, 1992.

[164] Glenn F. Stillar, *Analyzing Everyday Texts: Discourse, Rhetoric and Social Perspectives*, Thousand Oaks, California: Sage Publications, 1998.

[165] Goode, E. "U. S. Prison Populations Continue a Decline, Reflecting New Approach to Crime", *New York Times*, July 26, 2013.

[166] Gordon Willard Allport, *Pattern and Growth in Personality*, Harcourt College Pub, 1961.

[167] Hans Kelsen, *Pure Theory of Law*. Berkeley: University of California Press, 1967.

[168] Hans Toch, Kathleen Maguire, "Public Opinion Regarding Crime, Criminal Justice, and Related Topics", *Journal of Research in Crime and Delinquency*, 2014 (4).

[169] Valerie P. Hans, Juliet L. Dee, "Media Coverage of Law: Its Impact on Juries and The Public", *American Behavioral Scientist*, 1991.

[170] Hindelang, M. J. , "Public Opinion Regarding Crime, Criminal Justice, and Related Topics", *Journal of Research in Crime and Delinquency*, 1974 (11).

[171] I. A. Richards, *The Philosophy of Rhetoric*, New York: Oxford University Press, 1936.

[172] I. A. Richards, *Principles of Literary Criticism*, London: Routledge & Kegan Paul, 1924.

[173] James E. Herget, *Contemporary German Legal Philosophy*, University of Pennsylvania

Press, 1996.

[174] James Phelan, *Living to Tell about It*, Ithaca: Cornell Univ. Press, 2004.

[175] Jerzy Stelmach, Brozek Bartosz, *Methods of Legal Reasoning*, Dordrecht: Springer, 2006.

[176] J. K. Robbennolt, C. A. Studebaber, "News Media Reporting on Civil Litigation and Its Influence on Civil Justice Decision Making", *Law and Human Behavior*, 2003 (1).

[177] Kelly, G. A., *The Psychology of Personal Constructs: A Theory of Personality* (2 *vols*), New York: Norton.

[178] Kenneth Burke, *Permanence and Change*, New York: New Republic, Inc, 1935.

[179] Kenneth Burke, *A Rhetoric of Motives*, New York: Prentice- Hall, 1950.

[180] Kenneth Burke, *CounterStatement*, Los Altos, California: Hermes Publications, 1931.

[181] Kenneth Burke, *Language as Symbolic Action: Essays on Life, Literature and Method*, Berkeley: University of California Press, 1966.

[182] Kenneth Burke, *A Grammar of Motives*, University of California Press, 1945.

[183] Kenneth Burke, *Attitudes Toward History*, Los Altos, California: Hermes Publications. 1937.

[184] Kenneth Burke, *On Human Nature: A Gathering While Everything Flows* (*Ed. William H. Rueckert and Angelo Bonadonna*), Berkeley: University of California Press, 2003.

[185] Kenneth Burke, *The Philosophy of Literary Form: Studies in Symbolic Action*, Baton Rouge: Louisiana State University Press, 1941.

[186] Kenneth Burke, *The Rhetoric of Religion: Studies in Logology*, Berkeley: University of California Press, 1961.

[187] Key, V. O. Jr., *Public Opinion and American Democracy*, New York: Knopf, 1961.

[188] L. Wilkins, Patterson, "Risk Analysis andThe Construction of News", *Journal of Communication*, 1987 (37).

[189] George Lakoff, Mark Johnson, *Metaphors We Live By*, Chicago: The University of Chicago Press, 1980.

[190] George Lakoff, Mark Johnson, *Philosophy in the Fresh-The Embodied Mind and Its Challenge to Western Thought*, New York: Basic Books, 1999.

[191] Lepper, M. R., D. Greene, eds, *The Hidden Costs of Reward: New Perspectives on the Psychology of Human Motivation*, Psychology Press, 1978.

[192] John Lucaites, Celeste M. Condit, Sally Caudill, *Contemporary Rhetorical Theory: A Reader*, New York: The Guiford Press, 1999.

[193] Maguire, K. and A. L. Pastore., eds. *Sourcebook of Criminal Justice Statistics*, 1994. Washington, DC: Department of Justice, Bureau of Justice Statistics, USG-

PO. 1995.

[194] Maguire K. , ed. , "Sourcebook of Criminal Justice Statistics Online", 载 http://www.albany. edu/sourcebook/.

[195] Martin Shapiro, Judges as Liars, in Harvard Journal of Law and Public Policy 17, 1994.

[196] McLuhan, Marshall, *The Gutenberg Galaxy: The Making of Typographic Man*, University of Toronto Press, 1962.

[197] Michael F. Colley, "Friendly Persuasion: Gaining Attention, Comprehension and Acceptance in Court", *Trial*, 1981.

[198] Michael F. Salamone, "Judicial Consensus and Public Opinion: Conditional Response to Supreme Court Majority Size", *Political Research Quarterly*, 2014 (2).

[199] Micheal A. Overington, "Kenneth Burke as Social Theorist", *Theory and Society*, Vol. 4, No. 1. , 1997.

[200] Michel Foucault, "Prison Talk" . *In Power/Knowledge*, *ed. by C. Gordon*, New York: Pantheon Books, 1980.

[201] Ortony, *A.* , *Metaphor and Thought*, Cambridge: Cambridge University Press, 1979.

[202] P. H. Robinson, Darley. J. M, "The Utility of Desert", *Northwestern University Law Review*, 1997 (91).

[203] Quintilian, *Institutio Oratoria*, Trans. H. E. Butler, vols. , Loeb Classical Library. London, 1920.

[204] Richards, I. A. , *The Philosophy of Rhetoric*, New York: Oxford University Press, 1936.

[205] Roger Scruton, *A Dictionary of Political Thought*, Macmillan Press Ltd. , 1982.

[206] Basil Hatim, Mason Lan, *Discourse and the Translator*, Shanghai Foreign Language Press, 2001.

[207] John W. Cooley, "A Classical Approach to Mediation-Part I: Classical Rhetoric and the Art of Persuasion in mediation", *University of Dayton Law Review*, 1993-1994.

[208] Julius Stone, *Legal System and lawyers' Reasonings*, Stanford University Press, 1964.

[209] W. Labov. , *Language in the Inner City: Studies in the Black English Vernacular*, University of Pennsylvania, 1972.

[210] Tice D. M. , "Esteern protection or enhancement? Self-handicapping motives and attributions differ by trait self-esteern", *Journal of Personality and Social Psychology*, 1991 (60).

[211] Seymour Chatman, *Story and Discourse: Narrative Structure in Fiction and Film*, Ithaca: Cornell University Press, 1989.

[212] Stephen E. Toulmin, *Return to Reason*, Cambridge, Massachusetts: Harvard University Press,

2001.

［213］Stephen E. Toulmin, *The Uses of Argument*, Cambridge：Cambridge University Press, 1958.

［214］Steven Shavell, "the Appeals Process as A Means of Error Correction", *The Journal of Legal studies*, 1995.

［215］Swann, W. B., Jr., Rentfrow, P. L., Guinn, J. "Self-verification：The search for coherence", in M. Leary and J. Tagney, *New York*：*Handbook of Selfand Identity Guilford*, *The Guilford Press*, 2002.

［216］Hans Toch, "Attitudes of the 'Fifty Plus' Age Group：Preliminary Considerations toward a Longitudinal Survey", *Public Opinion Quarterly*, 1953（17）.

［217］Toch, H., *Cop Watch*：*Spectators, Social Media and Police Reform*, Washington, D. C.：American Psychological Association, 2012.

［218］Urbina I., "Blacks are Singled Out for Marijuana Arrests, Federal Data Suggests", *New York Times*, and ACLU（American Civil Liberties Union）, "New ACLU Report Finds Overwhelming Racial Bias in Marijuana Arrests." Retrieved November 6（2013）.

［219］Wayne C. Booth, "Distance and Point-of-view：An Essay in Classification", *in The Theory of the Novel. Ed.*, *Philip Stevick*. New York：The Free Press, 1967.

［220］Wilhelm Max Wundt, *Elements of Folk Psychology*, *Outlines of A Psychological History of the Development of Mankind*, London：Routledge, 2003.

［221］Young R. E., A. L. Becker & *C. L.*, *Pike Rhetoric*：*Discovery and Change*, New York：Harcourt, College Pub Press, 1970.

［222］Zimmerman S. E., D. J. van Alstyne, C. S. Dunn, "The National Punishment Survey and Public Policy Consequences", *Journal of Research in Crime and Delinquency*, 1988.

［223］Zink, James R., James F. Spriggs, John T. Scott, "Courting the Public：The Influence of Decision Attributes on Individuals Views of Court Opinions", *Journal of Politics*, 2009（3）.

四、期刊\报纸类

［224］曹林："讲理精神的缺失"，载《领导荟萃》2013年第4期。

［225］曹晟旻："逻辑的限制：法律修辞正当性的实现"，载《法律适用》2012年第12期。

［226］陈德中："国家通过强制说理体系分配社会善"，载《中国社会科学报》2014年9月19日，第B1版。

［227］陈刚："我国民事上诉法院审级职能再认识"，载《中国法学》2009年第1期。

［228］陈金钊："把法律作为修辞——法治时代的思维特征"，载《求是学刊》2012年第

3 期。

[229] 陈金钊："把法律作为修辞——认真对待法律话语"，载《山东大学学报（哲学社会科学版）》2012 年第 1 期。

[230] 陈金钊："法律解释规则及其运用研究（上）——法律解释规则的含义与问题意识"，载《政法论丛》2013 年第 3 期。

[231] 陈金钊："法律解释学的转向与实用法学的第三条道路"，载郑永流主编：《法哲学与法社会学论丛》（第 4 卷），中国政法大学出版社 2001 年版。

[232] 陈金钊："法律修辞（学）与法律方法论"，载《西部法学评论》2010 年第 1 期。

[233] 陈金钊："解决'疑难案件'的法律修辞方法——以交通肇事连环案为研究对象的诠释"，载《现代法学》2013 年第 5 期。

[234] 陈林林："公众意见在裁判结构中的地位"，载《法学研究》2012 年第 1 期。

[235] 陈汝东："国家修辞，国家实力较量的另一'战场'"，载《社会科学报》2011 年 9 月 8 日，第 5 版。

[236] 陈锐："唐代判词中的法意、逻辑与修辞——以《文苑英华·刑狱门》为中心的考察"，载《现代法学》2013 年第 4 期。

[237] 陈瑞华："对两审终审制的反思——从刑事诉讼角度的分析"，载《法学》1999 年第 12 期。

[238] 陈曦："法律修辞的理性建构"，载《社会科学家》2014 年第 8 期。

[239] 陈叶军："有温度的政治传播话语才能入耳入心"，载《中国社会科学报》2014 年 10 月 15 日，第 A1 版。

[240] 程朝阳："法庭调解语言中的修辞技艺探析——以亚里士多德的古典修辞学思想为线索"，载《北方法学》2014 年第 4 期。

[241] 戴津伟："法律修辞的功能及隐患"，载《求是学刊》2012 年第 3 期。

[242] 杜军强："法律原则、修辞论证与情理——对清代司法判决中'情理'的一种解释"，载《华东政法大学学报》2014 年第 6 期。

[243] 段双全："运用桑代克联结理论谈语文阅读教学的有效性"，载《河北师范大学学报（教育科学版）》2010 年第 6 期。

[244] 傅郁林："审级制度的建构原理——从民事程序视角的比较分析"，载《中国社会科学》2002 年第 4 期。

[245] 耿莉："基层司法中的第三类理性——以'规则之治'与'纠纷解决'为视角"，载《法律适用》2008 年第 10 期。

[246] 顾培东："公众判意的法理解析——对许霆案的延伸思考"，载《中国法学》2008 年第 4 期。

[247] 管伟："论中国古代判词说理性修辞的意蕴及其价值趋向——以《名公书判清明集》

为例"，载《法律方法》2013 年第 1 期。

[248] 管伟："试论中国传统司法裁判中的修辞意蕴及其演进"，载《政法论丛》2012 年第 3 期。

[249] 郭道晖："论法意识与立法意识"，载《天津社会科学》1996 年第 4 期。

[250] 郭圣莉、王兴："单位化村庄：合作经济模式下的村庄治理结构——基于江苏省中部 L 村的个案"，载《华东理工大学学报（社会科学版）》2011 年第 4 期。

[251] 韩成军："论法律解释的原因"，载《政治与法律》2008 年第 3 期。

[252] 洪浩、陈虎："论判决的修辞"，载《北大法律评论》编辑委员会编：《北大法律评论》（第 5 卷第 2 辑），法律出版社 2004 年版。

[253] 侯学勇、杨颖："法律修辞在中国兴起的背景及其在司法审判中的作用"，载《政法论丛》2012 年第 4 期。

[254] 侯学勇、郑宏雁："我国法院与媒体关系交恶的修辞学分析——以媒体为听众的视角"，载《东方法学》2012 年第 5 期。

[255] 侯学勇："法律修辞如何在司法中发挥作用？"，载《浙江社会科学》2012 年第 8 期。

[256] 侯学勇："解决纠纷还是培养规则意识——法律修辞在司法中的作用定位"，载《法商研究》2013 年第 2 期。

[257] 侯学勇："司法调解中的法官修辞及其对司法公信力的影响"，载《法律科学（西北政法大学学报）》2014 年第 1 期。

[258] 辉格："网络把我们变傻了吗"，载《长江日报》2015 年 1 月 13 日，第 12 版。

[259] 季卫东："'应然'与'实然'的制度性结合"，载 [英] 麦考密克、[奥] 魏因贝格尔：《制度法论》，周叶谦译，中国政法大学出版社 2004 年版。

[260] 季卫东："法律程序的形式性与实质性——以对程度理论的批判和批判理论的程序化为线索"，载《北京大学学报（哲学社会科学版）》2006 年第 1 期。

[261] 季卫东："法律解释的真谛（上）——探索实用法学的第三道路"，载《中外法学》1998 年第 6 期。

[262] 季卫东："新媒体时代的司法与公共舆论"，载《新媒体与社会》2013 年第 4 期。

[263] 季卫东："'舆论审判'的陷阱"，载《浙江人大》2011 年第 12 期。

[264] 季卫东："舆情的裂变与操纵"，载《财经》2008 年第 22 期。

[265] 江德斌："跳出娱乐思维看李天一轮奸案"，载《基础教育论坛》2013 年第 12 期。

[266] 蒋先福、陈媛："中国古代判词的伦理化倾向及其可能的效用"，载《时代法学》2008 年第 6 期。

[267] 焦宝乾："法的发现与证立"，载《法学研究》2005 年第 5 期。

[268] 焦宝乾："逻辑、修辞与对话：法律论证的方法"，载《厦门大学法律评论》2005

年第 2 期。

[269] 焦宝乾："逻辑与修辞：一对法学研究范式的中西考察"，载《中国法学》2014 年第 6 期。

[270] 焦宝乾："司法中的法律修辞：国内研究述评"，载《法治研究》2012 年第 1 期。

[271] 焦宝乾："修辞方法及其在法律论证中的作用探讨"，载陈金钊、谢晖主编：《法律方法》（第 7 卷），山东人民出版社 2008 年版。

[272] 孔洪刚："涉诉舆论传播机制探析——基于发生学意义上的考察"，载《当代传播》2013 年第 5 期。

[273] 寇福明、高彩凤："从体验哲学角度探讨谚语语义生成的认知理据"，载《外国语文》2013 年第 2 期。

[274] 雷冬梅："鲁迅小说的重复艺术探赏"，载《语文教学与研究》2010 年第 4 期。

[275] 雷磊："法律论证何以可能？——与桑本谦先生商榷法律论证理论的基本问题"，载《政法论坛》2008 年第 4 期。

[276] 李利军、李艳丽："我国民事诉讼审级制度初探"，载《河北法学》2001 年第 6 期。

[277] 李晟："社会变迁中的法律修辞变化"，载《法学家》2013 年第 1 期。

[278] 李晟："法律修辞学研究的新进展"，载《中国社会科学院研究生院学报》2012 年第 2 期。

[279] 李晓辉："理性认识'中国问题'：从比较法出发的考察"，载《比较法研究》2012 年第 2 期。

[280] 李秀芬："构建法律修辞学理论体系刍议"，载《山东社会科学》2013 年第 1 期。

[281] 李艳梅、付建斌："自我增强与自我验证"，载《心理学动态》1996 年第 3 期。

[282] 李卓："患上影像瘾的时代"，载《社会科学报》2014 年 7 月 17 日，第 6 版。

[283] 陈金钊："把法律作为修辞——讲法说理的意义及其艺术"，载《扬州大学学报（人文社会科学版）》2012 年第 2 期。

[284] "农民工王斌余的生死挣扎"，载《宁夏日报》2005 年 8 月 12 日。

[285] "苏家无端引来灭门之灾"，载《宁夏日报》2005 年 5 月 13 日。

[286] 陈金钊："用法治思维抑制权力的傲慢"，载《河南财经政法大学学报》2013 年第 2 期。

[287] 李晟："修辞视角中的'思想自由市场'及其影响"，载《华东政法大学学报》2014 年第 2 期。

[288] 梁慧星："论法律解释方法"，载《比较法研究》1993 年第 1 期。

[289] 廖美珍："法庭审判话语框架分析"，载《当代修辞学》2012 年第 6 期。

[290] 林去病："利用逻辑进行修辞"，载《厦门大学学报（哲学社会科学版）》1993 年第 4 期。

[291] 凌斌："当代中国法治实践中的'法民关系'"，载《中国社会科学》2013 年第 1 期。

[292] 刘君："网络言论与网络舆论导向"，第五届全国因特网与音视频广播发展研讨会会议论文，海南，2005 年 4 月。

[293] 刘远举："中国会出现'劣质民主陷阱'吗?"，载《领导荟萃》2013 年第 2 期。

[294] 刘臻："全球近四分之一语言濒临消亡"，载《中国社会科学报》2014 年 10 月 20 日，第 A8 版。

[295] 刘正光："《体验哲学—体验心智及其对西方思想的挑战》述介"，载《外语教学与研究》2001 年第 6 期。

[296] 卢芸蓉："类比推理的论证性"，载《河北理工大学学报（社会科学版）》2011 年第 5 期。

[297] 陆丁："行动的理由与行动的原因"，载《同济大学学报（社会科学版）》2013 年第 5 期。

[298] 陆洲："通过法律修辞的司法正义"，载《法律方法》2013 年第 1 期。

[299] 吕玉赞："论法律修辞规则的构造"，载陈金钊、谢晖主编:《法律方法》（第 16 卷），山东人民出版社 2014 年版。

[300] 罗桂花、廖美珍："法庭互动中的回声问研究"，载《现代外语》2012 年第 4 期。

[301] 罗薇："涉诉民意与当前司法应对"，载《湘潭大学学报（哲学社会科学版）》2014 年第 1 期。

[302] 罗智敏："从邓玉娇案看民众'干预'司法的若干问题"，载《比较法研究》2009 年第 6 期。

[303] 马瑞香："哲学研究的新维度——西方体验哲学"，载《国外理论动态》2011 年第 8 期。

[304] 马玉君："真理和体验哲学"，载《人文杂志》2007 年第 5 期。

[305] 毛莉："精准传播是提升国际传播效果的关键——访中国传媒大学副校长胡正荣"，载《中国社会科学报》2014 年 9 月 17 日，第 A4 版。

[306] 聂长建："孔子的法律修辞学研究"，载《西北师大学报（社会科学版）》2012 年第 6 期。

[307] 彭中礼："真理与修辞：基于苏格拉底审判的反思"，载《法律方法》2014 年第 2 期。

[308] 邱昭继："法律中的可辩驳推理"，载《法律科学·西北政法学院学报》2005 年第 4 期。

[309] 桑本谦："'标杆'？还是'警示牌'？——解读云南省高院改判李昌奎案引发的舆论风暴"，载陈兴良主编:《刑事法判解》，北京大学出版社 2012 年版。

[310] 桑本谦："报复的激情"，载《博览群书》2006 年第 2 期。

[311] 桑本谦："法律解释的困境"，载《法学研究》2004 年第 5 期。

[312] 桑本谦："草率的言论和粗暴的批评：从'7.16 微博事件'看法学研究的教条化"，载《法学评论》2014 年第 1 期。

[313] 沈寨："法律中修辞滥用的防范与限制研究——对几种进路的述评"，载陈金钊、谢晖主编：《法律方法》（第 12 卷），山东人民出版社 2012 年版。

[314] 沈寨："中国法律修辞（学）研究之反思"，载《北方法学》2012 年第 1 期。

[315] 沈宗灵："佩雷尔曼的'新修辞学'法律思想"，载《法学研究》1983 年第 5 期。

[316] 盛晓白："网络经济与边际效用递增"，载《商业时代》2003 年第 10 期。

[317] 史彤彪："法律的比喻赏析和研究"，载《政治与法律》2011 年第 8 期。

[318] 疏义红："法律解释方法的发现与归类"，载《法商研究》2004 年第 2 期。

[319] 舒国滢："追问古代修辞学与法学论证技术之关系"，载《法学》2012 年第 9 期。

[320] 宋保振："法律可接受性的修辞表达——以逻辑视角为切入点"，载《山东青年政治学院学报》2013 年第 3 期。

[321] 宋保振："法律修辞方法的辨法析理艺术"，载《黄海学术论坛》2012 年第 2 期。

[322] 宋旭光："法学视角的图尔敏论证理论"，载《法制与社会发展》2014 年第 1 期。

[323] 苏力："《波斯纳文丛》总译序"，载《环球法律评论》2001 年第 4 期。

[324] 苏力："从药家鑫案看刑罚的殃及效果和罪责自负——纪念《法学》复刊 30 周年·名家论坛（一）"，载《法学》2011 年第 6 期。

[325] 苏力："法律如何信仰——《法律与宗教》读后"，载《四川大学学报（哲学社会科学版）》1999 年（增刊）。

[326] 苏力："法条主义、民意与难办案件"，载《中外法学》2009 年第 1 期。

[327] 苏力："福柯的刑罚史研究及对法学的贡献"，载《比较法研究》1993 年第 2 期。

[328] 苏力："解释的难题：对几种法律文本解释方法的追问"，载《中国社会科学》1997 年第 4 期。

[329] 苏力："司法的边界"，载《法制资讯》2009 年第 11 期。

[330] 苏力："修辞学的政法家门"，载《开放时代》2011 年第 2 期。

[331] 孙光宁、焦宝乾："法律方法论实践特征的提升——2012 年中国法律方法论研究学术报告"，载《山东大学学报（哲学社会科学版）》2013 年第 3 期。

[332] 孙光宁、焦宝乾："法律体系形成后的研究转向——2011 年中国法律方法论研究学术报告"，载《山东大学学报（哲学社会科学版）》2012 年第 2 期。

[333] 孙笑侠："公案的民意、主题与信息对称"，载《中国法学》2010 年第 3 期。

[334] 孙笑侠："公案及其背景——透视转型期司法中的民意"，载《浙江社会科学》2010 年第 3 期。

[335] 孙笑侠：“司法的政治力学——民众、媒体、为政者、当事人与司法官的关系分析”，载《中国法学》2011 年第 2 期。

[336] 孙毅：“两代认知科学的分水岭——体验哲学寻绎”，载《宁夏社会科学》2012 年第 3 期。

[337] 孙英哲：“司法强拆的法律修辞学解读”，载《山西师大学报（社会科学版）》2012 年第 6 期。

[338] 谭君强：“‘视点’与思想：可靠的叙述者与不可靠叙述者”，载《创作评谭》2005 年第 2 期。

[339] 田荔枝：“清末民初判决修辞的理性化取向”，载《山东大学学报（哲学社会科学版）》2013 年第 2 期。

[340] 童兵：“‘民意中国’的破题——兼议民意及其特征”，载《南京社会科学》2014 年第 3 期。

[341] 王彬：“法律修辞学的源流与旨趣”，载《北方法学》2013 年第 1 期。

[342] 王超：“虚置的程序 对刑事二审功能的实践分析”，载《中外法学》2007 年第 2 期。

[343] 王馥芳：“话语权力：社会改善的重要力量”，载《社会科学报》2014 年 7 月 31 日，第 5 版。

[344] 王高贺：“民意的厘清与界定”，载《天府新论》2013 年第 2 期。

[345] 王晋：“法庭活动的戏剧之维”，载《研究生法学》2005 年第 1 期。

[346] 王寅：“Lakoff&Johnson 笔下的认知语言学”，载《外国语》2001 年第 4 期。

[347] 王寅：“体验哲学：一种新的哲学理论”，载《哲学动态》2003 年第 7 期。

[348] 王寅：“体验哲学探源”，载《外国语文》2010 年第 6 期。

[349] 王寅：“中西学者对体验哲学的论述对比初探”，载《外语与外语教学》2004 年第 10 期。

[350] 王锃、鲁忠义：“道德概念的垂直空间隐喻及其对认知的影响”，载《心理学报》2013 年第 5 期。

[351] 魏胜强：“法律修辞：展示法治思维的晴雨表”，载《郑州大学学报（哲学社会科学版）》2014 年第 4 期。

[352] 吴丙新：“正义直观、政治话语与法学修辞——以‘7·16 微博事件’为例”，载《山东社会科学》2014 年第 7 期。

[353] 吴春雷、孙丽华：“论立法语言模糊修辞的功能——以《中华人民共和国刑法》为考察对象”，载《甘肃理论学刊》2013 年第 1 期。

[354] 吴情树：“形式法治与实质法治”，载《检察日报》（学术版）2011 年 2 月 10 日，第 3 版。

[355] 武飞、门潇洪：“法官话语的修辞学意义”，载《法律方法》2013 年第 1 期。

［356］武飞："法律修辞：司法民主的职业化进路"，载《深圳大学学报（人文社会科学版）》2014年第1期。

［357］夏丹、廖美珍："民事审判话语中人称指示语的变异与身份建构"，载《华中师范大学学报（人文社会科学版）》2012年第2期。

［358］夏婷婷："论《龙筋凤髓判》中对案件事实的推理方法"，载《当代法学》2011年第1期。

［359］肖方："寻找舆论狂欢背后的法律理性"，载《法律与生活》2013年第6期。

［360］肖立辉："单位化背景下的乡村关系——杨村调查"，载《北京行政学院学报》2002年第1期。

［361］肖瑛、李晓华："涂尔干的人类学研究及其社会学旨趣"，载《西南民族大学学报（人文社科版）》2004年第2期。

［362］谢晖："法理学：从宏大叙事到微观论证"，载《文史哲》2003年第4期。

［363］谢晖："法治预设与设问修辞——制度性修辞研究之三"，载《文史哲》2014年第2期。

［364］谢晖："汉语法学：语境、修辞与逻辑——一个方法论视角的论述"，载《哈尔滨工业大学学报（社会科学版）》2014年第2期。

［365］谢晖："论法律的逻辑命题与修辞命题——制度性修辞研究之四"，载《法学评论》2014年第3期。

［366］谢晖："论法律制度的修辞之维"，载《政法论坛》2012年第5期。

［367］谢晖："诗性、修辞与法律价值预设——制度修辞研究之二"，载《现代法学》2012年第5期。

［368］熊文聪："被误读的'思想/表达二分法'——以法律修辞学为视角的考察"，载《现代法学》2012年第6期。

［369］徐强："论重复的修辞意义"，载《贵州教育学院学报（社会科学）》2004年第3期。

［370］谢新竹："论判决的公众认同"，载公丕祥主编：《思考与探索我们走过的路》（上），载《法律适用》2007年第1期。

［371］徐忠明："传统中国乡民的法律意识与诉讼心态——以谚语为范围的文化史考察"，载《中国法学》2006年第6期。

［372］许德珩："关于'中华人民共和国人民法院暂行组织条例'的说明"，载《江西政报》1951年9月5日。

［373］杨贝："论判决理由与判决原因的分离——对司法虚饰论的批判"，载《清华法学》2016年第2期。

［374］杨贝："民主与法治的修辞学诉求"，载《文史哲》2012年第5期。

[375] 杨昌宇："当代中国法治进程中的文化阻滞力"，载《北方法学》2011 年第 5 期。

[376] 杨道宇："体验：人类生命的存在方式——基于体验的实践性与时间性分析"，载《北方论丛》2012 年第 4 期。

[377] 杨荣新、乔欣："重构我国民事诉讼审级制度的探讨"，载《中国法学》2001 年第 5 期。

[378] 姚喜明："政治与修辞学的兴衰"，载《四川外语学院学报》2002 年第 1 期。

[379] 于明："司法审级中的信息、组织与治理——从中国传统司法的'上控'与'审转'切入"，载《法学家》2011 年第 2 期。

[380] 于世刚："确定感、安全感、控制感——人的安全需要的三个层次"，载《社会心理科学》2011 年第 2 期。

[381] 于晓青："司法裁判中的法理与民意"，载《法商研究》2012 年第 5 期。

[382] 袁岳："说说那些不靠谱的'民意'"，载《知道日报》2014 年 3 月 31 日。

[383] 曾庆香："对'舆论'定义的商榷"，载《新闻与传播研究》2007 年第 4 期。

[384] 张斌峰、陈绍松："试论司法判决的合理可接受性——以修辞学为视角"，载《齐鲁学刊》2014 年第 1 期。

[385] 张传新："法律修辞与逻辑"，载《求是学刊》2012 年第 3 期。

[386] 张德淼、康兰平："法律修辞的司法运用：案件事实叙事研究"，载《中南民族大学学报（人文社会科学版）》2015 年第 2 期。

[387] 张国有："集体行为重复与信念共识的战略积淀"，载《企业文化》2007 年第 2 期。

[388] 张建伟："《孝经》写入判决书的法文化解读"，载《人民法院报》2010 年 7 月 23 日，第 5 版。

[389] 张青岭："解构批评家米勒小说'重复'论：兼论戴维·洛奇的'重复'及汉语中的复叠"，载《世界文学评论》2010 年第 2 期。

[390] 张翔："形式法治与法教义学"，载《法学研究》2012 年第 6 期。

[391] 周安平："涉诉舆论的面相与本相：十大经典案例分析"，载《中国法学》2013 年第 1 期。

[392] 周安平："许霆案的民意：按照大数法则的分析"，载《中外法学》2009 年第 1 期。

[393] 周国兴："审判如何回应民意——基于卢埃林情景感理论的考察"，载《法商研究》2013 年第 3 期。

[394] 周建军、董桂武："法律效果与社会效果：厘清概念再谈关系"，载《检察日报》2009 年 4 月 9 日，第 3 版。

[395] 周伦军："司法剧场化随想"，载《法人杂志》2004 年第 Z1 期。

[396] 周永坤："民意审判与审判元规则"，载《法学》2009 年第 8 期。

[397] 朱立恒、李辉："中国两审终审制的理论反思"，载《华东政法大学学报》2008 年

第 4 期。

[398] [比] Ch. 佩雷尔曼："法律与修辞学"，朱庆育译，戚渊校，载陈金钊、谢晖主编：《法律方法》（第 2 卷），山东人民出版社 2003 年版。

[399] [比] Ch. 佩雷尔曼："逻辑学与修辞学"，许毅力译，张兆梅校，载《哲学译丛》1988 年第 4 期。

[400] [美] 埃利诺·奥斯特罗姆："集体行动如何可能?"，石美静、熊万胜译，载《华东理工大学学报（社会科学版）》2010 年第 2 期。

[401] [美] 斯涛纳克尔："语用学"，黄师哲等译，载中国逻辑学会语言逻辑专业委员会、中国逻辑学会符号学专业委员会编译：《语用学与自然逻辑》，开明出版社1994 年版。

[402] [美] 沃尔特·约斯特："前言"，载 [美] 韦恩·C. 布斯：《修辞的复兴：韦恩·布斯精粹》，穆雷等译，译林出版社 2009 年版。

[403] [美] 詹姆斯·博伊德·怀特："作为修辞之法律，作为法律之修辞：文化和社群生活之艺术"，程朝阳译，载陈金钊、谢晖主编：《法律方法》（第 11 卷），山东人民出版社 2011 年版。

五、学位论文类

[404] 华晴："自尊对人际互动中自我确认倾向的影响研究"，南京师范大学 2009 年硕士学位论文。

[405] 刘兵："作为修辞的法律——法律的修辞性质与方法研究"，中国政法大学 2011 年博士学位论文。

[406] 刘春波："舆论引导论"，武汉大学 2013 年博士学位论文。

[407] 刘李明："社会舆论的司法意蕴分析"，吉林大学 2012 年博士学位论文。

[408] 罗娟："网络舆情热点事件中的网民行为研究——以邓玉娇事件为例"，华中科技大学 2011 年硕士学位论文。

[409] 齐云图："司法公信力问题研究"，辽宁师范大学 2012 年硕士学位论文。

[410] 桑本谦："私人之间的监控与惩罚"，山东大学 2005 年博士学位论文。

[411] 卫佳佳："公众意见与司法判决的关系"，辽宁师范大学 2013 年硕士学位论文。

[412] 张西恒："明清时期州县审判中的'沟通'——以'自理案件'为核心"，上海师范大学 2013 年硕士学位论文。

[413] 邹军："虚拟世界的民间表达——中国网络舆论研究"，复旦大学 2008 年博士学位论文。

六、网络类

[414] "怒：社会不公之八大现象"，载 http://club.china.com/data/thread/1011/2718/75/

74/6_ 1. html，最后访问日期：2014 年 7 月 19 日。

[415] 载 http://nz. shzzyy - 120. com/zt/qiangpozheng/？utm _ source = baidu _ cpc&utm _ medium = 4f43e5b090eba669&utm _ campaign = 上海 - 强迫症（广泛）_ 病种名称词 &utm _ content = 强迫症。

[416] Ben Dattner：“职场冲突，非关人格”，KarenMushroom 译，载 http://select. yeeyan. org/ view/120090/411635，最后访问日期：2014 年 7 月 19 日。

[417] “李天一案”，载 http://www. baidu. com/s？wd = 李天一案 &ie = utf - 8&f = 8&tn = baidu&bs = 媒体报道，最后访问日期：2014 年 8 月 15 日。

[418] 胡正荣：“探索符号的世界”，载 http://open. 163. com/newview/movie/free？pid = M8BBIMSNF & mid = M8BG7VSV，最后访问日期：2015 年 5 月 4 日。

[419] 魏智渊：“罗生门，无人说谎”，载 http://blog. sina. com. cn/s/blog_ 4eaeff5b0102dx0a. html，最后访问日期：2015 年 11 月 26 日。

[420] 陶短房：“李天一案注意力该回到案子本身了”，载 http://star. news. sohu. com/ s2013/shenpan/，最后访问日期：2014 年 8 月 4 日。

[421] 罗振宇：“网络时代的公关误区（九）：事实陷阱”，载 http://www. howzhi. com/ course/2652/lesson/36726，最后访问日期：2015 年 4 月 29 日。

[422] 罗振宇：“网络时代的公关误区（一）：窗帘陷阱”，载 http://v. qq. com/cover/l/lqh- wbb6lcp155yf. html，最后访问日期：2015 年 7 月 19 日。

[423] 苏力：“文学中的复仇与法律”，载 http://article. chinalawinfo. com/article_ print. asp？ articleid = 3098，最后访问日期：2015 年 5 月 8 日。

[424] 羽戈：“胡适如何说理？”，载 http://www. 360doc. com/content/15/0219/19/2304286 _ 449468736. shtml，最后访问日期：2015 年 5 月 3 日。

[425] “邓玉娇案”央视网投票页面：http://news. cctv. com/special/badong/shouye/index. shtm，最后访问日期：2015 年 5 月 4 日；投票结果见：http://news. cctv. com/vote/11889. shtml，最后访问日期：2015 年 5 月 4 日。

[426] “药家鑫案”，载 https：//zh. wikipedia. org/wiki/%E8%8D%AF%E5%AE%B6%E9% 91%AB%E6%A1%88，最后访问日期：2014 年 8 月 13 日。

[427] 深圳市南山区人民法院研究室：“和谐社会视角下弱势群体强势行为问题研究”，载 http://nsqfy. chinacourt. org/public/detail. php？id = 1660，最后访问日期：2014 年 3 月 4 日。

[428] 孟昭丽、刘佳婧、刘晓莉：“死囚王斌余心酸告白”，载 http://news. xinhuanet. com/ mrdx/2005 - 09/05/contenst_ 3446037. htm，最后访问日期：2015 年 4 月 29 日。

[429] 廖亮：“民事诉讼再审制度的问题及完善”，http://www. 360doc. com/content/12/ 0402/11/8837374_ 200185956. shtml，最后访问日期：2014 年 6 月 8 日。

［430］李雪、万惠仪："变迁社会的社会安全感测量——基于北京、东莞、阜阳三市的调查分析"，载 http://www.docin.com/p-844972699.html，最后访问日期：2015 年 9 月 20 日。

［431］金自宁："行政诉讼中的法律空白与法官角色"，载北大法律网，http://article.chinalawinfo.com/Article_Detail.asp？ArticleID=35498，最后访问日期：2014 年 5 月 25 日。

［432］顾万明："广东四会市一被告败诉自杀 法官被判无罪"，载 https://www.chinacourt.org/article/detail/2003/12/id/94921.shtml，最后访问日期：2019 年 4 月 1 日。

［433］百度百科："情绪定律"，载 http://baike.baidu.com/view/229525.htm？fr=aladdin，最后访问日期：2014 年 7 月 4 日。

［434］百度百科："邓玉娇"，载 https://baike.baidu.com/item/%E9%82%93%E7%8E%89%E5%A8%87，最后访问日期：2015 年 5 月 8 日。

［435］北京市西城区人民法院 20030429 判决，载 http://news.sina.com.cn/s/2003‐05‐09/14331040992.shtml，最后访问日期：2015 年 5 月 11 日。

［436］"西西弗斯之石：关于强迫症的传说（2）"，载 http://news.xkb.com.cn/shishang/2010/1031/99301_2.html，最后访问日期：2016 年 5 月 5 日。

［437］"公安部揭开'维权'事件黑幕，载 http://www.xinhuanet.com//politics/2015-07/11/c_128010247.htm，最后访问日期：2015 年 8 月 9 日。

［438］［美］弗洛姆："俄狄浦斯情节：评小汉斯病例"，载 http://jsfx.nlp.cn/2010-04-29/63015.html，最后访问日期：2015 年 5 月 9 日。

七、案例

［439］（1997）郑刑初字第 307 号

［440］（2001）纳溪民初字第 561 号

［441］（2002）崇刑初字第 27 号

［442］（2003）赣中法刑抗终字第 1 号

［443］（2003）赣中民一初字第 27 号

［444］（2003）龙民一初字第 407 号

［445］（2005）宁刑终字第 97 号

［446］（2006）宁民初字第 916 号

［447］（2006）湘高法行终字第 11 号

［448］（2008）穗中法刑二重字第 2 号

［449］（2009）巴刑初字第 82 号

图书在版编目（CIP）数据

法官为何难以应对涉诉舆论：一个以若干典型案例为素材的修辞学的进路/张西恒著
北京：中国政法大学出版社，2019.10
　　ISBN 978-7-5620-9237-7

　Ⅰ.①法⋯ Ⅱ.①张⋯ Ⅲ.①法律语言学－修辞学－研究 Ⅳ.①D90-055

　中国版本图书馆CIP数据核字(2019)第228319号

出 版 者　　中国政法大学出版社
地　　址　　北京市海淀区西土城路25号
邮寄地址　　北京100088信箱8034分箱　邮编100088
网　　址　　http://www.cuplpress.com (网络实名：中国政法大学出版社)
电　　话　　010-58908285(总编室) 58908433（编辑部） 58908334(邮购部)
承　　印　　固安华明印业有限公司
开　　本　　720mm×960mm　1/16
印　　张　　16.5
字　　数　　260千字
版　　次　　2019年10月第1版
印　　次　　2019年10月第1次印刷
定　　价　　59.00元